老子真解

志賀一朗著

汲古書院

序

『老子』を読むこと久し。教えること又久し。その度に、疑問の生じること又々限りなし。一体、何故こうなのか。思慮熟考することが数々であった。

そのあげく、兎に角、『王注老子道徳経』の王弼注を、逐一訓読し解読しようと決意した。この切っかけが、三十三章の「死して亡びざる者は寿し。」の王注である。それは、この一語に心が惹かれ、今まで眠っていた神経が、潮のように高ぶって来たからである。

従来、王注を全部訓読した書は、江戸時代の儒者宇佐美灊水の明和本『王注老子道徳経』だけである。そこで、何としてでも、全部を訓読し解読本を作ろうと志を立てた。其の動機は、王注を作った王弼の、人間性の崇高にして偉大なことに、魅了されたからである。二十四歳の若さで、この世を去った王弼が、全智を傾倒し全霊を賭けて作ったのが、この王注であると感じ得た時、この王注を解読し、後人に伝承することが、私の責務であると確信した。

王弼は『老子』を読みに読み、老子が王弼か、王弼が老子かの別がなくなり、老子に乗り移り、老子になり切って、無心、無欲、「無為自然の道」そのもので、この注を作ったのである。されればこそ、前代未聞のこの注となったのである。

ところが驚いた。今日まで、如何なる注釈書も、この三十三章の「死して亡びざる者は寿し。」の王注を取り上げた書は、一書として見当たらない。これは、如何に王注を利用しても、単に訓詁だけに傾き、注釈者の精神が那辺にあるかを看過し、究明する炯眼がなかった証左である。

この王注に、「死すると雖も生を為すの道は亡びざるを以て、乃ち其の寿を全うすることを得、身没して道猶お存す。況んや身存して道卒らざるをや。」とある。生前その人の為したことが、真正のものであれば、死後も長く残る。まして生きている中に、真正なことをしていれば、死後長久に残ることは、なお更である。「生を為す」は、「無為自然の道」に順って生きる、すなわち真正の生き方である。

私は、この王注に遭遇し、涙が滂沱として流れ、忸怩たる思いを禁じ得なかった。傘寿を越えて余り二年の私が、二十四歳未満の王弼に、千七百四十余年を経て、人生の出会いをしようとは、真に奇遇といわざるを得ない。暫し感動して茫然と時を忘れた。

更に驚いたことは、この『老子』の文体が、三段論法の構成になっているのではないか。と、閃いたことである。そこで、数章を、試みにこの形式で解明して見た。すると、何となく当て嵌る。正確な三段論法ではないが、一章を三段に分けて論述していることが、判明した。そこで、「三段的論法」と名づけ、主題・解説・結論とし、八十一章全章を解明した。三段論法ではないが、この手法によって立論したので、この名を付けたのである。

この方法で全章を解明すると、今までどうしても、理解できなかった不明の箇所が、一目瞭然として氷解されたのは、驚きのまた驚きであった。老子は、文学的表現や逆説に優れた文人であるだけでなく、論理的構文の構築に、この上ない科学者である。心静かに『老子』を解読すると、この感が心底から仄(そく)々と蘇(よみがえ)って来る。

本書は『老子』の解釈本としては、正に破天荒の革命書である。したがって如何なる御叱正にも甘んじてお受けする。しかし王弼注の解読は、恣(し)意を加えず、ありのままの真正を堅持して、固陋(ろう)を忘れ、不敏を恥じず、歩一歩進めたことを確信する。但し、訓読や解釈の誤りを是正し、密(ひそ)かに私見を付して欠略を補った点には、なお不備な箇所も無きに非ず。御教示御指導を頂ければ、幸甚の至りである。

本書を『老子真解』と題したのは、王注に拠って『老子』をありのままに解明したことからである。

東京　素　軒　序

平成九年丁丑九月二十二日

目　次

序　1
本書の構成　11
本書の特色　12
本書を読むに際して　13

上　篇（道経）

一　章　宇宙の創世〈始・母〉（道の道とす可きは…）　3
二　章　無為の範疇（天下皆美の美為るを知る…）　14
三　章　理想の政治(1)〈無為〉（賢を尚ばざれば…）　21
四　章　道の本体(1)〈帝之先〉（道は冲にして…）　26
五　章　理想の政治(2)〈橐籥〉（天地は不仁なり…）　32
六　章　道の功用(1)〈谷神〉（谷神は死せず…）　39
七　章　無私の功（天は長く地は久し…）　43
八　章　不争の徳(1)（上善は水の若し…）　46
九　章　無為の徳〈天之道〉（持して之を盈たすは…）　51

十　章　道の体得(1)〈玄徳〉　（営魄に載りて…）　55
十一章　道の功用(2)〈無用之用〉　（三十輻一轂を共にす…）　68
十二章　道の功用(3)〈為腹〉　（五色は人の目を…）　72
十三章　無身の功　（寵辱には驚くが若くし…）　76
十四章　道の本体(2)〈道紀〉　（之を視るも見えず…）　83
十五章　消極の道〈不新成〉　（古の善く士為る者は…）　90
十六章　虚静の道〈道乃久〉　（虚を極に致し…）　98
十七章　理想の政治(3)〈大上〉　（大上は下之有るを知る…）　109
十八章　大道と仁義　（大道廃れて仁義有り…）　117
十九章　素朴・寡欲　（聖を絶ち智を棄つれば…）　121
二　十　章　道の本体(3)〈未央〉　（学を絶てば憂無し…）　125
二十一章　道の本体(4)〈衆甫〉　（孔徳の容は…）　141
二十二章　不争の徳(2)〈抱一〉　（曲れば則ち全し…）　149
二十三章　道と忠信　（希言は自然なり…）　157
二十四章　有道者　（企つ者は立たず…）　167
二十五章　道の本体(5)〈天下母〉　（物有り混成す…）　172
二十六章　重軽・静躁　（重きは軽きの根為り…）　188

二十七章 道の体得者〈襲明〉（善行は轍跡無く…） 193
二十八章 常徳の功用〈樸〉（其の雄を知れば…） 204
二十九章 理想の政治(4)〈神器〉（天下を取りてと欲して…） 212
三 十 章 道と戦争(1)〈不道〉（道を以て人主を佐くる者すら…） 218
三十一章 道と戦争(2)〈佳兵〉（夫れ佳兵は、不祥の器なり…） 226
三十二章 理想の政治(5)〈江海〉（道は常に名無し…） 231
三十三章 亡びざる者は寿し（人を知る者は智なり…） 239
三十四章 道の功用(4)〈常無欲〉（大道は汎として…） 247
三十五章 大象の道（大象を執れば…） 253
三十六章 柔弱の徳(1)〈微明〉（将に之を歙めんと欲すれば…） 258
三十七章 理想の政治(6)〈樸〉（道は常に無為にして…） 264

下篇（徳経）

三十八章 上徳・下徳（上徳は徳とせず…） 273
三十九章 得一の功用（昔の一を得たる者は…） 294
四 十 章 道の運動（反は道の動なり…） 302
四十一章 大器晩成（上士は道を聞かば…） 305

四十二章　道の功用(5)〈強梁〉　（道は一を生ず…）　315
四十三章　無為の益　（天下の至柔は…）　323
四十四章　知足・知止(1)　（名と身と孰れか親しき…）　326
四十五章　清静の道　（大成は欠くるが若く…）　330
四十六章　知足(2)　（天下に道有らば…）　336
四十七章　道は足下　（戸を出でずして…）　339
四十八章　無為の功用(1)　（学を為せば日ゝに益し…）　344
四十九章　万物一体観〈歙歙〉　（聖人は常の心無く…）　349
五　十　章　摂生法　（生を出でて死に入る…）　358
五十一章　道と徳〈玄徳〉　（道之を生じ…）　365
五十二章　天下の母〈習常〉　（天下に始有り…）　373
五十三章　大道闊歩〈盗夸〉　（我をして介然たる…）　381
五十四章　道の体得(2)〈観天下〉　（善く建つるは…）　387
五十五章　道の体得(3)〈赤子〉　（含徳の厚き…）　395
五十六章　知者は自然〈玄同〉　（知る者は言わず…）　403
五十七章　理想の政治(7)〈無事・樸〉　（正を以て国を治むれば…）　410
五十八章　理想の政治(8)〈悶悶〉　（其の政悶悶たれば…）　417

五十九章　長生久視の道〈嗇〉（人を治めて天に事うるは…）　426
六十章　理想の政治(9)〈小鮮〉（大国を治むるは…）　432
六十一章　大国は謙下〈下流〉（大国は下流なり…）　438
六十二章　道は奥〈天下貴〉（道は万物の奥なり…）　445
六十三章　無為の功用(2)〈無難〉（無為を為し…）　452
六十四章　無為の功用(3)〈学不学〉（其れ安ければ持し易く…）　458
六十五章　愚民政治〈玄徳〉（古の善く道を為す者は…）　467
六十六章　謙下不争の徳(3)〈江海〉（江海の能く百谷の王為る…）　474
六十七章　三宝の徳〈不肖〉（天下は皆我が道は…）　477
六十八章　不争の兵法(1)〈不武〉（善く士為る者は…）　485
六十九章　守勢の兵法(2)〈用兵〉（兵を用うるに言えること有り…）　489
七十章　褐を被て玉を懐く（吾が言は甚だ知り易く…）　494
七十一章　真知（知りて知らざるは上なり…）　500
七十二章　権威と無為（民、威を畏れざれば…）　502
七十三章　天網は失わず〈天之道〉（敢に勇なれば…）　508
七十四章　天の刑罰（民死を畏れざれば…）　514
七十五章　お上の政治〈有為〉（民の饑うるは…）　518

七十六章　柔弱の徳(2)（人の生まるるや…）521
七十七章　万物平等観〈天之道〉（天の道は、其れ猶お弓を張るがごとき…）527
七十八章　柔弱の徳(3)〈正言〉（天下に水より柔弱なるは莫し…）532
七十九章　天道は親無し（大怨を和するも…）536
八　十　章　理想郷（小国寡民）540
八十一章　不傷の徳（信言は美ならず…）547

主なる資料・参考 555

跋 557

索　引 1

本書の構成

一　本書は、明和本『王注老子道徳経』を定本として、配列は略これに従い、上下二篇とし、長い文および注は、解読上適宜分段した。

二　解読の終わりに章毎に全訳を挙げ、初心者・一般の読者の便を図った。

三　全訳は、次の基準に従って行った。

　1　句読点を付けない。(意味を言外に味わうため)

　2　体言・用言・副詞・連体詞・接続詞・感嘆詞は、独立意字とし、助動詞・助詞は付属意字とした。

四　句読点は努めて宇恵訓を踏襲したが、現代の訓読に改めた。

　例　○寸ハ則チ—レバ則チ　○以ミ—以ナリ　○〆—シテ　○ヿ—コト　○トモ—イエドモ　○言フ心ハ—言ハ　○寸—トキ

五　文章はすべて常用漢字とし、常用漢字以外にはルビを付けた。

六　本文は、すべて三段的論法の形式にし、主題・解説・結論に分けて解明した。

七　◇印はまとめ、☆印は愚見の印である。

八　素注は、筆者素軒の注である。

本書の特色

1 『王注老子道徳経』の王弼注を、逐一訓読し解読した。
2 宇佐美恵の訓読、解釈の誤りを、努めて訂正した。
3 先人の訓読・解釈が、王注と違う点を明らかにした。
4 本文の解明を、三段的論法に拠って進めた。
5 大学・短大の講義の資料にした。
6 初心者・一般の読者にも理解できるよう、章毎に全訳を施した。
7 『老子』を以て、人生如何に生きるべきかの指針とした。
8 政治家、実業家等の、生きる精神構築の資料とした。
9 送り仮名は歴史的仮名遣い、書き下し文は現代仮名遣いに拠った。
10 『改訂王注老子道徳経』の資料とした。

本書を読むに際して

この『老子』の注釈を作ったのは、三国時代、魏の学者、王弼（二二六〜二四九）である。王弼は字を輔嗣といい、山陽（今の山東省）の人で、老荘や儒学の思想に通じ、『老子注』『易経注』を作った。しかし不幸にも二十四歳の若さで世を去った。今年は逝世一七四八年に当たるが、今日に至っても、この注釈は、不滅の価値を持っている。したがって『老子』の研究者は、必ず精読しなければならない書である。しかし難解なので、今もって多くの疑義を宿している。因ってこの書の注釈者は、国の内外を問わず、それぞれ勝手な解釈をして市販されている。今日『老子』の注釈書は汗牛充棟で、数多く書肆に出回っているが、筆者の観るところ、一書として王弼注に則って、忠実に解釈し、正鵠を得ている書は見当たらない。多くは先人の孫引きか、又は中国人の訳本である。

筆者は、常にこのことを憂い、難解な王弼注に立ち向かって、毫毛も疑義を明らかにし、その真髄に迫ろうと試みた。その切っ掛けがこの第三十三章である。

読者は、従来の注釈書にはない意外な表現に、驚嘆する個所を発見されるであろう。その時は、その個所が王弼注の真意を伝えたところであると認識して頂きたい。

わが国で、『老子』の注釈書として重要視されているのは、宇佐美灊水の『王注老子道徳経』である。灊水は名を恵、字は子迪、通称恵助といい、上総（千葉県）の人である。荻生徂徠（一六六六〜一七二八）に師事し、江戸芝三島街に塾を開き教授し、晩年は松江藩に仕え、安永五年（一七七六）、六十七歳で没した。

『王注老子道徳経』は、王弼が『老子道徳経』に注釈を施した書である。「道徳経」は所謂道徳の経書という意味ではなくて、『老子』の書は、上編が三十七章、下編が四十四章、計八十一章から成り、上編の第一章の最初に「道」の字があり、下編の最初の章に「上徳」の文字があるので、この上編・下編を合わせた書として「道徳経」と名づけたのである。「経」とは縦糸の事で、すじみち、道理の意となり、古聖賢の言行や教えを記した書物のことである。したがって「道徳経」の意味もある。

注釈の順序としては、先ず王弼注の原文に訓点を施し、次に訓読、語訳、問題点の指摘をし、従来の解釈との相違を解読して全訳し、愚見を挙げた。

老子真解

上篇（道経）

一章　宇宙の創世〈始・母〉（道の道とす可きは…）

道ノ可キハレ道トス　非ズ二常ノ道ニ一。名ノ可キハレ名トス　非ズ二常ノ名ニ一。

道の道とす可きは常の道に非ず。名の名とす可きは常の名に非ず。

可キレ道トス之道、可キレ名トス之名ハ、指シテレ事ヲ造セバレ形ヲ、非ル二其ノ常ニ一也。故ニ不レ可カラレ道トス、不ルレ可カラレ名トス也。

道とす可きの道、名とす可きの名は、事を指して形を造（な）せば、其の常に非ざるなり。故に道とす可からず、名とす可からざるなり。

道とすることができる道、名とすることができる名は、事を指して形をなすから、恒久不変の道ではない。だから道とすることができなく、名とすることができないのである。

☆これは暗に儒教のいう、人倫の道とか、人間の本性であるとする仁・義・礼・智・信とかいう名は、恒久不変の道でもなく、名でもないことを風刺している。

無名ハ天地之始メ。有名ハ万物之母。

無名は天地の始め。有名は万物の母。

凡テ有ハ皆始マル二於無ニ一。故ニ未ダレ形セ無キレ名之時ハ、則チ為リ二万物之始メ一。及ビテハ二其ノ有リレ形有ルレ名之時ニ一、則チ長ジレ之ヲ育シ

之、亭之毒之、為其母也。言道以無形無名、始成万物。以始以成、而不知其所以玄之又玄也。

凡て有は皆無に始まる。故に未だ形せず名無きの時は、則ち万物の始め為り。其の形有り名有るの時に及びては、則ち之を長じ之を育し、之を亭し之を毒して、其の母と為るなり。言うこころは、道は無形無名を以て、万物を始め成す。以て始め以て成すも、其の玄の又玄なる所以を知らざるなり。

すべて有は皆無から始まる。だからまだ形がなく名がない時は、万物の始めである。形があり名がある時になると、万物を生長させ育て、養い育てて、その母となるのである。その意味は、道は無形無名を以て、万物を始め仕上げる。それをもって始め仕上げても、その玄の又玄であるわけを知らないのである。

○長―生長。○育―𠫓十月（肉）子が頭を下にして生まれるさま。育てる。○亭―定、定める。養う。○毒―言篤、手厚い。育てる。○言―イウココロハと読み、其の意味はの意。○玄―赤味がかった黒。○玄之又玄―言葉では表現することができない。

☆無形無名の道から万物が生まれ、有形有名になると、万物を生長養育するが、その理由は言葉では表現することができない。「長レ之育レ之、亭レ之毒レ之」は五十一章の本文であるが、「長、育」と同意異字の「亭、毒」を用いているのは、繰り返し強調する用法である。「玄之又玄」は本章の後の方に出ているが、そこの所で詳しく説明する。

故常無欲以観其妙、

故に常無欲は以て其の妙を観、

妙者、微之極也。万物始於微而後成。始於無而後生。故常無欲空虚、可以観其始物之妙。

妙とは、微の極なり。万物は微に始まりて後に成り。無に始まりて後に生ず。故に常無欲の空虚なる、以て其の物を始むるの妙を観る可し。

妙というのは、微の根源である。万物はこの微に始まってそれから後に成り、無に始まってそれから後に生じる。だから空虚である常無欲は、その物を始める根源を見ることができる。

☆妙は、微の根源で、常無欲と同じ。常無欲は無為自然の道の別称。微は十四章に「之を搏えども得ず、名づけて微という。」とあるが、これは常無欲の一要素である。かすか（幽）の意。「物を始むるの妙」は物を始める根源。「万物は微に始まりて後に成り、無に始まりて後に生ず。」は、順序が逆のように感じられるが、四十章に「天下の万物は、有より生じ、有は無より生ず。」と同じ用法で、或いはこれを意識していったのかも知れない。

常有欲以観其徼。

常有欲は以て其の徼を観る。

徼帰終也。凡有之為利、必以無為用。欲之所本、適道而後済。故常有欲可以観其終物之徼也。○徼小道也、辺也、微妙也。

徼は帰終なり。凡て有の利と為るは、必ず無を以て用と為す。欲の本づく所は、道に適いて後に済る。故に常有欲は以て其の物を終えるの徼を観る可きなり。○徼は小道なり、辺なり、微妙なり。

徼は終わりに帰るのである。すべて有の利となるのは、必ず無が作用する。欲の本づくところは、道に適ってそこで初めて為し遂げる。だから常有欲はこの道を以て、その物の終わる微妙を見ることができるのである。○徼は小道であり、辺であり、微妙である。

☆宇佐美訓は「常無欲・常有欲」と読むが、又「常に無欲・常に有欲」「常無－と欲す・常有－と欲す」とも読まれている。「徼」は国境、辺境と見る意もある。

此両者、同出而異名。同謂之玄。玄之又玄、衆妙之門。

此の両者は、同出にして異名なり。同じく之を玄と謂う。玄の又玄は、衆妙の門なり。

両者、始与無也。同出者、同出於玄也。異名、所施不可同也。在首則謂之始、在終則謂之母。玄者冥也。黙然無有也。始母之所出也。不可得而名。故不可言。同名曰玄、而言謂之玄者、取於不可得而謂之然也。謂之然、則不可以定乎一玄而已、則是名、則失之遠矣。故曰玄之又玄也。衆妙皆従同而出。故曰衆妙之門也。

両者とは、始めと無となり。同出とは、同じく玄に出ずるなり。異名は施す所同じくす可からざればなり。首めに在れば則ち之を始めと謂い、終りに在れば則ち之を母と謂う。玄とは冥なり、黙然として無有なり。始めは母の出ずる所なり。得て名づく可からず。故に言う可からず。同じく名づけて玄と曰いて、之を玄と謂う、と言う者は、得て之を然りと謂う可からざるに取ればなり。之を然りと謂えば、則ち以て一玄に定む可きのみにあらず、則ち是れ名づくれば、則ち之を失うこと遠し。故に玄の又玄と曰うなり。衆妙皆同じき従りして出ず。故に衆妙の門と曰う。

両者とは、始と無（母）である。同出とは、同じく玄より出ているのである。名が違うのは、施する所が同じくすることができないからである。首めにあるから始めといい、終わりにあるから母という。玄とは暗い意味であり、黙っていて形が無いのである。始めは母の出るところである。得て名前を付けることはできない。だからいうことができない。同じく玄と名づけて、「之を玄と謂う。」というのは、得てこれをそうだといえないのに取ったからである。これをそうだというと、一玄に定めることができるだけでなく、これを玄と名づけると、全く玄から遠くなってしまう。だから「玄の又玄」というのである。衆妙のものは皆玄から出る。だから衆妙の門というのである。

☆玄は口ではいえないから、「玄の又玄」というのである。注の「無有」は、形が無い意である。

〔全訳〕

これが　道だと　する　ことの　できる　道は　恒久の　道では　ない
これが　名だと　する　ことの　できる　名は　恒久の　名では　ない
無名は　天地の　始め

名が　ある　天地は　万物の　母

だから
常無欲は　万物の　始まる　根源を　観
常有欲は　万物の　終わる　微妙を　観る

この　始めと　母は　同じ　所から　出て　名が　違う
それを　同じく　玄と　いう
玄は　口では　いえない　衆妙の　門で　ある

☆この第一章は、道の本体をいっている。河上公本では、体道章という。宇宙の創世をいった章である。
この章の問題には、次の諸点がある。
1常無欲・常有欲　2徼　3両者　4同出　5玄　6玄之又玄　7衆妙
1常無欲・常有欲の訓には、①常無欲・常有欲　②常に無欲・常に有欲　③常無は――と欲す・常有――と欲すなどあるが、常は修飾の副詞であるから、無または無欲のことをいっている。今日の内外の老子研究の専門家の読みを挙げると、
M氏は③　F氏は②　K氏は②　T氏は③　N氏は③　S氏は②　G氏は②
注　M－諸橋轍次、F－福永光司、K－金谷治、T－武内義雄、N－任継愈、S－蔣錫昌、G－呉静宇

2徼は、M氏は辺塞の意より、差別。F氏は皎（こう）で明白。K氏も皎で明白。T氏はなし。N氏は辺境の意から、終極。S氏は要求。G氏は竅。

3両者は、M氏は有・無。F氏は妙・徼。K氏は始源・現象。T氏は始・母、本体・現象。N氏は無形・有形。S氏は無欲・有欲。G氏は三つの説。

①不レ可レ道の道・不レ可レ名の徳　②真無の道・妙有の徳　③観妙の道・観徼の徳

4同出は、M氏は同じ根本。F氏は同じ道。K氏は同じ根本。T氏は説明がない。N氏は同じ来源。S氏は無名。G氏は一の根源。

5玄　ここが問題である。M氏は赤と黒との混じった黒。赤でも黒でもなく渾然。F氏は暗く定かでない黒い色。つまりわずかに赤味をおびた黒い色。K氏は色を染め重ねてできた赤黒い色。T氏は人間の思慮を絶したもの。N氏は黒い色で、深遠で見通せない神秘さ。S氏は幽冥恍惚、形容しがたい意。G氏は奥妙莫レ測、不レ可二窮知一の意という。

6玄之又玄　ここの解釈が更に問題。M氏は真の玄、すなわち道。F氏は人間のいかなる言葉をもってしても形容できないもの。つまり道の不可思議なはたらき。実在の神秘の形容。K氏は深淵のさらにまた奥の深淵。T氏は此の玄中の玄。N氏は極めて遠く極めて深い。S氏は無名の又無名。G氏は道玄。徳も亦た玄といっている。

7衆妙は図表を参照。

以上のことを図表にすると、次のようになる。

項目	常無欲・常有欲	徼	両者	同出	玄	玄之又玄	衆妙
M	③	差別	有・無	根本	赤・黒の混黒	真の玄・道	宇宙の森羅万象
F	②	皦	妙・徼	同じ道	赤味をおびた黒色	道の不可思議なはたらき	造化の妙用に成る様々の現象
K	②	皦	始原・現象	根本	赤黒い色	深淵のさらに奥の深淵	もろもろの微妙な始原のはたらき
T	③	なし	始・母 本体・現象	なし	人間の思慮を絶したもの	思慮を絶した玄中の玄	諸現象の起こるところ
N	③	終極	有形・無形	来源	黒い色で深遠神秘	きわめて遠くきわめて深い	すべての微妙さ
S	②	要求	無欲・有欲	根本	幽冥恍惚形容しがたい意	無名の又無名	一切の妙道
G	②	竅	①②③	根源	奥妙莫測不可窮知の意	道玄、徳も亦た玄	万物の微妙無窮の生生
王注（宇）	①	終・辺・微妙	始・母	玄	冥、黙然無有。	口ではいえない	玄之又玄の出る所。

この表に拠って、王汪と他の注釈が、甚だ相違していることが理解されるであろう。

☆三段的論法の構成を成している。

第一段「道可道」……………「非常名」（主題）

道と名の本体。

第二段「無名天地之始」………「観其徼」（解説）

第一節「無名天地之始」………「万物之母」

無名と有名の本質。

第二節「故常無欲」……………「観其徼」

常無欲と常有欲の作用。

第三段「此両者」……………「衆妙之門」（結論）

両者の説明と玄の本質。

主題で、道と名の本体を規定し、解説で、無名と有名の本質、常無欲と常有欲の作用を説明し、結論で、両者の説明と玄の本質で結んだ。

この一章は、宇宙の創世を述べたもので、「道の道とす可きは常の道に非ず。名の名とす可きは常の名に非ず。」というのは、この章の主題であるだけでなく、『老子』八十一章全篇を貫く、根本概念である。宇宙の創世は、「無」で、そこから「有」の天地が生まれ、この地球ができ、万物が生育した。したがって天地は、万物の母である。

だから真に「無欲」であれば、天地万物の根源の微妙な働きが解り、真に「有欲」であれば、天地万物の帰結の微妙が解る。この「有欲」は、単に欲が有るということではなく、王注が「欲の本づく所は、道に適(かな)いて後に済(な)る。」といっているように、「無為自然の道」に適った「欲」であって、初めて遂げられるのである。

一般の諸書は、王注のこの「道に適う」の語を、看過しているがために、多岐の解釈を生む原因となった。「無」と「有」の両者は、同じ「玄」から出ているが、名が違うのは働きが違うからである。王注は「始」と「無」となっているが、「無」は「母」の誤りである。問題は「玄」の解釈である。王注は「玄は冥なり。黙然として無有なり。」といっている。「無有」は、形が無いこと、「無」と同義。

「同じく名づけて玄という。」から「則ち之を失うこと遠し。」までの宇佐美訓はやや無理である。それは「而已」を限定形としないで、「して已(すで)に」と訓読したからである。「之を然りと謂えば、以て玄に定む可きのみにあらず、則ち是れ名づくれば、則ち之を失うこと遠し。」とすべきである。「不………而已」は、「非唯………」(タダニ………ノミニアラズ)の否定形の古い用法である。

「玄之又玄」を「玄にしてまた玄」と宇佐美注は訓読しているが、これでも意味は通る。

念のために、「此両者」から「衆妙之門」の宇佐美訓を、次に挙げよう。

「両者とは、始と無なり。同出とは、同じく玄に出ずるなり。異名とは、施す所同じくす可からざるなり。首に在れば則ち之を始と謂い、終りに在れば則ち之を母という。玄は冥なり。黙然として無有なり。始は母の出ずる所なり。得て名づく可からず。故に言う可からず。同名して玄と曰いて、之を玄と謂うと言う者は、得て之を然りと謂う可からざるに取るなり。之を然りと謂う寸は則ち以て一玄に定む可からずして、已に則（行）いて是れ名づくる寸は、則ち之を失うこと遠し。故に玄にして又玄と曰うなり。衆妙皆同よりして出ず。故に衆妙の門と曰うなり。」

○無は当に母に作るべし。已則の則は行、と訂正している。

「同じく名づけて」から「之を失うこと遠し」まで口語訳にすると、「同じく名づけて玄といって、之を玄と謂うというのは、これを得てそうだということができないのに取ったのである。これをそうだというときは、一玄に定めることができないで、既に行って名づけるときは、玄を失うことが遠い。」となり、「これをそうだというときは、一玄に定めることができないで」が理解しにくい。「謂二之然一」と「是名」は同格で、「不レ可三以定二乎一玄一」は「是名」の副詞句と見ると意味が通る。しかしやや無理である。

老子の「無為自然の道」は老子哲学の最高の範疇（ちゅう）のものであって、この中には、宇宙創世の原動力を説き、万物生成を述べ、これを人間社会の生き方に結び、この「無為自然の道」に順応して生きることこそが、人間らしい最善の生き方であるという。蔣錫昌（しょうしゃくしょう）は「この章は全書の意を総括し、この章に能く通ずれば、則ち全書も亦た明らかなり。」（『老子校詁』）といっている。

二章　無為の範疇（天下皆美の美たるを知る…）

天下皆知美之為美。斯悪已。皆知善之為善。斯不善已。故有無相生、難易相成、長短相較、高下相傾、音声相和、前後相随。

天下皆美の美為るを知る。斯れ悪のみ。皆善の善為るを知る。斯れ不善のみ。故に有無相生じ、難易相成し、長短相較し、高下相傾き、音声相和し、前後相随う。

美者、人心之所進楽也。悪者、人心之所悪疾也、美悪猶喜怒也。善不善猶是非也。喜怒同根、是非同門。故不可得偏（偏）挙也。此六者、皆陳自然不可偏（偏）挙之明（名）数也。

美とは、人心の進楽する所なり。悪とは、人心の悪疾する所なり。美悪は猶お喜怒のごときなり。善不善は猶お是非のごときなり、喜怒は根を同じくし、是非は門を同じくす。故に得て偏挙す可からざるなり。此の六つの者は、皆自然にして偏挙す可からざるの名数を陳ぶるなり。

○偏挙は偏挙。○明数は名数。（宇注）○名数―戸籍、呼び名。

美というのは、人の心が楽しみを進めるものである。悪というのは、人の心が憎むものである。美悪は猶お喜怒のようなものである。善不善は猶お是非のようなものである。喜怒は根を同じくし、是非は門を同じくする。だから一方に片寄って挙げることはできない。この六つのものは、皆自然であって、一方に片寄って挙げることができない呼び名を述べたものである。

◇美悪と喜怒は同じ心から出る相対のもの、善不善と是非も同じ門から出る相対のものである。だから一方だけを挙げることはできない。これは皆この天地の中の自然の姿であって、六つのものは皆同じく相対の呼び名をいったものである。

是以聖人、処無為之事、

是を以て聖人は、無為の事に処り、

自然已足。為則敗也。

自然にして已に足る。為せば則ち敗るるなり。

自然であってもはや十分である。有為を加えると敗れるのである。

◇聖人は、無為自然の事にいる。

行不言之教。万物作焉而不辞。生而不有。為而不恃。

不言の教えを行う。万物作るも辞せず。生ずるも有せず。為すも恃まず。

○「不言の教え」は四十三章にも出ているが、王注はない。「万物作るも辞せず、生ずるも有せず。」は、三十四章に「万物之を恃みて、生ずるも辞せず。」とあり、その王注に「万物皆道に由りて生ず。既に生ずるも其の由る所を知らず。」とあり、又十章に「生ずるも有せず。為すも恃(たの)まず。」とある。この本章と全く同じ句があるが、その王注は「其の原を塞(ふさ)がざれば、即ち物は自ら生ず。何の功かこれ有らん。其の性を禁じざれば、則ち物は自ら済(な)る。何の為すことをこれ恃(たの)まん。」とある。○而－接続詞であるが、逆接。も・どもの意。多くは、而(しこう)してと順接に訓じている。○焉－助字。これ、ここにの意。

智慧自備(ラル)。為(セバ)則(チ)偽(ル)也。

智慧自ら備る。為せば則ち偽(いつわ)るなり。

万物は生長する知恵は自ら備わっている。外から作為すると偽りになる。

☆以上の王注から考えると、「生ずるも有せず。」は、万物が生じる原を塞がないから、万物は自然に成長する、造物主は何の功績もないとなり、「為すも恃まず。」は、万物の本性を禁じないから、万物は自然と生長を成しとげるが、造物主は生長に頼らない、となる。これについて本章で王注が「智慧自ら備る。」といったのも、万物は自ら生長する知恵があるから、外からする必要がないことをいっているのである。

功成(ルモ)而弗(レ)居(ラ)。

功成るも居らず。

○弗－不より強い打消し。

因(リテ)(レ)物(ニ)而用(フレバ)、功自(リ)(レ)彼成(ル)。故(ニ)不(ル)(レ)居(ラ)也。

物に因りて用うれば、功は彼より成る。故に居らざるなり。

○物に因る―万物自体の生命力に因る。○用―はたらき、万物自らの生命力に因って生長の働きをするから。
その功績は万物自体にある。だから造物主は居ないことになる。

◇万物自体の生命力の働きに任せるから、その功績は万物自体にあって、造物主、つまり道はいないのである。だから「居らず」といっている。

夫レ唯ダ弗ルノミㇾ居ラ。是ヲ以テ不ㇾ去ラ。
夫(そ)れ唯だ居らざるのみ。是(ここ)を以て去らず。

○唯―タダ……ノミ。

使ムレバ二功ヲシテ在ラ一ㇾ己レニ、則チ功ハ不ルㇾ可カラㇾ久シクス也。
功をして己れに在らしむれば、則ち功は久しくす可からざるなり。

功績を自分にあるようにさせる時は、その功績は必ず長くは続かない。道は何の功績もないからその功績は長く続く。

〔全訳〕

世の　中の　人は　誰も　美しい　ものは　美しいと　分かる
それは　悪が　あるからだ
誰も　善い　ことは　善いと　分かる
それは　不善が　あるからだ

だから
有ると　無いとは　互いに　生じ
難しいと　易しいとは　互いに　成り
長いと　短いとは　互いに　比べ
高いと　低いとは　互いに　傾むき
音と　声とは　互いに　調和し
前と　後とは　互いに　随う

そういう　わけで
聖人は
何事も　有為が　なく
不言の　教えを　する

万物は　自力で　生まれるが
道は　何も　いわない
生育　しても

自分の　ものと　しない
大きな　仕事を　しても
それに　頼らない
立派な　成果が　挙っても
そこには　いない

そもそも
ただ　居ないのだ
だから
永久に　居る　ことに　なる

☆三段的論法の構成である。
第一段「天下皆知」……「斯不善已」（主題）
　美悪・善不善の相対性。
第二段「故有無相生」……「功成而弗居」（解説）
　第一節「故有無相生」……「前後相随」
　　相対性の例挙。
　第二節「是以聖人」……「不言之教」

聖人の無為と不言。

第三節「万物作焉」……「功成而弗居」

造物主（聖人）の無為。

第三段「夫唯弗居」……「是以不去」（結論）

無為の功用。

主題で、美悪・善不善の相対性を挙げ、これが自然の無為の現象であると規定し、解説で、それを列挙し、聖人も無為であって、万物の生長も然りであると解明し、結論で、無為の功用で結んだ。

ここで問題は、「美・悪」「善・不善」の解釈である。

1「美・善」があると、反面に「不美・不善」があるとする説

ア王安石「夫美者、悪之対。善者、不善之反、此物理之常。」（夫れ美は、悪の対。善は、不善の反。此れ物の理の常なり。）

イ呉澄「美悪之名、相因而有。」（美悪の名は、相因りて有り。）

ウ陳懿典「但知㆓美之為㆑美、便有㆓不美者在㆒。」（但だ美の美為るを知れば、便ち不美なる者在る有り。）

エ蔣錫昌「有㆑名則有㆓対待㆒。」（名有れば則ち対待有り。）

2美悪・善不善は、評価の立場を変えると反対になる説

この二説の中、1は、M・O・S、2は、F・Kが採っている。Oは王雲五。ところで王注は、

「美は、人の心が楽しみを進めるもの、悪は人の心が憎むものである。だから美悪は喜怒のようなもの、

善不善は是非のようなもの、善悪は同根、是非は同門。故に、一方だけ挙げることはできない。」といっている。つまり、常に相対するものであるという。1の説を人の心の働きを本にして説いたものである。この観点から、次の六つのものを列挙して、「これは自然の現象で、偏挙することはできない名数である。」とする。したがって主題は、人の心の自然に発するも、解説のこの第一節は、万物が自然に成るものをいっているもので、いずれも、「無為」の事を述べたものである。

よって、聖人以下は、この無為自然を体得した聖人は、「無為の事に処り、不言の教えを行う。」といい、その具体的な働きを、万物が自然に自らの生命力で生長し、実を結び、根に帰るさまを、聖人の行為に、準（なぞら）えたものである。

この章を二段に分け、前者は、万物の相対性、後者は「無為」をいうと一般の諸書は、説明しているが、これは三段的論法の構成よりすると、全く誤りで、「無為」を説いたことが判明する。

三章　理想の政治(1)〈無為〉（賢を尚ばざれば…）

不ㇾ尚ㇾ賢、使㆓民不ㇾ争。不ㇾ貴㆓難ㇾ得之貨㆒、使㆓民不ㇾ為ㇾ盗。不ㇾ見ㇾ可ㇾ欲、使㆓心不ㇾ乱。

賢を尚（たっと）ばざれば、民をして争わざら使（し）む。得難きの貨を貴ばざれば、民をして盗を為さざらしむ。

欲す可きを見さざれば、心をして乱れざらしむ。

賢、猶能也。尚者、嘉之名也。貴者、隆之称也。唯能是任。尚也曷為。唯用是施。貴之何為。尚賢顕名、栄過其任為、而常校能相射。貴貨過用、貪者競趣、穿窬探篋、没命而盗。故可欲不見、則心無所乱也。

賢は、猶お能のごときなり。尚とは、嘉すの名なり。貴とは、隆ぶの称なり。唯だ能のみに是れ任す。尚すこと曷ぞ為さん。唯だ用のみに是れ施す。之を貴ぶこと何ぞ為さん。賢を尚し名を顕わさば、栄其の任為に過ぎて、常に能を校べて相射る。貨を貴ぶこと用に過ぐれば、貪者競い趣き、穿窬探篋し、命を没して盗む。故に欲す可きを見さざれば、則ち心乱るる所なきなり。

○任為―まかせなす、役目。○穿窬―こそどろ。○探篋―はこさがし。○用―必要な費用。○栄―名誉。

賢は、才能のようなものである。尚とは、よいと褒める名である。貴とは、隆いとする呼び名である。ただ才能だけに任せる。すると好いと褒めることなどはない。ただ必要な費用だけに施してやる。すると費用を貴ぶことはない。才能ある者を嘉し名声を顕わすと、名誉はその役目以上になって、常に才能を比べ互いにねらう。財貨を貴ぶことが必要な費用以上になると、貪る者が競い行き、こそどろや箱さがしが、命がけで盗みをする。だから欲しいものを示さなければ、心は乱れることがないのである。

◇人は才能だけに、費用は必要なだけにすれば、何の争いもない。

是以聖人之治、虚其心、実其腹。

是を以て聖人の治は、其の心を虚しくして、其の腹を実たす。

心懐レ智而腹懐レ食。虚二有智而実二無知一也。

心は智を懐いて腹は食を懐う。有智を虚しくして無知を実たすなり。

心は智を思って、腹は食を思う。知恵を空っぽにして、無知を腹いっぱいにする。

◇無知を腹一ぱいにする。

弱二其志一、強二其骨一。

其の志を弱くして、其の骨を強くす。

骨無レ知以幹。志生レ事以乱。

骨は知無くして以て幹たり。志は事を生じて以て乱る。

骨は知が無くて幹である。志は事を生じて乱れる。

◇骨は知が無くて幹となり、志は事を生じて乱れる。

常使二民無知無欲一、

常に民をして無知無欲ならしめ、

守二其真一也。

其の真を守るなり。

その真、即ちありのままを守るのである。

◇「真」はありのまま、即ち無知無欲の天性、道と同じ。

使ムル㆔夫ノ知者ヲシテ不ラ㆓敢テ為サ㆒也。

夫(か)の知者をして敢て為さざらしむるなり。

知者ハ、謂フ㆑知ルヲ㆑為スコトヲ也。

知者は、為すことを知るを謂(い)うなり。

知者は、有為で事をなすことを知る者をいうのである。

◇知者は、有為でなすことを知る者をいう。

為セバ㆓無為ヲ㆒則チ無シ㆑不ルコト㆑治マラ。

無為を為せば則ち治まらざること無し。

〔全訳〕

才能　ある　者を　褒(ほ)めないと

民に　争いを　させない

手に　入れ難い　品物を　貴ばないと

民に　盗みを　させない

欲しがる　ものを　示さないと
民の　心を　乱さない

そういう　わけで
聖人の　政治は
民の　知恵を　からっぽに　して
無知を　腹　一ぱいに　し
志を　弱く　して
無知の　骨を　幹に　し
いつも　民を　無知無欲に　して
あの　為す　ことを　知る　知者を
進んで　しない　ように　させる

有為の　ない　政治を　すれば
世の　中は　治まらない　ことは　ない

☆三段的論法の構成である。

第一段「不尚賢」……「心不乱」(主題)

争い、盗み、乱すの原因。作為の害。

第二段「是以聖人之治」……「不敢為也」（解説）

聖人の政治の仕方。無為。

第三段「為無為」……「無不治」

無為の政治の功用。

主題で、賢と得難い貨・欲しがるものを挙げ、争い、盗み、乱す本となる作為の害を規定し、解説で、これが起こらない無為の方法を述べ、結論で、無為の政治の功用で結んだ。

一般の諸書は、「其の心を虚しくして、其の腹を実たし、其の志を弱くして、其の骨を強くす。」の「腹」と「骨」とは、文字通り、（腹一ぱい）にし、（筋骨を強く）すると解しているが、王注は、腹を（無知一ぱい）にし、骨を（無知の幹）としている。そこで初めて「是を以て」が生きてくる。

四章　道の本体(1)〈帝之先〉（道は冲にして…）

道冲而用レ之、或不レ盈。淵兮似二万物之宗一。挫二其鋭一、解二其紛一、和二其光一、同二其塵一。湛兮似二或存一。吾不レ知二誰之子一。象二帝之先一。

道は冲にして之を用うれば、或いは盈たず。淵として万物の宗に似たり。其の鋭を挫き、其の紛を解き、其の光を和げ、其の塵に同じくす。湛として或いは存するに似たり。吾誰の子なるを知らず、帝の先に象たり。

○沖―沖の俗字、水のわき出るさま。むなしい。「盅」（虚）の仮字。〔傅奕本〕○或―又になっているテキストもある。○淵兮―奥深いさま。○宗―根本。根源。○湛―深くたたえる。満ちあふれる。

夫執一家之量者、不能全家。執一国之量者、不能成国。窮力挙重不能為用。故人雖知万物治也治、而不以二儀之道、則不能贍也。

夫れ一家の量を執る者は、家を全くすること能わず。一国の量を執る者は、国を成すこと能わず。力を窮め重きを挙ぐれば、用を為すこと能わず。故に人は万物の治を知りて治むと雖も、二儀の道を以てせざれば、則ち贍る能わざるなり。

○量―見積り。○二儀―天と地。陰陽。両儀。○贍―音セン。たりる、十分である。

そもそも一家の見積りを扱う者は、家を完全に保つことはできない。一国の見積りを扱う者は、国を十分に成すことはできない。力を窮めて重いのを持ち挙げると、働きをなすことはできない。だから人は万物の治め方を知って治めても、天地陰陽の道を以てしないと、十分にできないのである。

◇一家の見積りには完全な収支決算はできない。必ず誤差が出る。一国も同様である。又力の限りを出して重いのを挙げると、余力がないから働きをなすことはできなくなる。人は万物を治める治め方を知って治めても、陰陽の二儀の道を以て治めないと、十分に治めることはできない。

地雖形魄、不法於天、則不能全其寧。天雖精象、不法於道、則不能保其精。

冲而用之、用乃不能窮。満以造実、実来則溢。故冲而用之、又復不盈。其為無窮、亦已極矣。

地は形魄と雖も、天に法らざらば、則ち其の寧きを全くすること能わず。天は精象と雖も、道に法らざらば、則ち其の精を保つこと能わず。冲にして之を用うれば、用乃ち窮むる能わず。満つれば以て実に造り、実来れば則ち溢る。故に冲にして之を用うれば、又た復た盈たず。其の無窮為ることは、亦た已に極なり。

○形魄―からだ。肉体。魄は肉体の精気。「魄」は、人の肉体を司る陰の精気で、死後に地上に止まるもの。したがって地は陰。○精象―精霊の宿った象。天は陽。

地は精気の宿った形であっても、天の運行に則らないと、安全を全うすることはできない。天は精霊の宿った象であっても、無為自然の道に則らないと、その精霊を保つことはできない。むなしい器でこれを用いると、その働きを窮めることができない。器は満ちるといっぱいになり、いっぱいになると溢れる。だからむなしい器であってこれを用いる時は、又さらに満たない。その無窮であることは、またもはや極(根源)である。

◇地を形魄、天を精象といっているのは、地には精気が宿っており、天には精霊が宿っているとした、中国古代の天地観からである。地は天に則り、天は道に則って、その形を保っている。すなわち、二儀の道(陰陽の道)が無為自然の道で無窮であることを説明した。

形雖大、不能累其体。事雖殷、不能充其量。万物舎此而求主、主其安在乎。

不亦淵兮、似万物之宗乎。

形は大なりと雖も、其の体を累わすこと能わず。事は殷んなりと雖も、其の量を充たすこと能わず。万物は此れを舍てて主を求むれば、主は其れ安くに在りや。亦た淵として、万物の宗に似たるならずや。

○殷ー大きい。○安在乎ー疑問形。

形は大きいといっても、その体を累わすことができない。事は大きいといっても、その量を充たすことはできない。万物がこのことを捨てて外に主を求めると、その主は一体どこにいるのか。またなんと奥深くて、万物の宗に似ているのではないか。

◇形や事が、どんなに大きくても、どうすることもできない。だから外に主を求めると、その主は奥深くて万物の大本に似ていると、無為自然の道を形容している。

鋭挫而無損、紛解而不労、和光而不汚其体、同塵而不渝其真。不亦湛兮、似或存乎。

鋭を挫きて損すること無く、紛を解きて労れず、光を和らげて其の体を汚さず、塵に同じくして其の真を渝えず。亦た湛として、存する或るに似たるならずや。

○渝ー音ユ、かえる（変）。☆「鋭挫、紛解」は本文と逆になっているが、強めの意。（素注）

道は万物の鋭さを挫きて損することなく、紛れを解いて疲れることなく、光を和らげて本体を汚すことなく、塵に同じくしてありのままを変えない。なんと深くたたえて存在しているかのようではないか。

◇無為自然の道の作用をいったところである。

地守其形、徳不能過其載。天慊其象、徳不能過其覆。天地莫能及之。不亦似帝之先乎。帝、天帝也。

地は其の形を守れども、徳は其の載に過ぐる能わず。天は其の象を慊くすれども、徳は其の覆に過ぐる能わず。天地は之に及ぶこと能う莫し。亦た帝の先に似たるならずや。帝は天帝なり。

○載―のせる。○覆―おおう。○慊―満足する。○之―無為自然の道。

地はその形を守っても、徳は地が載せている以上に載せることはできない。天はその象に満足しても、徳は天が覆っている以上に覆うことはできない。だから天地はこの無為自然の道に及ぶことはできない。なんとこの道は、天の先のものに似ているのではないか。帝は天帝である。

◇天地の徳は、地の載、天の覆い以上に及ぶことはできないから、無為自然の道には及ばない。だから天帝の先のもののようであるといっている。無為自然の道の作用の無限で、万物の根源になっていることを説明している。

〔全訳〕

無為自然の　道は　からっぽで　あるが
これを　用いると
いくら　用いても　一ぱいに　ならない
奥深い　淵の　ようで

万物の　根源に　似て　いる

この　道は
万物の　鋭さを　挫(くじ)き
紛(もつ)れを　解き　ほぐし
光を　和らげて　世俗に　同じく　し
深く　湛(たた)えて
永遠に　あるかの　ようだ

この　道は
誰の　子で　あるか　わからない
天帝　以前から　あった　ようだ

☆三段的論法の形式を取っている。

第一段「道冲而用之」……「似万物之宗」（主題）

　無為自然の道の規定。万物の宗。

第二段「挫其鋭」……「似或存」（解説）

　無為自然の道の功用。

第三段「吾不知」……「象帝之先」

無為自然の道の存在。

主題で、無為自然の道の無限の作用を規定し、解説で、その具体的作用を述べ、結論で、この道の存在は、天帝の先と結んだ。

無為自然の道の働きと本体を述べた章である。この道は、からっぽの器に水を入れ、いくら入れても満たないように、無限の働きを持っており、万物の根源になっているが、存在場所がわからないので、天帝の先の存在のようだ、という。これは宇宙創生の「無」を指している語で、第一章の「無」と同じことをいっている。

「挫鋭解紛、和光同塵」を挿入句と見ている書もあるが、三段的論法の形式から、解説であって、挿入句ではないことが判明する。「和光同塵」の出典の句である。

五章　理想の政治(2)〈橐籥〉（天地は不仁なり…）

天地ハ不仁ナリ。以テ二万物ヲ一為ス二芻狗ト一。

天地は不仁なり。万物を以て芻狗（すうく）と為す。

○芻狗―藁（わら）で作った犬。祭に用い、祭が終わると捨てられる。用があれば用いられ、用がなければ捨てられるものにたとえられる。「芻」はまぐさ。ほし草。

天地任自然、無為無造、万物自相治理。故不仁也。仁者必造立施化、有恩有為。造立施化、則物失其真、有恩有為、則物不具存。物不具存、則不足以備載矣。

天地は自然に任せ、無為無造にして、万物は自ら相治理す。故に不仁なり。仁者は必ず造立施化して、恩有り為す有り。造立施化すれば、則ち物は其の真を失い、恩有り為す有れば、則ち物は具存せず。物具存せざれば、則ち以て備に載するに足らず。

○治理―おさめおさめる。○造立施化―造り立て施して化す。○有恩―めぐみ（恵）がある。○具存―十分にそなわる。完備。

天地は自然のままに任せて、無為無造であって、万物は自分から互いに生育している。だから天地は不仁なのである。仁者は必ず造り立て施し教化して、恵んで為すことをする。造り立て施し教化すると、物のありのままの姿がなくなり、恵んで為すことをすると、物は十分に生長しない。物が十分に生長しないと、天地は備さに養育するのには十分でない。

◇万物は自らの力で生長するから、天地の恩恵は受けない。だから天地は不仁なのである。仁者は有為を以て何事もするから、物の真を失い、物が、地上に完全の姿で生長しない。

地不為獣生芻、而獣食芻。不為人生狗、而人食狗。無為於万物、而万物各適其所用、則莫不贍矣。若慧由己樹、未足任也。

地は獣の為に芻を生ぜずして、獣は芻を食う。人の為に狗を生ぜずして、人は狗を食う。万物に為すこと無きも、万物は各〻其の所用に適(かな)えば、則ち贍(た)らざること莫(な)し。若し慧(けい)己れに由りて樹(た)つれば、未(いま)だ任するに足らざるなり。

○慧は恵である（宇恵注）。☆「慧」は「恵」と混用される。（素注）

土地は獣のためにまぐさを作ってはいないが、獣はまぐさを食べる。人のために犬を養わないが、人は犬を食べる。万物に何もしないで、万物は各〻所用に適(かな)っているから、足りないことはない。若し恵が土地自体で立てたら、自然のままに任せるのには不十分である。

◇地は万物に何の恩恵も施さないが、万物はそれぞれ所を得て生育している。☆「芻狗」を「芻」と「狗」に分けて注釈したのは、王注の誤りである。（素注）

聖人ハ不仁ナリ。以テ二百姓ヲ一為ス二芻狗ト一。

聖人は不仁なり。百姓を以て芻狗(すうく)と為す。

聖人ハ与二天地一合シ二其ノ徳ヲ一、以テ二百姓ヲ一比スル二芻狗ニ一也。

聖人は天地と其の徳を合し、百姓を以て芻狗に比するなり。

聖人は天地とその徳が合致して、百姓を芻狗に比べている。

◇聖人と天地は徳を合せているから百姓を芻狗に準(なぞら)えている。

天地之間ハ、其レ猶ホ二橐籥ノ一ゴトキか乎。虚ニシテ而不レ屈キ、動キテ而愈ミ出ヅ。

天地の間は、其れ猶お橐籥のごときか。虚にして屈きず、動きて愈ゝ出ず。
○屈―つきる（竭）〔河上本〕○乎―詠嘆。

橐、排橐也。籥、楽籥也。橐籥之中、空洞無情無為。故虚而不得窮屈。動而不可竭尽也。天地之中、蕩然任自然。故不可得而窮、猶若橐籥也。

橐は排橐なり。籥は、楽籥なり。橐籥の中は、空洞にして無情無為なり。故に虚にして窮屈することを得ず。動かすも竭尽す可からざるなり。天地の中は、蕩然として自然に任す。故に得て窮む可からざること、猶お橐籥の若きなり。

○橐―俗字、本字は橐。音タク、ふくろ。ここはふいごう。かじ屋が火を起こす道具、長方形の箱に取っ手をつけて、取っ手を出し入れしながら、風を送る装置のもの。○排橐―ふくろを押す、ふいごう。排は押し出す。○籥―ふえ。笛に似て、三孔。また六孔もある。ふいごうの風を送るくだ。○楽籥―音楽のふえ。○橐籥―ふいごう（韛）。橐は、ふいごうの外箱。籥は、内部の送風器。ふいごは短呼。王注は、橐と籥に分けている。○窮屈―きわまりつきる。○竭尽―ありたけを尽くす、つきる。○蕩然―あとかたのないさま。

橐は、排橐（ふいごう）である。籥は、楽籥のことで、音楽に用いる笛である。ふいごうと笛の中は、空洞で無情無為である。だからからっぽであって、極まり尽きることがなく、動かしても尽くすことができない。天地の中は、跡形のない自然に任せている。だから極め尽くすことができないのは、ちょうど橐と籥と同じようである。

◇橐と籥の中空と天地の無為自然とは同じで、どちらも極め尽くすことができない。☆橐籥の熟語を「ふいごう」と解しているのは、『老子』のこの句からであろうが、王注は「槖と籥」に分け、二つのものとしている。むしろこの方が原義ではなかろうか。何時、誰が「ふいごう」と解したか、明らかにすべき課題である。

多言数窮。不ㇾ如ㇾ守ㇾ中。

多言なれば数(ことわ)り窮す。中を守るに如(し)かず。

○数―ことわり（理）。○中―空虚、冲虚。

愈為ㇾ之、則愈失ㇾ之矣。物樹二其悪一、事錯二其言一、不ㇾ済。不（多）言不ㇾ理。必窮ㇾ之数也。槖籥而守二数中一、則無二窮尽一。棄ㇾ己任ㇾ物、則莫ㇾ不ㇾ理。若槖籥有ㇾ意二於為ㇾ声也、則不ㇾ足三以共二吹者之求一也。

○不言の不は其に作る（宇恵注）☆不言の不は「多」に作る。（素注）

愈(いよ)〻之を為せば、則ち愈〻之を失う。物は其の悪を樹て、事は其の言を錯(あやま)れば、済(な)らず。多言なれば理(おさま)らず。必ず之に窮すること数(ことわ)りなり。槖籥(たくやく)にして数(ことわ)りの中を守れば、則ち窮尽すること無し。己れを棄てて物に任すれば、則ち理まらざること莫(な)し、若し槖籥の声を為すに意有れば、則ち以て吹く者の求むるに共するに足らざるなり。

○愈為ㇾ之の之―多言。失ㇾ之の「之」は中。○錯―あやまる（誤）。○済―なる（成）○数―ことわり（理）。

王云う、理数なり。理数は道理の意。「理」も「数」も、ことわり。

多言すればする程、ますます空虚がなくなってしまう。多言に悪いことを計画し、言うことを誤ると、物事はできない。だから多言であると治らない。必ず行きづまることは、道理である。槖籥であって、槖籥の道理である空虚を守ると、窮り尽きることはない。だから己れを棄てて物に任せると、理まらないことはない。若し槖・籥が声を出すのに意思があると、これを吹く者の求めに供するのに不十分である。

◇多言をすると、道理に行き詰まる。だから中すなわち空虚にしておくことが大事である。

〔全訳〕

天地は　おもいやりが　ない
万物を　藁（わら）犬の　ように　打ち捨てて　いる
聖人は　おもいやりが　ない
庶民を　藁犬の　ように　打ち捨てて　いる

天地の　間（あいだ）は　ふいごうや　笛の　ようだ　なあ
中が　からっぽで　吹いても　尽きなく
吹けば　吹くほど　ますます　風が　出る

多言を　すると　道理に　詰（つま）る
からっぽを　守るに　こした　ことは　ない

☆三段的論法の構成である。

第一段「天地不仁」……「以百姓為芻狗」（主題）

天地と聖人は不仁である。

第二段「天地之間」……「動而愈出」（解説）

空虚すなわち無為自然の道の功用。

第三段「多言数窮」……「不如守中」（結論）

空虚を守ることが、一番である。

主題で、天地の無為自然の状態を、不仁に例え、聖人の行為を不仁に例え、無為自然の道を規定し、解説で、この道をふいごうと笛に例え、結論で、無為自然の道を守ることが、一番であると結んだ。

本章で、大きな問題が二つある。一つは、「橐籥」の解釈で、従来の一般の諸書は、二字でふえごう又はふいご（鞴）と解しているが、王注は、橐はふえごう、籥は笛と、二つに分けている。もう一つは、「数」の解釈である。一般は「しばしば」若しくは「速」と解しているが、王注は、「理数なり」といっている。「理数」は、道理という意味である。この意味から本文を訳すと、極めてわかりいい。馬叙倫は、「数」は、「速」の借字であると、〔礼記・曾子問〕の「不レ知二其已之遅数一。」の注に「数読為レ速。」とあるのを採っている。

「守中」は、中虚を守る意。「冲・盅」と同じ。儒教のいう「中庸」の道理ではない。「中空」の意で、橐籥のそのままの状態である。厳霊峯は、「中」字は、「沖」の「シ」扁が闕壊したもので、校者が察しなかったので、「中」に改めた。古は「中」は「沖」に通用し、四十二章の「沖気以為レ和」の句は、小篆本の原文は、「中気以為レ和」となっており、「帛書」本は「中」が「沖」になっていたという。(『馬王堆帛書試探』)

なお「多言数窮。不レ如レ守レ中。」の王注の「物樹レ……不レ済。」は脱誤があり、「不言之不」は「其」であると宇恵注はいっているが、本文は、「多言」とあるから、したがって☆「不言」の「不」は「多」と改めた方がよい。(素注)

「守二数ゝ中一」(数ゝの中を守れば)と宇恵注は訓んでいるが、「守二数 中一」(数りの中を守れば)と読むべきである。顧懽は、「勢数」と云う。いきおいと運数(めぐり会わせ)の意。

六章　道の功用(1)〈谷神〉(谷神は死せず…)

谷神不レ死。是謂二玄牝一。玄牝之門、是謂二天地根一。綿綿若レ存、用レ之不レ勤。

谷神は死せず。是れを玄牝と謂う。玄牝の門は、是れを天地の根と謂う。綿綿として存するが若く、之を用いて勤れず。　〇玄牝―「玄」は赤味を帯びた黒い色。「牝」は雌。万物の生生に例えた。

谷神、谷中央無レ谷也。無レ形無レ影、無レ逆無レ違、処レ卑不レ動、守レ静不レ衰。谷以レ之成而不レ見二其形一。此至物也、処レ卑而不レ可二得名一。故謂二天地之根一。

谷神は、谷の中央の谷無きなり。形無く影無く、逆う無く違う無く、卑きに処りて動かず、静を守りて衰えず。谷は之を以て成りて、其の形を見ず。此の至物や、卑きに処りて得て名づく可からず。故に天地の根と謂う。

谷神は、谷の中央の谷がない空間の所をいうのである。形がなく影がなく、逆らうことなく違うこともなく、低い所にいてじっとしている。静かなのを守って衰えもしない。谷はこの静かさを以て出来ていて、その形を見ない。この至物の谷は、低く卑しい所にいて名づけることができない。だから天地の根源というのである。

◇谷神は谷の中央の何もない空間をいい、静かで形も名もなく天地の根源となっている。

綿綿若レ存、用レ之不レ勤。門玄牝之所レ由也。欲レ言レ存邪、則不レ見二其形一。欲レ言レ亡邪、万物以レ之生。故綿綿若レ存也。無二物不一レ成、用而不レ労也。故曰二用而不一レ勤也。

綿綿として存するが若く、之を用いて勤れず。門は玄牝の由る所なり。存すると言わんと欲するや、則ち其の形を見ず。亡しと言わんと欲するや、万物之を以て生ず。故に綿綿として存するが若きなり。物として成らざること無く、用いて労れざるなり。故に用いて勤れず、と曰うなり。

○綿綿―はっきりしないが長く続いて絶えないさま。○勤―つかれる（労）。○玄牝―不思議な女性、万物を生じる奥深くはかり知れない根源に例えた。牝は雌で、女性が子を生むように万物を生み出すこと。

綿々と長く続いているようであり、これを用いても労れることがない。この門は不思議な女性が子を産み出す所である。あるといおうとすると、形がなく、無いといおうとすると、万物がこれから生まれる。

だから「綿々として在るが若く」である。どんなものでも生じ、用いても労れることがない。だから「用いて勤(つか)れず。」というのである。

◇天地の根源の玄牝は、太古から綿々と続いていて、これを用いても労れない。形がないが万物を生じる。だから綿々と有るようなのである。

〔全訳〕

谷間の　神は　不滅の　生命(いのち)
これを　微妙な　雌と　いう

微妙な　雌の　出口
これを　天地　万物の　根源と　いう

太古から　綿々と　長く　続いて
どんなに　用いても　労れない

☆三段的論法の構成を成している。

第一段「谷神不死」……「謂玄牝」（主題）
　谷神は玄牝。
第二段「玄牝之門」……「天地根」（解説）

玄牝の門は、天地の根源。

第三段「綿綿若存」……「不勤」（結論）

玄牝の門は、労れない。

主題で、谷神を玄牝と規定し、解説でこの門は、天地の根源と説明し、結論で、その根源は、労れないと結んだ。

無為自然の道を、谷神・玄牝の別称で譬え、これは天地の根源であり、いくら用いても労れることなく、無窮に続くと、功用を説いた。

谷神は、河上公本では「浴神」となっている。「浴」は（養う）の意。「谷」は万物を養うから、養いの神となったのである。更に谷は低く卑しい所で、あらゆる物が流れ込む所なので、老子の「道」に似ているため、「道」に譬えたのであろう。

「玄牝」は、一章の「万物の母」に呼応して用いたのであろう。これを女性の生殖器の象徴と解している諸書があるが、王注を見る限り、一言もこれには触れていない。王弼は二十四歳の若さで、この世を去っているから、青春の羞(は)じらいからであろうか、何時ごろ、誰がこう解したのか、解明したいものである。

七章　無私の功（天は長く地は久し…）

天長地久。天地所二以能長且久一者、以三其不二自生一。

天は長く地は久し。天地の能く長く且つ久しき所以の者は、其の自ら生ぜざるを以てなり。

自生則与レ物争。不二自生一則物帰也。

自ら生ずれば則ち物と争う。自ら生ぜざれば則ち物は帰するなり。

自ら生きようとすると物と争う。自ら生きようとしないと、物は自然に根源に返るのである。

◇無為自然の道を物に例えていった。

故能長生。是以聖人、後二其身一而身先、外二其身一而身存。非レ以二其無レ私耶。

故に能く長生す。是を以て聖人は、其の身を後にして身先んじ、其の身を外にして身存す。其の私無きを以てに非ずや。

故能成二其私一。

故に能く其の私を成す。

無レ私者、無レ為二於身一也。身先身存。故曰三能成二其私一也。

私無しとは、身に為すこと無きなり。身先んじ身存す。故に能く其の私を成すと曰うなり。

○その私―大我。

私が無いというのは、身に何もしないことである。こうすると身が先になり身が存するのである。だから「能く其の私を成す。」というのである。

◇無私とは、何もしないことである。つまり無為自然をいう。こうであると「身先んじ身存し、大我の私を成す。」ことができる。

〔全訳〕

天は　長く
地は　久しい

天地が　長く　久しい　わけは
自ら（みずか）　生きようと　しない
だから
長く　生きられる

そういう　わけで
聖人は
人を　先きに　して　自分を　後に　するから　自分が　先に　なり

自分を　度外視　するから
自分が　見立てられる

それは　私が　無いからだ
だから　大我を　成し遂げる

☆三段的論法の構成である。
第一段「天長地久」（主題）
天は長く、地は久しい。
第二段「天地所以」……「而身存」（解説）
第一節「天地所以」……「不自生」
天は長く、地は久しい理由。
第二節「是以聖人」……「而身存」
聖人が聖人である理由。
第三段「非以其無私耶」……「成其私」（結論）
私を成す理由。
主題で、天地の長久の現実を規定し、解説で、その理由と、聖人の聖人たる理由を述べ、結論で、「私を成す」理由を、「無私」だからと結んだ。

天地の無為自然の道を述べた章で、人間もこの天地の姿に倣えば、私（自分）を成し遂げることができると教えている。王注の「自ら生ずる」は、自分から生きようとする生命力を持つことである。

この章を、老子の処生術の老獪さをいったものであると解する書もあるが、若しそうだとすると、「其の身を後にして身先んじ、其の身を外にして身存す。」の句は、「為にする」句となって、無為自然の老子の本旨に反することになる。

『老子』八十一章を通覧するに、老子は孔子と同様、「善意」に立って、当時の乱世を救おうとし、孔子の立場と反対の立場を取って「無為自然の道」を論じたので、逆説的な表現もあるが、老獪ではなく、寧ろ無為自然の道を了悟した、純朴な夫子であったと思われる。したがって『老子』中に随処に出て来る「聖人」は、老子自身に準えているのである。

八章　不争の徳(1)（上善は水の若し…）

上善若水。水善利万物而不争。処衆人之所悪。

上善は水の若し。水は善く万物を利して争わず。衆人の悪む所に処る。

人悪卑也。

人は卑きを悪むなり。

人は低く卑しいのを憎むのである。

◇水は低い所へ流れて行くが、多くの人は低い所はいやがる。ここには賤しいという意味も含まれている。

故幾於道。

故に道に幾し。

道無、水有。故曰幾也。

道は無、水は有、故に幾しと曰うなり。

○幾—近い。

道は無であり、水は有である。だから近いというのである。

居善地。心善淵。与善仁。言善信。正善治。事善能。動善時。

居は善く地。心は善く淵。与うるは善く仁。言は善く信。正は善く治。事は善く能。動くは善く時。

夫唯不争。故無尤。

夫れ唯だ争わず。故に尤め無し。

○尤—とがめ（咎）。

言人皆応於治道也。

人皆治道に応ずるを言うなり。

人は誰も皆、無為自然の道を治めるのに、応じることをいうのである。

◇この「道」は、無為自然の道を指している。

〔全訳〕

最上の　善は　水の　ような　もので　ある

水は　万物に　役立って　争わなく

多くの　人の　いやがる　低い　所に　いる

だから

無為自然の　道に　近い

居る　所は　低い　所が　善い

心は　淵の　ように　奥深いのが　善い

与えるのは　仁が　善い

言う　ことは　真実が　善い

政治は　治るのが　善い

物事は　能力を　尽くすのが　善い

行動は　時宜に　適うのが　善い
そもそも
ただ　争わない　ことだ
だから
咎められない

☆三段的論法の構造を取っている。
第一段「上善若水」（主題）
第二段「水善利万物」……「動善時」（解説）
　最上の善は、水のようである。
　第一節「水善利万物」……「幾於道」
　　水の習性。
　第二節「居善地」……「動善時」
　　水の習性を、実生活に準えた。
第三段「夫唯不争、故無尤」（結論）
　水の不争の徳。
主題で、無為自然の道を「上善」で別称し、解説で、水の習性をいい、これを人間の日常生活に準え、結論で、水の不争の徳を以て結んだ。

ここで問題は、解説の第二節の「居・心・仁・信・正・事、動」の解釈である。この背景には、すべて「無為自然の道」があること、すなわち「水」の功用を忘れてはいけない。儒教的立場に立っての解釈ではなく、老荘的見地からの見方である。したがって、「居」は、水のように他と争うことのない低い地、心は、淵のように奥深く静かな心、仁は、水が万物に与えるような仁の道、言は、水が流れる所へは流れ、流れていけない所へは流れない信、正は、無為の治、事は、能力に応じて力を尽くす、動は、水が穴があると穴を充たして後、然るべき方面に動くような時である。要は、水の行動が無理なく、それでいて目的を達する力を持っていることを、人間の行為に希求したものである。

薛蕙(せっけい)が、「己れを行うに争わず、高きを避けて下きに処るは、善く地なり。心を微妙に蔵し、深く測る可からざるは、善く淵なり、その施すこと兼愛にして私無きは、善く仁なり。その言徴ありて爽(たが)わざるは、善く信なり。国を治むれば則ち清浄自ら正しくするは、善く治なり。」(『老子集解』)といい、〔荘子・天下篇〕に「老聃(たん)の学は、その動くこと水の若く、その静かなること鏡の若く、その応ずること響くが若し。」とあるが、正に当を得たる解釈である。なお「正」は「政」と同じで、傅奕本、林希逸本、范応元本等は「政善治」になっている。

本章は、水の性質を上善の人の人格に比喩(ゆ)し、水の顕著な特性と作用の柔弱、低い卑しい所に処り、万物を滋養して争うことをしないことを、上善の人の人格もまた具有すべきであると、老子は認めたのである。

九章　無為の徳〈天之道〉（持して之を盈たすは…）

持而盈レ之、不レ如二其已一。

持して之を盈たすは、其の已むに如かず。

持、謂レ不レ失レ徳也。既不レ失二其徳一、又盈レ之、勢必傾危。故不レ如二其已一者、謂二乃更不レ如二無レ徳無レ功者一也。

持すは、徳を失わざるを謂うなり。既に其の徳を失わず。又た之を盈たさば、勢い必ず傾危す。故に其の已むに如かずとは、乃ち更に徳無く功無き者に如かざるを謂うなり。

○乃―かえって（逆接）。○更不―全く……ない。

持つは、徳を失わないことをいうのである。既に徳を失わず、又これを満たしたならば、勢い必ず傾いて危くなる。だから「其の已むに如かず。」というのは、かえって全く徳がなく功がないのには及ばないことをいうのである。

◇「持す」と「其の已むに如かず。」の説明で、「持す」は、徳を失わないこと。「其の已むに如かず。」は、「無徳無功者」であること、すなわち、「無為自然の道」の体得者であることをいう。

揣而鋭之、不可長保。

揣えて之を鋭くするは、長く保つべからず。

○揣―きたえる。刃物を鍛えること。

既揣末令尖、又鋭之令利、勢必摧衂。故不可長保也。

既に末を揣えて尖らしめ、又た之を鋭くして利ならしむれば、勢い必ず摧衂す。故に長く保つ可からざるなり。

○摧衂―衂は音ジク、くだけやぶれる。「衂」は俗字。本字は「衄」。

すでに末を鍛えて尖らさせ、又これを鋭くして更に鋭くさせると、その勢いは必ず摧け敗れる。だから長く保つことができないのである。

◇鋭く研ぐと、欠けて長持ちしない。

金玉満堂、莫之能守。

金玉堂に満つるは、之を能く守ること莫し。

不若其已。

その已むに若かず。

これを止めるにこしたことはない。

富貴而驕、自遺其咎。

富貴にして驕るは、自ら其の咎を遺す。

○驕－たかぶる。いばる。○咎－災い。

不可長保也。

長く保つ可からざるなり。

長く保つことはできない。

功遂身退、天之道。

功遂げて身退くは、天の道なり。

四時更運、功成則移。

四時更ごも運りて、功成れば則ち移る。

四季が替る替る運って、功が成ると、移って行く。

◇四季の春夏秋冬が次に移って行くことを、「功成らば則ち移る」と表現している。このように人間も、功が成ったら、その場にいないで変わって行くことがいいという。

〔全訳〕

徳が　あるのに　更に　徳を　満たすのは

かえって　徳が　なく　功が　ないのに

全く　及ばない

鍛え　鍛えて　鋭く　するのは
長く　持たない
金玉が　堂　一ぱいに　なるのは
守る　ことが　できない
富貴に　いて　たかぶるのは
自ら　咎（とが）めを　残す

功が　成って　退くのは
天の　道で　ある

☆三段的論法の構成である。
第一段「持而盈之」……「不如其已」（主題）
　有為より無為が勝る。
第二段「揣而鋭之」……「自遺其咎」（解説）
　実例三つを挙げる。
第三段「功遂身退」……「天之道」（結論）

天の道は、無為自然の道である。

主題で、有為より無為が勝ることを規定し、解説で、三つの例を挙げ、結論で、天の道は無為自然の道であると結んだ。

本章で一番問題となるのは、主題の王注である。一般の諸書は、「持して之を盈たす」を器を手に持って、それに満たすと解しているが、王注は「持すとは、徳を失わざるを謂うなり。」と説明している。したがって「器」でなくて「徳」で、これを満たすと、必ず傾危するといい、これよりは無徳無功の無為自然の道が勝っているといったのである。

次は「功成り身退くは、天の道なり。」の王注で、四季の移り変わりが天の道、つまり無為自然の道で、人間社会のあらゆる生きる道は、この自然の運行に従うことであると、われわれを誡めたのである。

本章は二句ずつ意味を持つ十句から成るが、初めの二句が主題で、次の三句が主題の解説、後の二句が結論で、三段的論法よりすると、王注が正しく符合する。

十章　道の体得(1)〈玄徳〉（営魄に載りて…）

載リテ二営魄ニ一抱キレ一ヲ、能ク無カランレ離ルルコトか乎。

営魄（えいはく）に載（お）りて一を抱（いだ）き、能（よ）く離るること無からんか。

○乎ー疑問。

載、猶処也。営魄、人之常居処也。一、人之真也。言、人能処常居之宅、抱一清神、能常無離乎、則万物自賓也。

載は、猶お処のごときなり。営魄は、人の常居の処なり。一は、人の真なり。言うこころは、人は能く常居の宅に処りて、一を抱き神を清くし、能く常に離るること無からんかなれば、則ち万物は自ら賓うなり。

○一ー真。人のありのまま。老子の道と同義語。○賓ーしたがう。

載は処と同じようである。営魄は、人が常に居る所である。一は、人のありのままである。そのわけは、人は常に居る家に安んじていることができて、ありのままの一を抱いて心を清くし、能くいつもそこを離れることが無いだろうか、であると、万物は自然につき従って来るのである。

◇載は処るの意で、営魄は人の常居の所、即ち住居である。「魄」には肉体をつかさどるたましい。こころ。からだの意がある。したがって住居にいる意。一は人のありのまま。無為自然の老子の「道」をいう。この意味に取っている書は一書もない。

専気致柔、能嬰児乎。

気に専せ柔を致めて、能く嬰児たらんか。

専、任也。致、極也。言、任自然之気、致至柔之和、能若嬰児之無所欲乎、則物全而性得矣。

専は、任なり。致は、極なり。言うこころは、自然の気に任せ、至柔の和を致めて、能く嬰児の欲する所無からんか、の若くなれば、則ち物は全くして性得。

専は、任せることである。致は、極めることである。その意味は、自然の気に任せ、至柔の和を極めて、能く嬰児の欲しがるところがないだろうか、のようであると、物は完全で本性が得られる。

☆「専」は任せる意に解釈している書は見当たらない。「致」は極めるに解釈している書はある。気は万物生成の根元の気、元気。自然の気に任せ、至柔の和を極めて、嬰児の何一つ欲しがらないようにあると、物は完全で本性が得られる。要は嬰児のようにすれば、人間の本性を得ることができる。無意自然の道の具現化の方法をいっている。「気を専らにし」と一般の諸書は訓じているが、王注からすると、「気に専せ」と訓ずべきである。

滌除玄覧、能無疵乎。

滌除して玄覧になり、能く疵無からんか。

玄、物之極也。言、能滌除邪飾、至於極覧、能不以物介其明、疵之其神乎、則終与玄同也。

玄は、物の極なり。言うこころは、能く邪飾を滌除して、極覧に至り、能く物を以て其の明に介けて、之を其の神に疵つけざらんか、なれば、則ち終に玄と同じきなり。

○極―根源。○滌除―あらい除く。はらい除く。○極覧―玄覧と同じ意。○介―助ける。○疵―きずつける。音シ。○神―心。

玄は物の根源である。その意味は、邪飾を払い除くことができ、その根源に行き着いて、物をもって英知に助けなく、これを心の根源に傷つけないことができると、終には玄と同じである。

◇玄は物の根源で、邪飾をすっかり払い除いて極覧になり、物を以て英知に助けることなく、心の根源に傷けなくなると、玄と同じになる。即ち玄覧・極覧と玄とは同じである。「能不……乎」は「無為自然の道」になった状態をいう。

愛レ民治レ国、能無レ知乎。

民を愛し国を治むるに、能く知無からんか。

任レ術以求レ成、運レ数以求レ匿者、智也。玄覧無レ疵、猶絶レ聖也。治レ国無レ以レ智、猶棄レ智也。能無レ以レ智乎、則民不レ辟而国治レ之也。

術に任せて以て成るを求め、数を運らして以て匿を求むるは、智なり。玄覧の疵無きことは、猶お聖を絶つるがごときなり。国を治むるに智を以てすること無きは、猶お智を棄つるがごときなり。能く智を以てすること無からんか、なれば、則ち民は辟らずして国は之を治むるなり。

○術―策略。はかりごと。○数―計。はかりごと。謀略。「術数」は、はかりごと。たくらみ。○匿―隠れる。かくす（蔵）。かくまう。

策略に任せて成るを求め、謀略を運らして隠すことを求めるのは、智である。玄覧の傷がないのは、聖を絶つと同じようである。国を治めるのに智をもってしないのは、智を棄てると同じようである。智をもってすることがないだろうか、であると、民は邪にならないで国は治まるのである。

◇術数を用いるのは智である。玄覧の傷のないのは、絶聖と同じく、治国に智をもってしないのは、棄智と同じである。だから智をもってしないと、民は邪にならなく国は治まる。

天門開闔、能為雌乎。

天門開闔するに、能く雌為らんか。

天門、謂天下之所由従也。開闔、治乱之際也、或開或闔、経通於天下。故曰天門開闔也。雌応而不倡。因而不為。言、天門開闔、能為雌乎、則物自賓、而処自安矣。

天門は、天下の由り従う所を謂うなり。開闔は、治乱の際や、或いは開き或いは闔じて、天下を経通す。故に天門開闔と曰うなり。雌は応じても倡えず。因りて為さず。言うこころは、天門開闔するに、能く雌為らんか、なれば、則ち物自ら賓いて、処自ら安し。

○闔―とず（閉）。音コウ。○経通―治める。よく行きわたる。

天門は、世の中の人々が由り従う所をいうのである。開闔は、治乱の際に、開いたり閉じたりして、世の中を治めることである。だから天門開闔というのである。雌は雄に応じても唱えない。そこで雄は何もしない。その意味は、天門開闔するのに、能く雌のようであるだろうか、であると、物は自然につき従って、いる所は自然に安らかになる。

◇天門開闔して、治乱を治めるのに、雌が雄に応じて唱えないと、雄は何もしない。だからすべて雌のようになっていると、物は自然に従い、所は自然に安らかになる。雌雄の態度で天下を治めること。

明白四達、能無為乎。

明白四達して、能く為すこと無からんか。

言、至明四達、無迷無惑、能無以為乎、則物化矣。所謂道常無為。侯王若能守、則万物自化。

言うこころは、至明四達して、迷い無く惑い無く、能く以て為すこと無からんか、なれば、則ち物は化す。所謂道は常無為なり。侯王若し能く守れば、則ち万物は自ら化せん。

○四達—道路が四方に通じる。隅にまでとどく。○侯王—一国の君主。

その意味は、この上なく明白に隅にまで通じ、迷いなく惑いなく、有為を以てすることが無いだろうか、であると、物は変化する。所謂道は常無為である。侯王が若しこれを守ることができたら、万物は自然と変化する。

○常無為—真の無為。無為自然の道の別称。

◇無為であれば、万物は自然に変化する。

生レ之、

之を生じ、

不レ塞二其原一也。

その原を塞がざるなり。

その根源を塞がないのである。

畜レ之。

之を畜う。

不レ禁二其性一也。

其の性を禁ぜざるなり。

その本性を禁じないのである。

生而不レ有。為而不レ恃。長 不レ宰。是謂二玄徳一。

生ずるも有せず、為すも恃まず、長ずるも宰せず、是れを玄徳と謂う。

不レ塞二其原一、則物自生。何功之有。不レ禁二其性一、則物自済。何為 之恃。物自長足。不二吾宰成一。有レ徳無レ主。非レ玄如何。凡言二玄徳一、皆有レ徳而不レ知二其主一。出二 乎幽冥一。

其の原を塞がざれば、則ち物は自ら生ず。何の功か之有らん。其の性を禁ぜざれば、則ち物は自ら済（な）る。何の為すことか之恃（たの）まん。物は自（おのず）ら長足す。吾が宰成ならず。徳有りて主たること無し。玄に非ずして如何。凡そ玄徳と言うは、皆徳有るも其の主を知らず。幽冥より出ずるなり。

○宰成－治めなす。きりもりする。○幽冥－かすかで暗い。奥深く微妙なさま。暗くて見えない所。玄。

その根源を塞がないから、物は自然に生じる。何の功績があろうか。その本性を禁じないから、物は自然に生長する。何の為すことを頼ろうか。万物は自然に十分成長する。わたしはきりもりをしない。徳があっても主（ぬし）であることはない。これが玄でなくて何か。大体玄徳というのは、皆徳があってもその主がわからない。幽冥より出るのである。

◇玄徳を説明した王注である。万物は何の力も借りることなく自然に生長する。これが「無為自然の道」なのである。だから「玄」という。徳があっても主とならず、幽冥から出るので、「玄徳」というのである。「玄徳」は「無為自然の道」の別称。

〔全訳〕

人は　常の　住居（すまい）に　いて
一を　抱いて
離れないで　いられるか　なあ
自然の　気に　任せ
至柔の　和を　極めて

嬰(えい)児の　ように　して
いられるか　なあ

すっかり　邪飾を　払い去って
玄を　傷つけないで
いられるか　なあ

民を　愛し　国を　治めるのに
無知に　して
いられるか　なあ

世の　中を　治めるのに
雌の　ように　して
いられるか　なあ

至明が　隅(すみ)々まで　通じて
有為でなくて　いられるか　なあ

この　無為自然の　道は
万物を　生じ
養って　いる

万物を　生育しても
自分の　ものと　しない
大きな　仕事を　しても
それに　頼らない

生長しても
主と　ならない

これを
玄徳と　いう

☆三段的論法の構成である。

第一段「載営魄」……「能無離乎」（主題）

　無為自然の道の別称「一」について。

第二段「専気致柔」……「生之畜之」（解説）

　無為自然の道の別称、嬰児、玄覧、無知、雌、無為等を挙げ、無為自然の道は万物を生み、養うこと。

第三段「生而不有」……「是謂玄徳」（結論）

　万物は、自ら生長するが、無為自然の道の恩恵に因る。この道を玄徳という。

主題で、無為自然の道を、「一」の別称で規定し、解説で、更に別称の具体例を五つ挙げ、無為自然の道が万物を生じ養うといい、結論で、無為自然の道を「玄徳」というと結んだ。

　この章で、大きな問題は、「載営魄」の訓と解釈である。従来の一般の諸書は、全く王注に拠って解していない。「載」を（みつ。安んじる。乗る）等と訓じ、「営魄」を（迷える魂、迷える肉体、生命活動を営む人間の肉体）等に解している。しかし王注は、「載」は（処る）、「営魄」は（人の常居する処）と訓釈し、人間の日常生活に密着している。

　「抱一」の「一」は、「無為自然の道」の別称である。王注は「一は、人の真なり」といっている。「真」はありのままの意であるから、無為自然の道の別称と見ることができる。したがって王注からすると、「人は日常生活をしている住居で、無為自然の道をもって」という意になる、これが最も自然な解釈であるまいか。無理に「営魄」の「営」は「熒」（あきらか、まどわす、かがやく）と通用し、「熒魄」であるとしたり、「載」を別訓（乗る、みつ、安んずる）に読んでいるが、王注の方がよく分かる。

そこで、更に大きな問題が起こって来る。それは、王弼が果たして許慎の『説文解字』を見たかどうかということである。許慎は西暦三〇～一二四の人で、その子許沖が、上表文を添えて、西暦一〇〇年に献上したという。王弼は西暦二二六～二四九の人であるから、『説文』の成立後、約一〇〇年後に生まれたことになる。なお許慎は召陵（今の河南省郾（えん）県）の人であり、王弼は山陽（今の河南省修武県）の人である。この両者の距離は、約二百キロである。したがって、王弼は『説文』の存在は知っていたと思われる。然るに『説文』の解を採っていない。『説文』には、（乗る）という説明はあるが、（処る）という義はない。諸橋大漢和辞典には、（おさめる）と解して、この「載」の注解が出ているが、（処る）には解していない。では、どうして王弼は（処る）と解したのであろうか。

二十四歳の短命で世を去った王弼は、己れの英知以外に、何も頼る必要はないと確信し、「載」を（処る）と解したのではなかろうか。それは、「営魄」は、（迷える魂）ではなく、魄を営む、つまり、肉体を営むと解し、常にその場所に居ること（常居）だと決断したのであろう。

ここに至るには、王弼は、『老子』を反覆に反覆し、熟読吟味し、老子になりきって己れの人生を生きる証（あかし）が、王注となったのである。その動機は、三十三章の「死して亡びざる者は寿し（いのちなが）。」の王注が、如実にそれを表わしている。

こう考えることによって、初めて『老子』の内容が、躍如としてわれわれの日常生活の中に生きて来、「仙人老子」ではなく、「凡人老子」が面前に画かれて来る。

老子は孔子と同様に、当時の乱世を救おうとして、無為自然の道に順って生きることこそ、人間の根源的生き方であると体認し、それを『老子』五千言に収約したのである。したがって『老子』は、単なる虚空の言ではなく、現実を凝視し、人間は如何に生きるべきかの指針を示した教典である。

老子は決して仙人ではなく、この人間世界の凡人である。それを最も端的にいっているのが本章である。それは、「能無レ離乎。」(能く離るること無からんか。)の語から分かる。「能」の字は、ここでは可能を表わしている。したがって、「離るること無きこと能わんか。」と訓読すると、(離れていることのないことができるであろうか。)、つまり(離れないでいることができるであろうか。)という意となる。

それに更に見逃してはいけないのは、「乎」の助字である。この助字は、疑問・反語・詠嘆等の意を表わすが、この中では詠嘆の意が強い。したがってここは、疑問に詠嘆が加味されていると解することによって、老子は、やはりわれわれ人間と同じ凡人であったことが意識されるのである。

よって、この語は「離れないことができるかなあ。」という、老子の心情の表現であると見做すことができる。「無為自然の道」は、人間の生きる最善の道であるが、これを凡人たる人間は、四六時中持ち続けることは困難で、一日中少なくとも何時間かはこの状況でありたい。自分(老子)も曾てはそうであった。しかし今は、修練によってこの道を体得した。だから君達にもいう、と、問い聞かせているのである。

故に、無為自然の道の別称である、一、嬰児、玄覧、無知、雌、無為等を以て、問いかけ、これを修練すると、無意識の中に、この道が四六時中持続できるようになる。自分は今その域にやっと到達した。そこで君達にいうのだが、という老子の意思が、この章の中に脈々と流れているのである。

終わりに、「是謂二玄徳一。」(是れを玄徳と謂う。)といって結んだのは、「玄徳」は「無為自然の道」の別称で、この道に到達したことを表わした語で、多くの章で「聖人」といっている語の先駆であると見られる。

本章と殆んど同じ文章が、五十一章に出ている。又六十五章にも「能く楷式を知る、これを玄徳と謂う。」とある。恐らくこの三章は、老子が無為自然の道を体得した直後に、いったものではなかろうか。

十一章　道の功用(2)〈無用之用〉（三十輻一轂を共にす…）

三十輻共ニス二一轂ヲ一。当タリテ二其ノ無ニ一、有リ二車之用一。

三十輻一轂を共にす。其の無に当たりて、車の用有り。

轂ノ所三以能ク統ブル二三十輻ヲ一者ハ無ナレバ也。以テ二其ノ無ノ能ク受クル一レ物ヲ之故ヲ一、故ニ能ク以テレ実ヲ統ブルレ衆ヲ也。

轂の能く三十輻を統ぶる所以の者は無なればなり。其の無は能く物を受くるの故を以て、故に能く実を以て衆を統ぶるなり。

○輻―車の矢。こしき（轂）と輪とを連ね支えるための、こしきから輪に向かって放射状に組まれた細い棒。○轂―こしき。車輪の中央にあって、軸を通して、矢（輻）の集まっている所。○統―一つにまとめる。王注は「綂」と篆文を用いている。

こしきが三十本の矢を一つにまとめることができるわけは、無であるからである。その無は物を受けることができるために、実際に衆を一つにまとめることができるのである。

◇こしきの無が、実は大きな作用をしているのである。

埏レ埴以為レ器。当二其無一、有二器之用一。鑿二戸牖一以為レ室。当二其無一、有二室之用一。
故有之以為レ利、無之以為レ用。

埴を埏ねて以て器を為る。其の無に当たりて器の用有り。戸牖を鑿ちて以て室を為る。其の無に当たりて、室の用有り。故に有の以て利を為すは、無の以て用を為せばなり。

○埴—つち、ねば土。粘土。○埏—こねる。○戸牖—入口と窓。

木埴壁所二以成一レ三者、而皆以レ無為レ用也。言、無者有之所二以為一レ利、皆頼レ無以為レ用也。

木埴壁の三つを成す所以の者は、而も皆無を以て用を為せばなり。言うこころは、無は有の利を為す所以にしては、皆無に頼りて以て用を為すなり。

○木—「三十輻一轂を共にす。」、埴は「埴を埏ちて以て器を為る。」、壁は「牖を鑿ちて以て室を為る。」を指す。

この木・埴・壁の三つを作り上げる理由のものは、皆無を以て用を為しているからである。その意味は、無は有の利益をなす理由であって、皆無に頼って用を為しているのである。

◇無用の用を説明したもので、「無」が実は本当に役立っているから、この三者は成り立っていることをいっている。

〔全訳〕

三十本の　矢は
一つの　轂（こしき）から　出て　いる
その轂と　心棒の　空間が
車の　働きを　する

土を　捏（こ）ねて
器を　作る
その　空間が
器の　働きを　する

入口と　窓を　掘って
部屋を　作る
その　空間が　部屋の　働きを　する

有が　役に　立つのは
無が　作用して　いるからだ

☆三段的論法の構成である。

第一段「三十輻」……「有車之用」（主題）
　無の作用を車で説明。
第二段「埏埴」……「有室之用」（解説）
　第一節「埏埴」……「有器之用」
　　無の働きを器で説明。
　第二節「鑿戸牖」……「有室之用」
　　無の働きを室で説明。
第三段「故有之以」……「以為用」（結論）
　無の功用。

主題で、無の作用を車で規定し、解説で、器と室との二つを例に挙げ、無の作用を説明し、結論で、無の功用で結んだ。

卑近な例を挙げて、具体的に理解してもらおうとする老子の態度は、仙人ではなく俗界に住む凡人であることを、知ってほしいという念願が表われている。「戸牖」を鑿つとは、当時の穴居生活を示したものである、荘子はここを原典として「無用の用」を説いた。「人皆知㆓有用之用㆒、而莫㆑知㆓無用之用㆒也。」〔人間世〕（人は皆有用の用を知りて、無用の用を知る莫きなり。）

十二章　道の功用(3)〈為腹〉（五色は人の目を…）

五色令人目盲、五音令人耳聾、五味令人口爽。馳騁田猟、令人心発狂、

五色は人の目をして盲ならしめ、五音は人の耳をして聾ならしめ、五味は人の口をして爽わしむ。馳騁田猟は、人の心をして狂を発せしめ、

○五色－青赤白黒黄。○五音－宮商角徴羽。○五味－酸鹹甜辛苦。（すっぱい・しおからい・あまい・からい・にがい）「甜」は「甘」でも可。○馳騁－どちらも、馬をはしらせる。乗馬。○田猟－かりをする。狩猟。

爽、差失也。失口之用。故謂之爽。夫耳目口心皆順其性也。不以順性命、反以傷自然。故曰盲聾爽狂也。

爽は、差失なり。口の用を失う。故に之を爽うと謂う。夫れ耳目口心は皆其の性に順うなり。以て性命に順わざれば、反って以て自然を傷なう。故に盲聾爽狂と曰うなり。

○差失－共にたがう意。○性命－天から与えられたもちまえ。生命。

爽というのは、たがう意である。口の作用を失う。だから爽うという。そもそも耳目口心は皆本性に順うものである。それが天から与えられたもちまえに順わないと、却って自然を傷なう。だから盲聾爽狂と

いうのである。

◇性命に順うことが自然で、これに順わないと盲聾爽狂となる。

難得之貨、令人行妨。

得難きの貨は、人の行いをして妨げしむ。

難得之貨、塞人正路。故令人行妨也。

得難きの貨は、人の正路を塞ぐ。故に人の行いをして妨げしむるなり。

○貨―たから（財）。金銭・品物など、すべて価値あるものの総称。

得難いたからは、人の正しい路を塞いでしまう。だから人の行いを妨害させるのである。

◇得難い財貨は、人の正路を妨げる。

是以聖人、為腹不為目。故去彼取此。

是を以て聖人は、腹を為りて目を為らず。故に彼を去りて此を取る。

○為―作る。

為腹者、以物養己。為目者、以物役己。故聖人不為目也。

腹を為るとは、物を以て己を養う。目を為るとは、物を以て己を役す。故に聖人は目を為らざるなり。

「腹を為る」ということは、物質を以て自分を養うことである。「目を為る」ということは、物質を以て自分の役に立てることである。だから聖人は「目を為らず。」というのである。

◇聖人は五官に左右されず、腹を作る。

〔全訳〕

五色は　人の　目を　盲(めくら)にし
五音は　人の　耳を　聾(つんぼ)にし
五味は　人の　口を　違(たが)わせる

乗馬　狩猟は　人の　心を　狂わせ
得難い　財貨(たから)は　人の　行いを　妨げる

こういう　わけで
聖人は
腹を　作って
目を　作らない

だから

目を　捨てて　腹を　取る

☆三段的論法の変形である。

第一段（主題）　省略

第二段「五色」……「令人行妨」（解説）

　第一節「五色」……「令人口爽」

　　五官の中、「目・耳・口」を列挙し、盲・聾・味を説明、感覚的な面。

　第二節「馳騁田猟」……「令人行妨」

　　五官の「心」を馳騁田猟、財貨で説明、精神的な面。

第三段「是以聖人」……「去彼取此」（結論）聖人は腹を作る。

主題の「腹を作る」を省略し、解説で、五官の誤りを指摘し、結論で「腹を為る」と結んだ。

五官には、目・耳・鼻・口・形（皮膚）（荘子・天運）と、目・耳・鼻・口・心（荀子・正名）の二説がある。老子はこの五官から、目・耳・口と、荀子説の「心」を採っている。

五官の「鼻」を採らなかったのは、どうしてだろうか。『荘子』の「天地方十二」には、「五臭は鼻を薫し、困惾して顙に中る。」（五臭は鼻をつき、そのために鼻がつまって、ひたいが痛くなる）とある。五臭は羶（肉のなまぐささ）・薫（くすぶるにおい）・香・鯹（魚のなまぐささ）・腐の五つの臭い。

「腹を為る」は、「物を以て己れを養う。」と王注は解しているから、十分食事をして体を作り、合わせて心をしっかり作ることをいっている。「目を為らず。」は、感覚的なものに心を動かされないようにする。

したがって身心共に健全な体を作ることに専念することを願っている。これは「無為自然の道」に生きることに努めることを、暗暗裡にいっているのではあるまいか。

十三章　無身の功（寵辱には驚くが若くし…）

寵辱若レ驚、貴二大患一若レ身。何謂二寵辱若レ驚。寵為レ下。得レ之若レ驚、失レ之若レ驚。是謂二寵辱若レ驚。

寵辱には驚くが若くし、大患を貴ぶこと身の若くす。何をか寵辱には驚くが若くす、と謂う。寵を下と為す。之を得ては驚くが若くし、之を失いては驚くが若くす。是れを寵辱には、驚くが若くす、と謂う。

◇焦竑の考異は、「寵為レ下」を「寵為レ上、辱為レ下。」としている。

寵必有レ辱、栄必有レ患。寵辱等、栄患同也。為レ下、得二寵辱栄患一、若レ驚、則不レ足三以乱二天下一也。

寵には必ず辱有り、栄には必ず患有り。寵辱は等しく、栄患は同じきなり。下と為すとは、寵辱栄患を得ては、驚くが若くすれば、則ち以て天下を乱むるに足らざればなり。

☆「寵辱等」の「寵辱」は、王注は「驚辱」となっているが、宇注の訂正を採る。（素注）

○乱－おさむ（治）の意。

寵には必ず辱があり、栄には必ず患がある。寵辱は等しく、栄患は同じである。下となすというのは、寵辱栄辱を得ては、驚くようにすると、それを以て天下を治めるのには不十分だからである。

◇寵辱栄辱を得ては、驚くようにすると、天下を治めるのには不十分である。

何謂貴大患若身。

何ぞ大患を貴ぶこと身の若くすと謂う。

大患、栄寵之属也。生之厚、必入死之地。故謂之大患也。人迷之於栄寵、返之於身。故曰大患若身也。

大患は、栄寵の属なり。生の厚きは、必ず死に入るの地なり。故に之を大患と謂うなり。人は之を栄寵に迷いて、之を身に返す。故に大患身の若くす、と謂うなり。

大患は、栄寵の類である。生きようとする執着が厚いのは、必ず死に入る場所である。だから生の厚いのを大患というのである。人は生の厚いのを栄寵に迷って、生の厚いのをわが身に返す。だから「大患身の若くす。」というのである。

◇大患は、「栄寵」の類であり、「生の厚き」でもある。したがって三つの「之」は「生の厚き」を指す。「返す」はこれを自分の身にすること。

吾所三以有二大患一者、為二吾有一レ身。

吾に大患有る所以の者は、吾の身有るが為なり。

由レ有二其身一也。

其の身有るに由るなり。

「生の厚い」のが身にあるからである。

及二吾無一レ身、

吾の身を無にするに及びては、

帰二之自然一也、

之を自然に帰するなり、

「生の厚い」のを自然に帰すのである。「無為自然の道」に帰すことをいう。

吾有二何患一。故貴以レ身為二天下一、若可レ寄二天下一、

○「若」を宇恵訓は「若シクハ」と読む。

吾に何の患か有らん。故に貴ぶに身を以て天下を為むれば、若ち天下を寄す可く、

○為―おさむ（治）。○若―すなわち（乃）かえって。逆接。

無三以易二其身一。故曰レ貴也。如レ此乃可三以托二天下一也。

以て其の身を易(やす)くすること無し。故に貴ぶ、と曰(い)うなり。此(かく)の如きは乃ち以て天下を托す可きなり。

○乃ーかえって、逆接。

自分の身を易くすることがない。故に「貴ぶ。」というのである。このようなのはかえって、天下をあずけることができるのである。

愛スルニ以テレ身ヲ為ムレバ二天下ヲ一、若チ可シレ托ス二天下ヲ一。

愛するに身を以て天下を為(おさ)むれば、若(すなわ)ち天下を托(たく)すべし。

無シ四物ノ可キ三以テ損ス二其ノ身ヲ一。故ニ曰フレ愛スト也。如キハレ此ノ乃チ可キ三以テ寄ス二天下ヲ一也。不下以テ二寵辱栄患ヲ一損中易セ其ノ身ヲ上。然ル後ニ乃チ可キ三以テ二天下ヲ一付スレ之ニ也。

物の以て其の身を損す可き無し。故に愛すと曰うなり。此の如きは乃ち以て天下を寄す可きなり。寵辱栄患を以て其の身を損易せず。然る後に乃ち天下を以て之に付す可きなり。

物はその身を損することができない。だから「愛す。」というのである。このようなのはかえって天下をあずけることができるのである。寵辱栄患をもって、その身を損し易くしない。そこで初めて天下をもってあずけることができるのである。

◇「物の以て其の身を損す可き無し。」は、物が物自体を損することができない。「無為自然の道」に順っていることをいう。

〔全訳〕

寵辱は　驚く　ように　する
大患を　貴ぶ　ことは
自分の　身の　ように　する

何を　寵辱は　驚く　ように
すると　いう
寵を　下と　する
これを　得ると　驚く　ように　し
これを　失うと　驚く　ように　する
この　ことを
寵辱は　驚く　ように　すると　いう

どうして　大患を　貴ぶのは
身の　ように　すると　いう
自分に　大患の　あるのは
自分に　身が　あるからだ
自分の　身を　自然に　帰すと

何の　患いが　あろう

だから
自分の　身を　易く　しないで
身を　以て　世の　中を　治める　時は
世の　中を　預(あず)けられる
自分の　身を　損し　ないで
身を　以て　世の　中を　治める　時は
世の　中を　預けられる

☆三段的論法の構成である。
第一段「寵辱若驚」……「若身」（主題）
寵辱と大患について。
第二段「何謂寵辱」……「有何患」（解説）
第一節「何謂寵辱」……「謂寵辱若驚」
寵辱について、寵辱に驚くこと。
第二節「何謂貴大患」……「吾有何患」
大患について、わが身を無にすれば、大患はない。

第三段「故貴以身」……「若可托天下」（結論）

貴と愛と政治（易と損のない政治。）

主題で、寵辱・大患の驚き貴ぶことを規定し、解説で、この両者の理由を述べ、結論で、貴と愛の政治、つまり無為自然の道に順って行う政治で結んだ。

この章は、寵辱と大患を、わが身の心情に訴えて述べたものであるが、わかりにくい所が多い。「寵為ㇾ下」は、「寵為ㇾ上、辱為ㇾ下。」と見る焦竑の「考異」もある。しかし王注は、「寵為ㇾ下。」として注している。本文には「辱」はないが、「寵は必ず辱有り。寵辱は等し。」と注しているから、「寵」をいえば「辱」が自ら含まれるとしたのである。

次は「大患」であるが、「大患は、栄寵の属なり。」といっているから、大患と栄寵とは、同じグループと見ているのである。それを生命に関して、「生の厚い」ことを「大患」といっている。したがって「わが身」に及ぶのである。

「吾に身無きに及びては」に、王注は「之を自然に帰するなり。」と注している。この語が極めて重要な意味を持っていることに、先人は誰も触れていない、だから単に、「わが身が無いとすると」といい、「有」に対する「無」に解している。ここはそういう意味ではない。「自然に帰する」は「無為自然の道に帰る」ことをいっているのである。「わが身を無為自然に帰す。」という意なのである。

だから、次の「貴」と「愛」との語が引き出され、「無為自然の道」を具体的にいったのである。「貴ぶ」は「無為自然の道」を貴ぶのであり、「愛す」は、「無為自然の道」を愛するのである。それを王注は「易・

損」の語でいっている。したがって、「故に」以下の二句は、無為自然の道で天下を治めることを説明したものである。

この観点から解釈した書は、今のところ皆無である。単に身を「貴ぶ」「愛す」と解している。これは儒教的な解釈で、決して老子的立場からの解釈ではない。肝腎なことは、「老子」の解釈は、儒教的観念を払拭してかからないと、その真意は把握されない。

この章は、老子が単に「無為自然の道」を寵辱・大患を以て説明したものではなく、老子自らの体認の証（あかし）をいったのである。だから人の心を打つ迫力がある。結論は政治に就いての「無為自然の道」の必須なることを力説したもので、老子の政治にかかわっていたことを示した語である。でなければ空論に過ぎなくなる。

十四章　道の本体(2)〈道紀〉（之を視れども見えず…）

視之不見。名曰夷。聴之不聞。名曰希。搏之不得。名曰微。此三者、不可致詰。故混而為一。

之を視るも見えず。名づけて夷（い）という。之を聴くも聞こえず。名づけて希という。之を搏（とら）えるも得ず。名づけて微という。此の三つの者は、致詰す可からず。故に混じて一と為す。

○夷―たいら（平）。○希―希疏。（かすかでわからない）。○微―細い。○致詰―つきつめる、徹底的に究明する。

無レ状無レ象、無レ声無レ嚮。故能無レ所レ不レ通、無レ所レ不レ往、不二得而知一。更以二我耳目体一、不レ知二為名一。故不レ可二致詰一。混而為レ一也。

状無く象無く、声無く嚮き無し。故に能く通ぜざる所なく、往かざる所なきも、得て知らず。更に我が耳目体を以て、為めに名づくるを知らず。故に致詰す可からず。混じて一と為すなり。

○象・姿。○嚮―嚮は響に通じひびき。

形なく姿なく、声なく響きがない。だから通じない所がなく、往かない所がないが、知ることができない。更にわが耳目体をもってしても、そのために名づけることがわからない。だから極めつきつめることはできない。混ぜて一とするのである。

◇無為自然の道は、どうしても名づけようがないので、混ぜて一としているのである。

其上不レ皦。其下不レ昧。縄縄不レ可レ名。復二帰於無物一。是謂二無状之状、無物之象一。

其の上は皦らかならず。其の下は昧からず。縄縄として名づく可からず。無物に復帰す。是れを無状の状、無物の象と謂う。

○皦―音キョウ。あきらか。○縄縄―涯際のないさま（梁帝）。果てしない。

欲言無邪、而物由以成、欲言有邪、而不見其形。故曰無状之状、無物之象也。

無しと言わんと欲するや、而も物は由りて以て成り、有りと言わんと欲するや、而も其の形を見ず。故に無状の状、無物の象と、曰うなり。

ないといおうとしたいと思っても、物はこれによって出来上がり、あるといおうとしたいと思っても、その形を見ない。だから「無状の状、無物の象」というのである。

◇無為自然の道は、無状無象である。

是謂惚恍。

是れを惚恍と謂う。

○惚恍―「惚」は、うっとりする。ぼんやりする。ほのか。「恍」は、かすか、ほのか、うっとりする。したがって「惚恍」は、ぼんやりしてはっきりしないさま。おぼろげなさま。〔釈文〕は「恍」を「怳」（キョウ）に改めているが、意味は同じ。

不可得而定也。

得て定む可からざるなり。

手に入れてこうと定めることができないのである。つまり、「はっきりしない」意。

迎之不見其首。随之不見其後。執古之道、以御今之有。

之を迎えども、其の首を見ず。之に随えども其の後を見ず。古の道を執りて、以て今の有を御す。

○御—つかさどる。すべる（統）。

有、有其事。

有は、其の事有るなり。

有は、今の有の事があるのである。

能知古始。是謂道紀。

能く古始を知る。是れを道紀と謂う。

○古始—万物の始源。○道紀—道の規律。本質。

無形無名者、万物之宗也。雖今古不同、時移俗易、故莫不由乎此、以成其治者也。故可執古之道、以御今之有。上古雖遠、其道存焉。故雖在今、可以知古始也。

形無く名無き者は、万物の宗なり。今古は同じからず、時移り俗易ると雖も、故より此れに由りて以て其の治を成さざる者莫きなり。故に古の道を執りて、以て今の有を御す可し。上古は遠しと雖も、其の道は存す。故に今に在りと雖も、以て古始を知る可きなり。

形がなく名がないこの道は、万物の本源である。今古は同じでなく、時が移り風俗が変わっても、もともとこの道に由って、治を成さないものはないのである。だから古の道を取って今の有の事を御することができる。上古は遠いといっても、この道はここにある。だから今の事にあっても、古始を知ることができるのである。

◇元来「無為自然の道」で古今が治まっているから、今の事によって、古始（始源）がわかる。

〔全訳〕

視ても　見えない
だから　夷と　いう
聴いても　聞こえない
だから　希と　いう
捉えても　捉えられない
だから　微と　いう
この　三つは
突き詰めては　いけない
だから
混ぜて　一つに　する
上は　はっきり　しなく
下は　暗く　なく

果てし　なくて
名づけようが　なく
とどのつまりは　　無に　帰る
これを
姿なき　姿
形なき　形と　いい
また
恍惚(こうこつ)と　いう

迎えても　頭を　見なく
付いて　行っても　尻を　見ない
大昔からの　道を　しっかり　握って
今日の　万物を　取り仕切る
最も　古い　始めが　わかる
これを
道紀と　いう

☆三段的論法の構成である。

第一段「視之不見」……「混而為一」（主題）

無為自然の道を「一」と名づけた理由。

第二段「其上不皦」……「御令之有」（解説）

第一節「其上不皦」……「是謂惚恍」

無為自然の道を惚恍という理由。

第二節「迎之不見」……「御今之有」

無為自然の道の功用。

第三段「能知古始」……「是謂道紀」

無為自然の道と道紀。

主題で、夷・希・微を以て、無為自然の道を説明してもわからない。だから混じて一にすると規定し、解説でこの道を「惚恍」というと説明し、その働きを述べ、結論で「道紀」というと結んだ。

この章も解釈に問題が多い。まず第一段の「夷・希・微」であるが、「夷」を「易」（形がない）、「幾」（形のはっきりしないさま、混沌）など、多様に解されているが、〔釈文〕は「顧云う、平かなり。」といって、（たいら）に解している。「平」は凹凸なく、果てしなく広いと、見分けがつかないから、何もない「無」に近いので、「夷」を「平」と注したものと考えられる。范応元は「幾」と訂正し、島本『老子校正』も、これを採って、『王本改正本』としているが、この場合は、「夷」のままで意味が通る。「微」は〔釈文〕は、「細なり」と注している。これより考えると、「搏」は（打つ）の意ではなく、（捉える）の意の方が、この場合しっくりする。

又第二段の第一節の「縄縄」は、「縄縄兮」となっている本もあるが、原本通りとした。〔釈文〕は、梁帝は「涯際なきの貌」とし、顧懽は「窮り無く序す可からず。」、或いは「寛急という。」と注しているが、梁帝を採った。「絶えることなく長々と続く」意味ではない。

第三段の結論の「能知古始」の「能」を「以」に改めている本もあるが、定本通りにした。島注は、王注に「可三以知二古始一也。」とあることから、「以」に改定しているが、「能」と「可以」の意味は同じである。

要するに、この章は、道の本体は、「夷・希・微」を以てしても表わせないから、「一」とした。「道」は無形無象であるが、今の「有」の事を御している。別称すれば、「道紀」であるといっている。

十五章　消極の道〈不新成〉（古の善く士為る者は…）

古之善為士者、微妙玄通、深不可識。夫唯不可識。故強為之容、予兮若冬渉川、

古の善く士為る者は、微妙玄通、深くして識る可からず。夫れ唯だ識る可からず。故に強いて之を容に為せば、予として冬川を渉るが若く、

◇「士」を「道」にしている本もあるが、老子の理想とする士たる人物はという意として、王注本に従った。

冬之渉レ川予然者、欲レ度若不レ欲レ度。其情不レ可二得見一之貌。

冬の川を渉るに予然たる者とは、度らんと欲し若しくは度らんと欲せず。其の情の得て見る可からざるの貌なり。

○予然―ためらうさま。ぐずぐずするさま。

冬の川を渡るのに予然たる者というのは、渡ろうかそれとも渡るまいかと、その心持ちが見ることができない態度である。

◇予然の説明、予然は予兮と同意。

猶兮若レ畏二四隣一、

猶として四隣を畏るるが若く、

四隣合攻、中央之主、猶然不レ知レ所二趣向一者也。上徳之人、其端兆不レ可レ観。徳趣不レ可レ見、亦猶レ此也。

四隣合攻するとき、中央の主の、猶然として趣向する所を知らざる者なり。上徳の人は、其の端兆は観る可からず。徳趣の見る可からざるも、亦た猶お此のごときなり。

○猶然―ためらうさま。○趣向―ある目的を決めて、それに向かう。○上徳―道を体得した人。○端兆―きざし。○徳趣―徳の向かうこと。

四方の隣国が集まって攻めて来ると、その中央に囲まれている主は、びくびくして、どうしてよいかわからないものである。それは道を体得した人は、その兆がわからず、徳の向う所もわからないのと同じようなものである。

◇四方の隣国に囲まれた主の取る態度と、道を体得した人の態度は同じようであるという。

儼兮其若客、渙兮若氷之将釈、敦兮其若樸、曠兮其若谷、混兮其若濁。

儼として其れ客の若く、渙として氷の将に釈んとするが若く、敦として其れ樸の若く、曠として其れ谷の若く、混として其れ濁れるが若し。

○儼兮―おごそかなさま。○渙兮―水の流れのさかんなさま。○敦兮―大きいさま。○樸―切り出したままの材木。素材、あらき（荒木）。

凡此諸若、皆言其容象不可得而形名也。

凡て此の諸若は、皆其の容象の得て形名すべからざるを言うなり。

総べて諸ゝの若は、皆姿形が名をつけられないことをいうのである。

孰能濁以静之、徐清。孰能安以（久）、動之徐生。

孰か能く濁りて以て之を静かにして、徐ろに清ません。孰か能く安らかなるに以て之を動かして、徐ろに生ぜん。

☆王注本には「久」字があるが除く。（素注）

夫晦以理、物則得レ明、濁以静、物則得レ清、安以動、物則得レ生。此自然之道也。孰能者、言二其難一也。徐者、詳慎也。

夫れ晦くして以て理まれば、物は則ち明を得、濁りて以て静かなれば、物は則ち清むを得、安かにして以て動けば、物は則ち生ずるを得。此れ自然の道なり。孰か能くとは、其の難きを言うなり。徐とは、詳慎なり。

○詳慎―慎重なこと。

そもそも暗いのが収まると、物は明るくなり、濁っているのが静かになると、物は澄んで来、安らかなのが動くと、物は生じて来る。これは自然の道である。「孰か能く」というのは、その難しいことをいうのである。「徐」というのは慎重なことである。

◇晦・濁・安が明・清・生になるのを例に挙げて、無為自然の道を説明した。「徐」を一般にいう、おもむろとか、ゆっくりとかの意でなく、「詳慎」、つまり慎重と注したのは注目すべきことである。

保二此道一者、不レ欲レ盈。

此の道を保つ者は、盈つるを欲せず。

盈必溢也。

盈つれば必ず溢るるなり。

一ぱいになると必ず溢れるのである。

夫唯不盈。故能蔽不新成。

夫れ唯だ盈たず。故に能く蔽いて新たに成らず。

◇「蔽不」の「不」は、「而」と篆書の字形が似ているので、誤られたと見て、「而」にしている本もあるが、底本の王注本に従って、このままとする。

蔽、覆蓋也。

蔽とは、覆蓋なり。

○覆蓋―ふたをおおう。そのままの意。

蔽は、覆いかぶせることである。

◇「蔽」を「敝」または「弊」に通じ、やぶれると解している書が多いが、王注は文字通りに解している。

〔全訳〕

昔の　優れた　男子は
微妙な　無為自然の　道の
奥深い　ところに　通じて　いて

その　深さは
測り　知れない
そもそも
ただ　測り　知る　ことが　できないのだ

だから
強いて　その　姿を　形容　すると
びくびくと　冬　川を　渡る　ようで　あり
びくびくと　四方の　敵を　恐れる　ようで　あり
厳(いかめ)しい　客の　ようで　あり
盛んに　氷が　解ける　ようで　あり
素朴な　樸(ぼく)の　ようで　あり
広く　むなしい　谷の　ようで　あり
濁った　濁水の　ようで　ある

一体　誰が
濁った　水を　静かに　して

慎重に　澄ませられるか
一体　誰が
安らかな　ものが　活動　して
慎重に　生長させられるか

この無為自然の　道を　守る　者は
一ぱいに　なる　ことを　欲しない
そもそも
ただ　一ぱいに　ならないのだ。
だから
そのままで　新しく　作らない

☆三段的論法の構成を成している。
第一段「古之善為士」……「唯不可識」（主題）
　善士である者は、微妙玄通で、測り知ることができない。
第二段「故強為之容」……「動之徐生」（解説）
　第一節「故強為之容」……「其若濁」
　　善士の様子を、川・敵・客・氷・樸・谷等を以て形容した。

第二節「孰能濁以」……「動之徐生」
　無為自然の道の功用。
第三段「保此道者」……「不新成」（結論）
　満たないから、新しく作らない。

主題で、昔の善士の無為自然の道を体得した様子を規定し、解説で、その様子を川・敵・客・氷・樸・谷等の例を挙げて示し、無為自然の道の功用をいい、結論で、この道は永久に新造する必要はないと結んだ。

　この章にも問題がある。第一段の「微妙玄通」の語は、「無為自然の道」の別称であり、第二段の「為之容」の訓は、多く（之が容を為す。）と句点にしているが、次の語を起こす句であるから、（之を容に為せば）と訓じた方が、分かり易い。

　第二段の第一節は、「無為自然の道」を体得した人を、人間社会の卑近な例で説明したもので、意識的な意思が入っていない、すべて無為自然の状態なのである。これに儒教的な内容を加えるのは、「不自然な解釈」である。この点を王注はよく見抜いている。

　しかもこの例は、老子自らの見聞と体験をいったもので、決して架空の言ではないと見るべきである。この観点から、老子の人間像を仮想すると、老子はやはり、人間社会の中に生活した凡人であって、決して仙人ではない証左となる。ここには聖人の語はないのは、老子自らがまだ聖人であることを意識しない以前であったからであろう。

第二段の第二節は、大きな問題が二つある。一つは「徐」の解釈であり、二つは「蔽」の解釈である。この二点については、前にも触れているが、「徐」を王注は、「詳慎」と注していること、これは重要な意味を持っている。一般の諸書は、（おもむろに、ゆっくりと）などに解しているが、王注が「詳慎」つまり（慎重に）と解しているのは、濁水が澄む、物が活動して生長を遂げるさまは、生きる生命力を、この語で表わしたもので、何の力も借りることなく、自らの生命力で営んでいる自然の姿をいったものである。だから（おもむろに）とか（ゆったりと）などの表現では、単に状態をいったのに過ぎないと感得したのである。

次に「蔽」が、「敝・弊」の意味に解するのは、「不盈」の語に沿わない。「不新成」の「不」を「而」とするのは、篆文の「不」の形に近いので、「而」の誤りとする説もあるが、王注本のままの方が、自然ではなかろうか。「破れて新しく作る」と解する説は、「無為自然の道」からは不適当である。

十六章　虚静の道〈道乃久〉（虚を極に致し…）

致㆓虚極㆒、守㆓静篤㆒、

虚を極に致し、静を篤きに守れば、

言、致㆓虚物之極篤㆒、守㆓静物之真正㆒也。

言うこころは、虚を物の極篤に致し、静を物の真正に守るなり。

○極篤－この上なく専らにすること。○真正－ありのままの正しいこと。

この意味は、虚を物のこの上なく専らにし、静をありのままの正しい姿に守るのである。

◇多くは「虚を致すこと極まり、静を守ること篤し。」と訓んでいるが、王注からすれば、宇恵訓がよい。

万物並作、

万物並び作るも

動作生長。

動いて生長を作すなり。

活動して生長をするのである。

吾以観其復。

吾は以て其の復るを観る。

以虚静観其反復。凡有起於虚、動起於静。故万物雖並動作、卒復帰於虚静。是物之極篤（真正）也。

虚静を以て其の反復を観る。凡て有は虚に起り、動は静に起る。故に万物は並び動きて作ると雖も、卒に復た虚静に帰る。是れ物の極篤（真正）なり。

虚静で万物の反復がわかる。すべて有は無から起こり、動は静から起こる。だから万物は一緒に並んで活動しても、遂には再び虚静に帰る。これは物が極篤（真正）である。

◇万物は虚静によって、生滅反復する。これが極篤真正である。☆極篤の下に真正を補う。（素注）

夫物芸芸、各復帰其根。

夫れ物の芸芸たるも、各〻其の根に復帰す。

○芸芸―草木が盛んに茂るさま。

各反所始也。

各〻始まる所に反るなり。

おのおの始めたところに返るのである。

帰根曰静。是謂復命。復命曰常。

根に帰るを静と曰う。是れを復命と謂う。復命を常と謂う。

帰根則静。故曰静。静則復命。故曰復命也。復命則得性命之常。故曰常也。

根に帰るは則ち静なり。故に静と曰う。静は則ち命に復る。故に復命と曰うなり。復命は則ち性命の常を得。故に常と曰うなり。

○復命―天から与えられた本性に復ること。○性命―天から与えられたもちまえ。生命。

根に帰るのは静である。だから静という。静は本性に復る。だから復命というのである。復命は性命の常を得る。だから常というのである。したがって「常」は無為自然の道をいう。

知レ常曰レ明。不レ知レ常、妄作凶。

常を知るを明と曰う。常を知らざれば、妄作して凶なり。

常之為レ物、不レ偏不レ彰。無二皦昧之状、温涼之象一。故曰二知レ常曰レ明也。唯此復乃能包二通万物一、無レ所レ不レ容。失レ此以往、則邪二入乎分一、則物離分。故曰二不レ知レ常、則妄作凶一也。

常の物為る、偏らず彰らかならず。皦昧の状、温涼の象無し。故に常を知るを明と曰う、と曰うなり。唯だ此れは復た乃ち能く万物を包通して、容れざる所無し。此れを失いて以て往けば、則ち分に邪入して、則ち物は離分す。故に常を知らざれば、則ち妄作して凶なり、と曰うなり。

○皦昧―明るいと暗い。○包通―ずうっと包んでいる。包容する。○妄作―でたらめ、みだりにする。妄動。

常というのは、偏らず明らかでなく、明暗の状、温涼の象がない。だから「常を知るを明という。」というのである。ただこれは復たかえって万物を包容できて容れない所がない。これを失って行くと分に邪入して、物は分離してしまう。だから「常を知らざれば、則ち妄作して凶なり。」というのである。

◇常は、偏彰せず、明暗温涼がないというのは、「無為自然の道」であるということである。だからこの常を知るのを明というのである。ただこの常は又万物を包容して、何でも容れる。この常を失うと、分部に邪入して、物はばらばらになる。だから常を知らないと妄作して凶となるというのである。

◇常を説明した注である。

知レバ㆑常ヲ容ルルナリ。

常を知れば容るるなり。

無キ㆑所㆑不ル㆓包通セ㆒也。

包通せざる所なきなり。

包容しないところがないのである。

容ルレバ乃チ公ナリ。

容るれば乃ち公なり。

無ケレバ㆑所㆑不ル㆓包通セ㆒、則チ乃チ至ル㆓於蕩然公平ニ㆒也。

包通せざる所なければ、則ち乃ち蕩然公平に至るなり。

○蕩然―あとかたのないさま。無私。

包容しない所がないと、そこであとかたなく公平にゆきわたるのである。

公ナレバ乃チ王ナリ。

公ならば乃ち王なり。

蕩然公平、則乃至於無所不周善也。

蕩然公平なれば、則ち乃ち周善せざる所なきに至るなり。

○周善－あまねく広くゆきわたる。

蕩然公平であると、そこでかえって偏く行きわたらない所がないようになるのである。

王乃天。

王なれば乃ち天なり。

無所不周善、則乃至於同乎天也。

周善せざる所なければ、則ち乃ち天と同じきに至るなり。

周善する所がないと、そこで天と同じになるのである。

天乃道。

天なれば乃ち道なり。

与天合徳、体道大通、則乃至於極虚無也。

天と徳を合わせ、道を体して大いに通ずれば、則ち乃ち虚無を極むるに至るなり。

○虚無－心をむなしくして、自然のままで人為をほどこさないこと。この語は、王注で初めて出てくる。

天と徳を合わせ、道を体して大いに通じると、そこでかえって虚無を極めるようになるのである。

道乃久。

道なれば乃ち久し。

窮二極虚無一、得二道之常一、則乃至二於不一レ有レ極也。

虚無を窮め極めて、道の常を得れば、則ち乃ち極り有らざるに至るなり。

虚無をとことんまで極めて、無為自然の道が恒常不変であることが分かると、かえって道は極まりがないようになるのである。

◇虚無を窮めて行って、無為自然の道が分かると、道は極まりがないようになる。すなわち無窮になるのである。即ち真無、絶対無になる。

没レ身不レ殆。

身を没するまで殆うからず。

無之為レ物、水火不レ能レ害。金石不レ能レ残。用二之於心一、則虎兕無レ所レ投二其歯角一、兵戈無レ所レ容二其鋒一。何危殆之有乎。

無の物為る、水火も害する能わず。金石も残う能わず。之を心に用うれば、則ち虎兕も其の歯角を投ずる所無く、兵戈も其の鋒を容るる所無し。何の危殆之有らんや。

○兕―音ジ。野牛。野牛に似た一角の獣。皮は堅くよろい（甲）を作るによいとされている。○兵戈―ほこ。

（矛）。○危殆―あぶないこと。

無は、水火も害することができなく、金石も傷つけることができない。これを心に用いると、虎や野牛もその歯や角を与える所がなく、矛（ほこ）もその鋒先きを入れる所がない。何の危ないことがあろうか。

◇無は、水火、金石、虎兕、兵戈等の何物にも全く犯されない。「虎兕……其鋒」までは、五十章に殆んど内容の同じなのが出ている。

〔全訳〕

虚を　極め　尽くし
静を　ありのままに　守ると

万物は　一斉に　活動　するが
わたしは　虚静に　帰るのが　分かる

そもそも
万物は　盛んに　繁茂　するが
めいめい　その　根源に　帰る

根に　帰る

それを　静と　いう
これを　復命と　いう
復命を　常と　いう
常を　知るのを
明知と　いう
常を　知らないと
でたらめに　やって
不吉と　なる
常を　知ると
包容が　果てし　ない
包容が　果てし　ないと
無私　公平に　なる
無私　公平に　なると
周善の　王と　なる
周善の　王と　なると
天と　同じに　なる
天と　同じに　なると

虚無の　道と　なる
虚無の　道を
窮め　尽くすと
極限の　ない　絶対無と　なる
絶対無は
何物も　犯せ　ない
死ぬまで
安全で　ある

☆三段的論法の構成である。
第一段「致虚極」……「吾以観其復」（主題）
　致虚・守静の極篤真正が、万物の復を観る。
第二段「夫物芸芸」……「天乃道」（解説）
　万物が根源に復帰し、ここから静・復命・常・明・凶・容・公・王・天・道となる。
第三段「道乃久」……「没身不殆」（結論）
　無為自然の道の功用。
主題で、無為自然の道の別称「虚・静」の極篤真正が、万物の復を観ると規定し、解説で、根源に復帰し、静から道に至る変化を説明し、結論で、無為自然の道の功用で結んだ。

本章で大きな問題は、「致虚極、守静篤」を独立句と見るか、「吾以観復」の条件句と見るかである。一般の諸書は前者であるが、王注の宇恵訓は後者である。したがって「虚を致すこと極まり、静を守ること篤し。」と読むのではなく、「虚を極に致し、静を篤きに守れば」と、条件句に読み王注に従って訓む宇恵訓の方が適切である。

この場合、問題は王注の「極篤」の意味である。「極」はこの上ない、「篤」は専らという意があるから、この上なく専らと解せば、「虚を致すこと極まり」と同じ意味となる。又「篤」は王注で「真正」といって、「篤」を具体的にいったものである。したがって「静を守ること篤し」と同じ意となる。よって「極篤・真正」は、絶対無、絶対静、換言すれば「無為自然の道」をいっていることになる。

第二段の第二節は、草木の繁茂凋落を以て、無為自然の道を説いている。したがって「根」は直接には草木の「根」を指しているが、間接には宇宙の「根源」つまり無為自然の道を指している。万物の流転を人生の流転に結び、これが無為自然の道であるといっている。「根源」は老子の「無」で、それは「静」である。この「静」に復るのが「復命」で、「復命」は「性命の常を得る」から、「常」といい、「常」は（常の道）の意で、恒久不変の無為自然の道を指し、この道は総べてを包容し古今に通じているから、「容」とし、この「容」は（無私公平）であるから「公」となり、「公」は更に周善である「王」となり、「王」は天と同じで、「無為自然の道」となる。

この一連の移行は、自然の真理であり、実に理路整然としている。老子は哲学的思考の才器の持主であるだけでなく、極めて理論家でもある証左であり、無為自然の道を、理論的に整然明瞭に述べた名文で、蓋し『老子』中の圧巻であろう。
「知常曰明」の「常」は、万物の運動と変化中の不変の規律を指し、張岱年は「変化は根本的事実であるが、この中に条理がある、それは紊乱せず、不易の規則である。変化の不易の則、これが常で、変中の不変の意味をいい、この常の観念は、初めて老子によっていい出された。」という。王注は、「常は不偏不彰、皦昧の状、温涼の象無く。万物を包通して容れざる所無し。」といっているが、いずれも「無為自然の道」を、本質と状態からいったもので、「常」は、「無為自然の道」の別称であるということができる。これを認識することが、「明」である。したがってこの「明」は、明らかな知恵。明知、英知である。

十七章　理想の政治(3)　〈大上〉（大上は下之有るを知る…）

大上ハ下知ルレ有ルコトヲレ之。

大下は下之有ることを知る。

大上ハ、謂フ二大人ヲ一也。大人ニシテ在リレ上ニ。故ニ曰フ二大上ト一。大上ノ在リテレ上ニ、居リ二無為之事ニ一、行フ二不言之教ヘヲ一。万物作リテ焉而不レ為サレ始ヲ。故ニ下知ルレ有ルヲレ之而已ノミ。

大上は、大人を謂うなり。大人にして上に在り。故に大上と曰う。大上の上に在りて、無為の事に居り、不言の教えを行う。万物作りて始を為さず。故に下之有るを知るのみ。

○大上―最上のもの、至上。○大人―有徳者、長上の尊称。○而已―限定強意の副詞。

大上は、大人をいうのである。大人として上にいる。だから大上という。大上が上にいて、無為の事におり、不言の教を行う。万物は自然に生起して、始めをなさない。だから、一般の庶民は、大上のいるのをわかるだけである。

◇万物は自らの生命力によって生起し生長する。無為自然の道は始めをしない。大人もこの道に順って政治をするので、有為を以てしない。よって下には大上がいることだけしかわからない。最上の政治をいっている。堯舜の民が鼓腹撃壌して、「帝力何ぞ我に有らんや。」といったと称えたのは、その実例である。「大上」を〔釈文〕では、顧懽が太古上徳の人といっている。「大上」は「無為自然の道」を体得した者をいっている。

其次親而誉レ之。

其の次は親しみて之を誉む。

不レ能下以二無為一居レ事、不言為上レ教、立レ善行レ施、使三下得二親而誉一レ之也。

無為を以て事に居り、不言を教えと為すこと能わざるも、善を立て施しを行い、下をして親しみて之を誉むるを得しむるなり。

無為をもって事におり、不言の教をすることはできないが、善い事を立てて施しを行い、一般の庶民に親しんで、誉められることを得させる。

◇その次の政治は、無為自然の道を行うことはできないが、善を立て施しをして、人々から親しまれ誉められるようにする。

其ノ次ハ畏ルレ之ヲ。

其の次は之を畏(おそ)る。

不シテレ能ハ下復タ以テ二恩仁ヲ一令スルコト上レ物ヲ、而頼ル二威権ニ一也。

復(ま)た恩仁を以て物を令すること能わずして、威権に頼るなり。

○恩仁―めぐみとおもいやり。○威権―権威と同じ。

更に恩仁をもって物事を命令することができないで、威権に頼るのである。

◇更にその次の政治は、恩仁をもって物事を命令できないで、権威だけに頼る。

其ノ次ハ侮ルレ之ヲ。

其の次は之を侮(あなど)る。

不シテレ能ハ三法ノ以テ正スコト二斉民ヲ一、而以テレ智ヲ治ムレ国ヲ。下ハ知リレ避クルヲレ之ヲ、其ノ令ニ不レ従ハ。故ニ曰フレ侮ルトレ之ヲ也。

法の以て斉民を正すこと能わずして、智を以て国を治む。下は之を避くるを知り、其の令に従わず。故に之を侮る、と曰うなり。

○斉民－一般人民。庶民。

法を以て庶民を正すことができないで、智をもって国を治める。それで一般の庶民はこれを避けることを知って、その命令に従わない。だからそういう政治を侮るのである。

◇更に又その次の政治は、法で庶民を正すことができないで、智をもってするから、民はそれを避けることを知って、命令に従わない。だから侮るのである。

信不ㇾ足焉、有ㇾ不ㇾ信焉。

信足らざれば、信ぜざること有り。

言、従ㇾ上也。夫御ㇾ体失ㇾ性、則疾病生。輔ㇾ物失ㇾ真、則疵釁作。信不ㇾ足焉、則有ㇾ不ㇾ信。此自然之道也。已処ㇾ不ㇾ足、非二智之所一ㇾ済也。

言うこころは、上に従えばなり。夫れ体を御して性を失えば、則ち疾病生ず。物を輔けて真を失えば、則ち疵釁作る。信足らざれば、則ち信ぜざること有り。此れ自然の道なり。已に足らざる処は、智の済す所に非ざるなり。

○真－ありのまま。本性。○信－誠実。真実。○疵釁－疵は音シ。きず。過失。釁は音キン。ちぬる。あやまる。過失。

その意味は、上に従うからである。そもそも体をコントロールして本性を失うと、病気になり、物を助けて本性を失うと過ちが起こる。だから「信足らざれば、信ぜられざること有り。」は自然の道である。

こうなっては、足りない所は智のなすところではない。

◇「上に従う」の「上」が何を指すか明らかでないが、恐らく為政者であろう。それは七十五章の王注に、「民の僻（へき）する所以、治の乱るる所以は、皆上に由る。其の下に由らざるなり。民は上に従えばなり。」とあるに拠る。

悠兮其貴言、功成事遂、百姓皆謂我自然。

悠として其れ言を貴（おも）くすれば、功成り事遂ぐるも、百姓は皆我が自然なりと謂う。

自然、其端兆不可得而見也。其意趣不可得而覩也。無物可以易其言。言必有応。故曰悠兮其貴言也。居無為之事、行不言之教。不以形立物。故功成事遂、而百姓不知其所以然也。

自然は、其の端兆得て見る可からざるなり。其の意趣得て覩（み）る可からざるなり。物の以て其の言を易うる可き無し。言えば必ず応ずる有り。故に悠として其れ言を貴（おもく）する、と曰うなり。無為の事に居り、不言の教えを行う。形を以て物を立てず。故に功成り事遂げて、百姓は其の然る所以を知らざるなり。

○意趣―心持ち。○悠兮―悠然。ゆったりとして、自然にまかせるさま。○覩―よく見る。見分ける。○貴―重くする。「重之曰貴」（辞海）むやみにしゃべらない。慎重にする。

自然は、その兆を見ることができない。その心持ちを見分けることができないのである。物は自然の言を変えることができない。言うと必ず応答がある。だから「悠として其の言を貴くするなり。」というのである。無為の事におり、不言の教を行う。形を以て物を立てない。だから、功が成り事ができ上がっても、一般の庶民は、そうである理由がわからないのである。

◇無為自然の道をいっている。「形を以て物を立てず。」は、成したことを形にして、その物を立てないこと。つまり何々をしたといわないことをいう。「然る所以」は、無為自然の道のしたことを指す。

〔全訳〕

最上の　政治は
民が　いる　なあと
わかるだけ

その　次は
親んで　誉める

更に　その　次は
権威を　恐れる

更に　又　その　次は
侮る

為政者は　真実が　足りないと
信頼されない

ゆったりと　して
言葉を　慎むと
物事は　でき上がり
民は　皆
どうして　そうなのか
わからないと　いう

☆三段的論法の構成である。
第一段「大上下知有之」（主題）
　最上の政治。
第二段「其次親而」……「有不信」（解説）
　第一節「其次親而」……「次侮之」
　　最上の政治以下の政治。
第二節「信不足焉」……「有不信」

政治は信が第一。

第三段「悠兮其貴言」……「謂我自然」（結論）

最上の政治と民。

主題で、最上の政治を規定し、解説で、これ以下の政治を列挙し、民は信が第一であると述べ、結論で、最上の政治と民で結んだ。

「大上」は大人のことで、大人は無為自然の道を体得した人、つまり聖人のことであるが、聖人といわないのは、政治には「大上」が民に対して上下の関係から、用いたのである。

問題は、第二段第二節の王注「上に従えばなり。」の注が、何を指すかである。本章は理想の為政者について述べているから、「信不足焉、有不信、」の文全体であると見るのがよい。「信」には信実、誠実の外に、従うという意味もあるが、ここはそう解すべきではない。前述したように、七十五章の王注「民は上に従えばなり。」と注しているのを照合すれば、相通じる。したがって「信足らざれば云云」は、為政者の政治の態度をいったものである。

では、どうしてここへこの言葉を持って来たかというと、「大上は云云」から「其の次は之を侮る。」までは、為政者の政治の在り方を述べ、ここで真の政治の在り方をいい、「悠兮云云」から「我が自然と謂う。」で、真の政治の功用を説いたのである。

「悠兮」が「猶兮」に、河上公本、傅奕本、范応本、呉澄本などはなっているが、このままで十分意味が通る。

更に問題は、「貴」の訓である。一般の諸書は、たっとぶ（尊）と解しているが、宇恵訓は、おもんず（重）と訓んでいる。この方が分かり易い。軽率にしない。慎重にする意である。「我が自然と謂う。」を王注は、「故に功成り事遂げて、百姓は其の然る所以を知らざるなり。」と注している。功が成り事が遂げられても、百姓はそうなった理由がわからないのである。

本章は「無為自然の道」に順ってする政治が、為政者の理想の政治であることを力説し、これは中国古代の堯時代に既に行われ、「鼓腹撃壌」の逸話を想起し、こうした時代に復帰することを願望した文で、老子の政治観を示したものである。

十八章　大道と仁義（大道廃れて仁義有り…）

大道廃レテ有リ二仁義一。

大道廃（すた）れて仁義有り。

失ヘバ二無為之事ヲ一、更ニ以テ二智慧ヲ一立テテ二善道ヲ一、進ムレ物ヲ也。

無為の事を失えば、更に智慧を以て善道を立てて、物を進むるなり。

無為の事がなくなると、こと更に知恵を以て善道を立てて、物事を進めるのである。

☆大道は文字通り、大いなる道と解されているが、それは一体何を指すかは、どの書にも明瞭にされていない。王注は「無為の事」といっている。即ち無為自然の道のことである。したがって儒教でいう大道ではない。この無為自然の大道がなくなると、仁とか義とかの知恵が出てくるということである。

智慧出有大偽。

智慧出でて大偽有り。

○王注本は「慧智」。王注により「智慧」。

行術用明、以察姦偽、趣覩形見、物知避之。故智慧出則大偽生也。

術を行い明を用いて、以て姦偽を察すれば、趣き覩え形見えて、物の之を避くるを知る。故に智慧出ずれば則ち大偽生ずるなり。

○術―方策。○明―明知。○姦偽―よこしまといつわり。悪いこととうそつき。○大偽―大きないつわり。

方策を行い明知を用いて、悪偽をよく見ると、趣むく所が見え、形が見えて、物がこれを避けることを知る。だから智慧が出ると、大偽が生じるのである。

◇方策と明知とで悪偽を見ると、その様子が現われるので、これを避けようと更に悪智恵が出る。

六親不和有孝慈。国家昏乱有忠臣。

六親和せずして孝慈有り。国家昏乱して忠臣有り。

○昏乱―世の中が乱れる。昏は道理にくらい。

甚美之名、生於大悪。所謂美悪同門。六親、父子兄弟夫婦也。若六親自和、国家自治、則孝慈忠臣不知其所在矣。魚相忘於江湖之道則相濡之徳生也。

甚美の名は、大悪より生ず。所謂美悪は門を同じくす。六親は、父子・兄弟・夫婦なり。若し六親自ら和し、国家自ら治むれば、則ち孝慈忠臣は其の在る所を知らず。魚の江湖の道を相忘るれば、則ち相濡の徳生ずるなり。

○江湖の道―川や湖で泳ぐ方法。

甚だ美しい名は、大悪の名があるから生じる。所謂美悪は本は同じなのである。六親は、父子・兄弟・夫婦である。若し六親が自ら仲良く、国家が自ら治まると、孝慈忠臣はその所在がわからない。これは魚が江湖で泳ぐ方法を忘れると、互いに濡れる徳が生じるのである。

◇甚美と大悪の名は、同門から出た表裏関係の語である。だから六親が仲良く、国家が善く治まっていると、孝慈・忠臣はどこにあるかわからない。反対になると、孝慈・忠臣が表に現われるのである。「相濡の徳」とは、互いに濡れることで、魚が江湖で泳ぐ方法を忘れるのは、江湖の恩恵を忘れることで、それは国家に忠臣が出ないと同じであると比喩した。

〔全訳〕

無為自然の　大道が　廃れて

仁や　義が　出る

知恵が　出ると
大偽が　生じる

六親が　不仲で　孝慈が　あり
国家が　昏乱（こんらん）して　忠臣が　出る

☆変形的三段的論法の構造である。
第一段「大道廃、有仁義」（主題）
無為自然の大道が廃れて、仁義がある。
第二段「智慧出」……「有忠臣」（解説）
第一節「智慧出、有大偽」
知恵が出ると、大偽が生じる。
第二節「六親不和」……「有忠臣」
孝慈・忠臣が出る理由。
共に「大道廃」が省略。
第三（結論）ない。
大道の必要を暗黙に理解させる。
主題で、大道と仁義を規定し、解説で、知恵、六親間を説明し、結論で暗示させた。

「大道」は、所謂儒教の「大道」ではない。老子の主張する「無為自然」の大道であると、王注は注していることに、着目すれば、この章は、逆説を以て「無為自然の道」を強調していることが分かる。儒学者は、兎角、儒教的見地に立って、物を考える通弊がある。したがって、あくまでこの衣を脱いで、老子の思想の根底である「無為自然の道」を脳裡に置いて、発想することが肝腎である。

王注の「相濡之徳」は、宇恵は「恐くは錯脱有らん。」と注している。確かに理解し難い語であるが、「徳」が「得」の意とすれば、互いに濡れることになると解すると、意味が通じる。

十九章　素朴・寡欲（聖を絶ち智を棄つれば…）

絶聖棄智、民利百倍。絶仁棄義、民復孝慈。絶巧棄利、盗賊無有。此三者、以為文不足。故令有所属。見素抱樸、少私寡欲。

聖を絶ち智を棄つれば、民の利百倍せん。仁を絶ち義を棄つれば、民は孝慈に復せん。巧を絶ち利を棄つれば、盗賊有ること無からん。此の三つの者は、以為うに文なれども足らず。故に属する所有らしむ。素を見わし樸を抱き、私を少なくし欲を寡くす。

聖智、才之善也。仁義、人之善也。巧利、用之善也。而直云絶、文甚不足、不令之有所属、無以見其指。故曰此三者以為文而未足。故令人有所属、属之於素樸寡欲。

聖智は、才の善なり。仁義は、人の善なり。巧利は、用の善なり。而るに直ちに絶つと云うは、文なれども甚だ足らず、之をして属する所有らしめざれば、以て其の指すを見すこと無し。故に此の三つの者は、以為うに、文なれども未だ足らず。故に人をして属する所有らしめ、之を素樸寡欲に属すと曰う。

〇直―ただちに、すぐに、じかに。〇文―文章の表現。〇以為―おもいらく、おもうに。

聖智は、才能の善である。仁義は人の心の善である。巧利は作用の善である。それなのにじかに絶つというのは、文ではあるが表現としては甚だ不十分である。それでこれの属する所があるようにしないと、その指す所を示せない。だからこの三つの者は、思うに、文ではあるが表現が不十分なので、人に属する所をあるようにして、これを素樸・寡欲に属したのだという。

◇聖智・仁義・巧利の三つの者を、直に「絶つ」というのは、文章の表現が不十分であるので、人に素朴・寡欲の仲間に属させたのである。

〔全訳〕

聖智を　絶ち　棄てると

民の　利益は　百倍に　なろう

仁義を　絶ち　棄てると

民は　孝慈に　戻るで　あろう
巧利を　絶ち　棄てると
盗賊は　無く　なるだろう

この　三つの　者は
思うに
文章では　あるが
表現が　　十分でない
だから
属する　所を　ある　ように　する
それは
素朴と　寡欲だ

☆変形三段的論法の構造である。
第一段（主題）
　省略
第二段「絶聖棄智」……「有所属」（解説）

第一節「絶聖棄智」……「盗賊無有」

　聖智・仁義・巧利の絶棄。

第二節「此三者」……「有所属」

　三者は属する所が必要。

第三段「見素抱樸」……「少私寡欲」（結論）

　素朴・寡欲に属する。

主題は、無為自然の道の功用を省略し、解説で、聖智・仁義・巧利の絶棄と、三者の所属を説き、結論で、素朴・寡欲にこの三者は属すると結んだ。

本章は判りにくい表現である。それは「此の三者」が、聖智・仁義・巧利の三つなのか、「絶レ聖棄レ智・絶レ仁棄レ義・絶レ巧棄レ利」の三つの句なのかの判断のあいまいさからである。M氏、S氏は前者であり、F氏、K氏、G氏は後者であるが、王注に拠る限りは前者である。それは「文不足」の句からである。王注は「而直云レ絶、文甚不レ足。」と注している。この句の「絶」の動詞が重要な働きを占めている。「聖智・仁義・巧利」の語だけで「絶つ」と直(じか)にいうのは、文章表現としては不十分で、どうして「絶つ」のか分からない。だから属する所が必要である。それは「素朴・寡欲」であるというのである。

「文」は、ことばと文章の意があるが、王注は「聖智・仁義・巧利」のことばに取っている。それは「絶聖棄智」は「絶二棄聖智一」の互文であるから、「絶つ」といって「棄」を省略したのである。

王注の「仁義、人之善也。」の「人」を、宇恵注は、「人恐行之訛」と注しているが、〔孟子・告子上〕

の「仁人心也。義人路也。」を意識して用いたのであろう。
又本文の「少私寡欲」の次に「絶学無憂」を置くことを、馬叙倫、高亨、蔣錫昌等は主張しているが、本章は、「無為自然の道」の具現。「素樸・寡欲」をいうために、「この三者」を前に出したと見るべきであろう。素樸・寡欲は無為自然の道の範疇にあるからである。

二十章　道の本体(3)〈未央〉（学を絶てば憂無し…）

絶学無憂。唯之与阿、相去幾何。善之与悪相去、何若。人之所畏、不可不畏。

学を絶てば憂無し。唯と阿と、相去ること幾何ぞ。善と悪と、相去ること何若。人の畏るる所は、畏れざる可からず。

○唯―丁寧な返事。ハイ。○阿―生半かな返事。アア、ウン等。○幾何―どのくらい。○何若―状態・程度をたずねる。何如と同じ、どのようか。

下篇、為学者日益、為道者日損。然則学求益所能而進、其智者也。若将無欲而足、何求於益。不知而中、何求於進。

下篇に、学を為す者は日〻に益し、道を為す者は日〻に損す、と。然らば則ち学は能くする所を益して其の智を進むるを求むる者なり。若し将た無欲にして足らば、何の益すことを求めん。知らずして中らば、何の進むことを求めん。

○下篇―四十八章。○然則―それならば。それは。○将―はた。それとも。或いは。

下篇に、「学を為す者は日〻に益し、道を為す者は日〻に損す。」とある。それならば学問は才能を増して、その智を進めるのを求めるものである。もしそれとも無欲で十分ならば、何の増すことを求めようか。知らないで適中するならば、何の進むことを求めようか。

◇無欲・無知の必要をいう。

夫鷙雀有匹。鳩鴿有仇。寒郷之民、必知旃裘。自然已足。益之則憂。故続鳬之足、何異截鶴之脛。畏誉而進、何異畏刑。唯阿美悪、相去何若。

夫れ鷙雀も匹有り。鳩鴿も仇有り。寒郷の民は、必ず旃裘を知る。自然にして已に足れり。之を益せば則ち憂う。故に鳬の足を続くるは、何ぞ鶴の脛を截るに異ならん。誉められて進むことを畏るるは、何ぞ刑を畏るるに異ならん。唯阿美悪は、相去ること何若。

○鷙―音シ。あらどり。わし・たかの類。猛鳥の総称。○匹―たぐい（類）仲間、つれあい。○鴿―音コウ。いえばと。鳩の一種。どばと。○仇―仲間。つれあい。あいて。○旃裘―センキュウ。旃は、毛織物。裘は、革ごろも。○鳬―音フ。鳧の俗字。かも。○畏―懼。恐れ入る。

そもそも鷙雀にも仲間がある。鳩鴿にも仲間がある。寒い村里の民は、必ず毛織物や革ごろもを知っている。これは自然であってそれでも早や十分である。これを増すと気にかける。だからがんの足を更に長く続けるのは、鶴の脛(すね)を切って短くするのと同じである。誉められて更にすることを恐れるのは、刑を恐れるのと同じである。唯阿・美悪は、互いに離れているのはどのくらいであろう。

◇唯阿・美悪の大差ないことを、鷲雀、鳩鴿、鳧鶴に例を取って説明した。

故人之所レ畏、吾亦畏焉、未敢恃レ之以為レ用也。

故に人の畏るる所は、吾も亦た畏れ、未だ敢て之を恃(たの)みて以て用を為さざるなり。

だから人が恐れる所は、自分もまたこれを恐れ、これまで敢て恐れることを頼りにして、仕事をしたことはない。

◇人が恐れることは、素直に恐れ、恐れることをあてにして事をしない。

荒兮其未レ央哉。

荒として其れ未だ央(つ)きざるかな。

○荒兮―荒は広漠。兮は乎の意。強い状態を示す。広漠な様子。○央―尽きる。

歎二与レ俗相返之遠一也。

俗と相返(かえ)るの遠きを嘆くなり。

○返―反対になる。「相反」の語。

世俗と相反対になるのが遠いことを嘆くのである。

◇無為自然の道は、極まることがないが、これは俗世間の人の生き方と非常に反対であるのを嘆く。次の句を起こす主題となっている。「返」を宇注は「反」の誤りといっているが、このままで意味は通る。

衆人熙熙、如㆑享㆓太牢㆒、如㆓春登㆑台。

衆人は熙熙として、太牢を享くるが如く、春台に登るが如し。

○熙熙―やわらぎ楽しむさま。一説、多情なさま。熙はひかる（光）、かがやく、やわらぐ、楽しむ等の意がある。熈は俗字。○太牢―牛・羊・豚等を用いた、最も盛大な料理。○登台―高台に登って楽しんでいること。

衆人迷㆓於美㆒進、惑㆓於栄㆒利、欲㆑進心競。故熙熙若㆑享㆓太牢㆒、如㆓春登㆑台也。

衆人は美に迷いて進み、栄に惑いて利し、進まんと欲するの心競う。故に熙熙として太牢を享くるが若く、春台に登るが如きなり。

一般の人は美に迷って心が進み、栄に惑って利を求め、進もうとする心が強い。だから熙熙として太牢を享けるように、春高台に登って楽しむようなのである。

◇衆人は五感を楽しませることだけに汲々としていることをいう。

我独泊兮其未㆑兆。如㆓嬰児之未㆑孩。

我は独り泊として其れ未だ兆さず。嬰児の未だ孩せざるが如し。

○泊兮―心が静かで欲がないさま。心がからっとさっぱりしているさま。

言、我廓然無㆓形之可㆑名、無㆓兆之可㆑挙、如㆔嬰児之未㆓能孩㆒也。

言うこころは、我は廓(かく)然として形の名づく可き無く、兆しの挙ぐ可き無きは、嬰(えい)児の未(いま)だ能く孩(がい)せざるが如きなり。

○廓然―心にわだかまりがなく、からっとしているさま、心が広くさっぱりしているさま、むなしいさま。○孩―笑う。

その意味は、わたしはさっぱりしていて、形が名づけられなく、兆しが挙げられないのは、赤子がまだ笑うことができないのと同じようである。

◇「我」は無為自然を指し、嬰児がまだ笑わないのを例に挙げ、形も兆しもないことをいう。

儽儽(トシテ)兮若(シ)レ無(キガ)レ所レ帰(スル)。

儽儽(るいるい)として帰する所無きが若(ごと)し。

○儽儽―疲れ果てて元気のないさま。〔史記・孔子世家〕に、「儽儽若二喪家之狗一。」とある。

若(シ)レ無(キガ)レ所レ宅(スル)。

宅する所無きが若(ごと)し。

住居がないようである。

◇無為自然を住居のないのに例えた。

衆人皆(ハ)有(リテ)レ余(リ)、我独(リ)若(シ)レ遺(ルルガ)。

衆人は皆余り有りて、我独り遺るるが若し。

衆人無レ不三有レ懐有レ志、盈二溢胸心一。故曰二皆有一レ余也。我独廓然無為無欲、若三遺二失之一也。

衆人は懐い有り志有りて、胸心に盈溢せざること無し。故に皆余り有り、と曰うなり。我は独り廓然として無為無欲にして、之を遺失するが若きなり。

○盈溢―みちあふれる。○遺失―わすれ失う。

多くの人は心に思うことがあり志があって、胸中に満ち溢れている。だから皆余りがあるというのである。わたしだけは廓然として無為無欲であって、これを忘れたようである。

◇衆人はいろいろな思いや志があって、胸中が満ち溢れているが、自分だけは無為無欲でこれがないという。「余り有り」は、懐思で胸中が一ぱいになっていること。

我愚人之心也哉。

我は愚人の心なるかな。

絶愚之人、心無レ所二別析一、意無レ所二好悪一、猶然其情不レ可レ覩。我頽然若レ此也。

絶愚の人は、心別析する所無く、意好悪する所無く、猶然として其の情覩る可からず。我は頽然として此の若きなり。

○絶愚―全くの愚か。○別析―わかちさく。別けへだて。○頽然―くずれ落ちるさま。衰え疲れるさま。柔弱なさま。

この上ない愚人は、心は別けへだてがなく、思いは好悪する所がなく、ゆったりとしていてその気持ちを見ることができない。わたしは衰え疲れてこのようである。

◇無為自然を愚人の心に例えた。

沌沌タリ兮。

沌沌(とんとん)たり。

○沌沌―おろかで分別のないさま。沌は、万物がまだ形がなく、もやもやとしているさま。

無クレ所ニ別析スル一、不レ可ラレ為スレ名ヲ。

別析する所無く、名を為す可からず。

別けへだてる所がなく、名づけることができない。

俗人ハ昭昭タリ。

俗人は昭昭たり。

耀スニ其ノ光ヲ一也。

其の光を耀(かがや)かすなり。

その光を耀かしているのである。

我独昏昏。俗人察察。

我は独り昏昏たり。俗人は察察たり。

○察察－細かいことまで明らかにすること。

☆王本は「若レ昏」となっているが、畢沅の王弼注本は「昏昏」に作ってあるのに従った。畳語なので、語感が揃う。（素注）

分別別析也。

分別別析するなり。

察察とは、分別別析することである。

◇宇恵注は下の「別」は「剖」の誤りというが、これでも意味は通る。熟語と見てよい。

我独悶悶。澹兮其若レ海。

我は独り悶悶たり。澹として其れ海の若し。

○悶悶－道理に暗いさま。○澹兮－静かなさま。やすらや（安）。澹然。

情不レ可レ観。

情観る可からず。

気持ちを見ることができない。

飂兮若レ無レ所レ止。
飂として止まる所無きが若し。
○飂兮－風の吹くさま。つむじ風。高い風。むなしいさま。
無レ所ニ繫縶一。
繫縶する所無し。
○縶－音チュウ。つなぐ（繫）。
自由を束縛する所がない。

衆人皆有レ以。
衆人は皆以うる有り。
以用也。皆欲レ有レ所ニ施用一也。
以ては用なり。皆施用する所有るを欲するなり。
○施用－ほどこし用いる。役に立つ。
以は用いることである。皆世人は役にたつことを望んでいる。

而我独頑似レ鄙。

而るに我は独り頑にして鄙に似たり。

○鄙—おろか

無所欲為、悶悶昏昏、若無所識。故曰頑且鄙也。

為さんと欲する所無く、悶悶昏昏として、識る所無きが若し。故に頑にして且つ鄙なりと曰うなり。

○昏昏—暗いさま。おろかなさま。○頑—にぶい、おろか。○鄙—いやしい。おろか。

なそうとする所がなく、道理に暗くおろかで、何も知らないようである。だから鈍くてその上愚かであるというのである。

我独欲異於人、而貴食母。

我は独り人に異ならんと欲す。而して母に食わるるを貴ぶ。

食母、生之本也。人者皆棄生民之本、貴末飾之華。故曰我独欲異於人。

母に食わるるは、生の本なり。人は皆生民の本を棄てて、末飾の華を貴ぶ。故に我は独り人に異なるを欲す、と曰う。

○生民—人民・人類。

母に養われるのは、生きる根本である。それなのに人は皆民を生む根本の母を棄てて、末節の華飾を貴ぶ。だから「我は独り人に異ならんと欲す。」というのである。

◇母とは無為自然の道を指していう。第一章の、「有名は万物の母」の「母」で、天地が万物を養う根本だから、母という意である。

〔全訳〕

学を　絶つと　憂が　ない

はいと　ああは
いくら　違うか
善いと　悪いは
いくら　違うか
だから
人が　恐れるのは
わたしも　恐れる

わたしは
果てしなく　広く
限りが　ない　なあ

多くの　人は　和らぎ　楽しく

盛大な　ご馳走を　頂く　ように
春　高台に　登って
素晴らしい　景色を　眺める　ようだ

だけど
わたしだけは　むなしくて
まだ　名も　気配も　なく
赤ん坊が
まだ　笑わないのと　同じ　ようだ
疲れ　果てて　元気なく
喪家の　犬の
帰る　所が　ない　ようだ

多くの　人は　誰も
思いで　いっぱいに　なって　いるが
わたしだけは　それが　ない　ようだ
わたしは

愚かな　人の　心だ　なあ
分別なく　名も　ない

世間の　人は　耀いて　いる
わたしだけは　暗い　ようだ
世間の　人は　何でも　明るい
わたしだけは　道理に　暗く
静かな　海の　ようで
むなしくて　捉え　どころが　ない

多くの　人は　誰も
役に立ちたいと　思う
わたしだけは
愚かで　卑しい　ようだ
だが
わたしだけは
人と　違う

天地の　母に
養なわれるのを　貴んで　いる

☆三段的論法の構成をなしている。
第一段「絶学無憂」（主題）
　学問を絶つと憂がない。
第二段「唯之与阿」……（解説）
第一節「唯之与阿」……「不可不畏」
　唯・阿と善・悪は近い、だから人の畏れる所は畏れる。
第二節「荒兮其未央哉」
　わたしの道。
第三節「衆人熙熙」……「若無所帰」
　わたしと衆人の心の違い。
第四節「衆人皆有余」……「沌沌兮」
　わたしと衆人の生き方の違い。
第五節「俗人昭昭」……「飂兮若無所止」
　わたしと世間の人の知の違い。
第三段「衆人皆有以」……「貴食母」（結論）

衆人とわたしの根本的違い。
主題で、学の不必要を規定し、解説で、その例を列挙し、結論で、衆人とわたしの根本的違いで結んだ。
本章の「我」は、老子自身を指し、世人と生き方が根本的に相違していることを、具体的に説明した章である。しかし解釈が多岐で、王注の真意を伝えている書は一書も見当たらない。順を追って問題点を指摘しよう。

まず「人の畏るる所は、畏れざる可からず。」であるが、この文は前の文の「唯と阿と相去ること幾何ぞ。善と悪とは相去ること如若。」を受けていっているのに、こう解釈している書はない。王注は、総べて無欲不知であることを、鷲雀・鳩鴿・寒郷の民を例に挙げて説明し、更に鳧は鳧、鶴は鶴の足が自然の姿で、鳧の足を伸したり、鶴の足を切って短くする欲望は、自然に益すことになるから、誉められて進んでしようとすることを畏れるのは、刑を受けることを畏れるのと大差がない。唯・阿、善・悪と同じである。だから「人が畏れる所は、自分も畏れなければならない。」といっているのである。したがって前者と後者の関係は、反対でなくして同類である。だから「畏れるのだ。」といっている。こう解釈することによって、次の「荒としてそれ未だ央きざるかな。」の文が、何をいったものであるか明瞭になる。

この文の解釈は、諸本が全くまちまちで、その甚だしいのに驚く。この文を前の文に続けて一節としているのが殆んどである。この文は、前の文の王注を熟読すれば、自ら「無為自然の道」をいっていることが分かる。したがって完全に独立している文である。「無為自然の道」をいったものである。蔣錫昌は聖人の態度といっているが、これは「我」を聖人に取っているからであり、間接には老子自身となる。それでは何故ここに、この文を置いたか。それは次の「衆人は熙熙たり。」以下を起こすためである。それはここの王注の「俗と相返るの遠きを歎くなり。」と注していることで明らかである。この「相返る」の語が重要な意味を持っている。この語は反対になっている意であるから、「無為自然の道」が俗人の生き方と反対になっていることが遠いのを嘆いたのである。したがって本文の「哉」は詠嘆である。

「如享」は王注は「若享」としているため、これに直している本もあるが、意味は違わないので、このままにした。「若昏」を下文の「我独頑似レ鄙」の王注に「悶悶昏昏、若レ無レ所レ識。」とあることから、「昏昏」に改め、四字句の対句にした。

「有以」の「以」を注は、「用うるなり」といい、「施用すること有らんと欲す。」と解している。この「施用」は施し用いる意であるが、王注に「欲」の文字があるから、施し用いることを願っている。これが俗人一般の考えだという。

「我独異」は王注に「我独欲レ異ニ於人一。」とあるので、「欲」の字を補った。「食母」は「しぼ」と訓じ、乳母(うば)の意と解している書もある。

要は、老子の「無為自然の道」を「わたし」の代名詞を以て、世俗とは遠く離れている道であるが、人生を生きる根源であることを説明し、納得させようとした文である。

二十一章　道の本体(4)〈衆甫〉（孔徳の容は…）

孔徳之容、惟道是従。

孔徳の容は、惟だ道に是れ従う。

孔空也。惟以空為徳、然後乃能動作従道。

孔は空なり。惟だ空を以て徳と為し、然る後に乃ち能く動作道に従う。

孔は空である。ただ空を以て徳として、そこで初めて動作が無為自然の道に従ってすることができる。

◇「孔」は、一般に「大きい」と訳しているが、王注では、「空」（むなしい）と解している。したがって「孔徳」は（むなしい徳）という意である。「道」は、無為自然の道である。「惟」は（ただ）と訓ずるのがよい。老子注二十三本中、「惟」は三本だけである。「唯」と直している本もある。

道之為物、惟恍惟惚。

道の物たる、惟れ恍惟れ惚。

恍惚、無形不繋之嘆。

恍惚は、形無く繋れざるの嘆きなり。

○嘆―ほめたたえる。

恍惚の意味は、形がなく何物にも束縛されないのをほめたたいているのである。一般には、われを忘れてぼうっとしている意。

惚兮恍兮、其中有レ象。恍兮惚兮、其中有レ物。

惚たり恍たり、其の中に象有り。恍たり惚たり、其の中に物有り。

以下無レ形始レ物、不レ繫成レ物、万物以始以成、而不レ知三其所二以然一、故曰二恍兮惚兮、惚兮恍兮、其中有一レ象也。

形無くして物を始め、繫れずして物を成し、万物は以て始め以て成るも、其の然る所以を知らざるを以て、故に恍たり惚たり、惚たり恍たり、其の中に象有り、と曰うなり。

無為自然の道は、形がなくて物を始め、束縛されないで物を作り上げ、万物はこの無為自然の道を以て、始めて作られても、それがどうしてなのかわからないので、だから「恍たり惚たり、惚たり恍たり、その中に象有り。」というのである。

◇万物は無為自然の道によって形成されているが、その理由がわからない。それで恍惚の中に、象や物があるというのである。前に「惚恍」といい、後に「恍惚」といったのは、「恍」と「物」と韻を合わせるためで、意味は変わらない。

窈兮冥兮、其中有精。

窈たり冥たり、其の中に精有り。

窈冥、深遠之嘆。深遠不可得而見。然而万物由之。其可得見以定其真。故曰窈兮冥兮、其中有精也。

窈冥は、深遠の嘆きなり。深遠にして得て見る可からず。然り而して万物は之に由る。其れ見ることを得て以て其の真を定む可し。故に窈たり冥たり、其の中に精有り、と曰う。

○窈冥―奥深くて見えにくいさま。奥深くて測り知れないさま。○然而―逆説の接続詞。○得―できる（能）。

窈冥は、深遠の嘆きである、深遠で見ることが出来ない、しかしながら万物はこの窈冥によって生じる。それは見ることができて、万物のありのままの姿を定めることができる。だから「窈たり冥たり、その中に精有り。」というのである。

◇万物は窈冥の中に、見ることができ、ありのままの姿を定められる。だからその中に「精」があるというのである。「精」とは、精霊。すぐれて神秘的な力。万物の本体。人間では生命体を作る生殖作用の核となる精気。

其精甚真。其中有信。

その精は甚だ真なり。其の中に信有り。

信、信験也。物反窈冥則真精之極得、万物之性定。故曰其精甚真、其中有信也。

信は、信騐(けん)なり。物の窈冥に反(かえ)れば、則ち真精の極得て、万物の性定まる。故に其の精は甚だ真なり。其の中に信有り、と曰うなり。

○信騐―騐は験の俗字、音ケン。しるし（証）、あかしの意。信にも、しるし、あかしの意がある。したがって信騐は、しるし、あかし、証拠の意。○真精―ありのままの精気。○極―究極。○得―適合する。

信は、証(あかし)の意である。物が窈冥に帰ると、真精の究極が適合して万物の本性が定まる。だから「其の精は甚だ真なり。其の中に信有り。」というのである。

◇「物」は万物であるが、人間にすれば、「極」は精気の核の一。「得」は適合するの意であるから、「男女の交合」で証が生まれること。

自(リ)レ古及(ブマデ)レ今(ニ)、其(ノ)名不(ラ)レ去(ラ)。

古(いにしえ)より今に及ぶまで、其の名去らず。

至真之極、不レ可(ラ)レ得(ル)レ名(ヲ)。無名則(ハチ)是(レ)其(ノ)名也。自(リ)レ古及(ブマデ)レ今(ニ)、無(シ)レ不(ルコト)二由(リテ)レ此(レニ)而成(ラ)一。故(ニ)曰(フ)二自(リ)レ古及(ブマデ)レ今(ニ)、其(ノ)名不(ト)一レ去(ラ)也。

至真の極は、名を得る可からず。無名は則ち是れ其の名なり。古より今に及ぶまで、此れに由りて成らざること無し。故に古より今に及ぶまで、其の名去らず、と曰うなり。

至真の極は、名を得ることができない。無名がその名であるのである。昔から今日まで、これに由って作られないものはない。だから「古より今に及ぶまで、其の名去らず。」というのである。

◇至真の極は無名で、無名がその名なのである。だから昔から今日まで、去らないのである。

以閲二衆甫一。

以て衆甫を閲ぶ。

衆甫、物之始也。以二無名一説二万物始一也。

衆甫は、物の始なり。無名を以て万物の始を説ぶなり。

○説―悦で、閲と音通。ゆえに意同じ。

衆甫は、物の始のことをいうのである。無名を以て万物の始源を統括しているのである。

◇宇注は「説は当に閲に作るべし。」という。

吾何以知二衆甫之状一哉。以レ此。

吾何を以て衆甫の状を知る哉。此を以てなり。

此、上之所レ云也。言、吾何以知三万物之始二於無一哉。以レ此知レ之也。

此は、上の云う所なり。言うこころは、吾何を以て万物の無より始まることを知るや。此を以て之を知るなり。

此は、上文でいった所である。その意味は、わたしはどうして万物が無から始まることをわかろうか。この上文を以てこれがわかるのである。

◇此というのは、上文でいった言葉で、その言葉で万物が無から始まることがわかるのであるという。即ち「孔徳之容……以閲衆甫。」までを指す。

〔全訳〕

からっぽの、徳の　人は
ただ　無為自然の　道に　従う

この　道は
形　なく　捉え　どころが　ない
だが
その　中に　形が　あり
その　中に　実体が　ある

奥深く　暗く　見えないが
その　中に　精霊が　あり
その　精霊は
甚だ　ありのままで
その　中から　証（あかし）が　生まれる

昔から　今日まで
無名が　その　名で
万物の　始源を　統べて　いる

どうして
これが　わかるか
以上の　ことからだ

☆三段的論法の構成である。
第一段「孔徳之容」……「惟道是従」（主題）
　孔徳は無為自然の道に従う。
第二段「道之為物」……「以閲衆甫」（解説）
　第一節「道之為物」……「其中有物」
　　道と恍惚について。
　第二節「窈兮冥兮」……「其中有信」
　　道の窈冥について。
　第三節「自古及今」……「以閲衆甫」

道と衆甫について。

第三段「吾何以知」……「以此」（結論）

以上述べた無為自然の道に因る。

主題で、孔徳が無為自然の道に従うと規定し、解説で、この道の性格を、恍惚、窈冥、精真を以て説明し、結論で、無為自然の道に因ると結んだ。

本章で問題となるのは、「孔徳」の解釈である。一般の諸書は、（大いなる徳）と解しているが、王注は「孔は空なり。」といって、「空徳」すなわち「無為自然の道の徳」と解している。これは「無為自然の道」を体得した者の徳のことである。したがってこの徳を身に得た人の姿は、無為自然の道に従っているだけであるということになる。

「恍惚」も一般には、それを忘れてぼうっとしている等と解しているが、王注は「形無く繋がれざるの嘆きなり。」と注して、無形で捉えどころのないさまと解している。「其真」の「真」は、（ありのまま）、「有信」の「信」は、（信験すなわち証（あかし））と解している。人間でいえば、男女の交合によって、その証として子が生まれることをいった所であるが、その表現が間接的で嫌悪さがなく、ほのぼのと心に感じさせる文である。

「自古及今」の「自古」は、宇宙創生からで、「道」と名をつけたのは老子であり、この「道」がなかった間も、「道」はあったことをいっている。

「窈兮冥兮。其中有精。其精甚真。其中有信。」の文は、宇宙万物の節理を表現したものであるが、この中には、人間の生殖作用を強く暗示している感が強い。それは王注にもよく表わされている。「物の窈冥に反れば、則ち真精の極得て、万物の性定まる。」といっている「物」は、人間を意識し、「窈冥に反れば」は、男女の交合、「真精」はありのままの精気、「極」はその一滴の果て、「得」は適合する。すると万物の本性が定まる。つまり子が生まれる。実に巧妙な筆力である。

孔徳の人は、無為自然の道を体得している。この道は恍惚の中に物象を生じ、窈冥の中に生命体の精霊が作用して証が生まれる、これが万物の真正な姿である。この道は、老子以前から存在していて「無名」であって、万物の始を総べている「衆甫」であるという。洵に理路整然とした論法の文である。

二十二章　不争の徳(2)　〈抱一〉（曲れば則ち全し…）

曲則全。

曲れば則ち全し。

不二自見一、其明則全也。

自ら見(あらわ)さざれば、其の明は則ち全きなり。

自分から現さない時は、必ずその明はそのまま全完になっている。

◇自ら現すと、有為があって、その明はそのままでなくなる。無為自然がよい。即ち曲った物は曲ったままでよい。

枉レバ則チ直シ。

枉(まが)れば則ち直(よろ)し。

○枉ー木が曲る〔正字通〕木⿰木㞷(キョウ)と作(な)る。〔説文〕⿰亻㞷は衺(しゃ)曲なり。衺はななめ（斜）、〔段注〕本は木の衺曲を謂う、因って以て凡ての衺曲をいう。○直ー〔集伝〕よろし（宜）。

不レバ二自ラ是トセ一其ノ是ハ則チ彰ハル也。

自ら是(ぜ)とせざれば、其の是は則ち彰(あら)わるるなり。

○是ー正しい。よい。○彰ーはっきり現れる。顕著。

自分からよいとしない時は、必ずそのよいことははっきり現れる。

◇自分からよいとしないと、そのよいことははっきり現れる。曲ったものはそのままがいい。

窪メバ則チ盈ツ。

窪(くぼ)めば則ち盈(み)つ。

○窪ー音ワ、くぼむ。

不レバ二自ラ伐ラ一、則チ其ノ功有タル也。

自ら伐(ほこ)らざれば則ち其の功有(たも)たるなり。

○伐－ほこる（誇）。○有－持ち続ける（保有）。

自分から誇らないと、その功績が持続するのである。くぼんでいるのをそのままにしておけば、物で自然にいっぱいになる。くぼんだままがいい。

敝則新。

敝（やぶ）るれば則ち新たなり。

○敝－やぶれる。

不自矜、則其徳長也。

自ら矜（ほこ）らざれば、則ち其の徳長きなり。

○矜－音キョウ、おごりたかぶる。

自分から驕り高ぶらない時は、必ずその徳は長く続くのである。

◇物は時が経つと自然にやぶれる。やぶれたら新しく作るのである。これが無為自然である。

少則得、多則惑。

少なければ則ち得、多ければ則ち惑う。

自然之道、亦猶樹也。転多転遠其根、転少転得其本。多則遠其真。故曰惑也。少則得其本。故曰得也。

自然の道も、亦た猶お樹のごときなり。転た多ければ転た其の根に遠ざかり、転た少なければ転た其の本を得。多ければ則ち其の真に遠ざかる。故に惑う、と曰うなり。少なければ則ち其の本を得。故に得、と曰うなり。

○多－繁茂する。○少－衰える。

自然の道も、また樹のようなものである。いよいよ繁茂すると、いよいよその根本から遠くに離れ、いよいよ衰えるといよいよその根本に近くなる。多いとありのままより遠くに離れるので、「惑う」という、少ないと本源を得るので、「得る」というのである。

◇樹木の繁茂凋落は自然の道であるといい、大きくなればなるほど根本から遠く離れ、凋落して行くに連れて根本に近くなる。この自然の状態を「少なければ則ち得、多ければ則ち惑う。」といっている。自然の道を樹木に例えていったことは、無為自然の道の在り方を説明したもので、実に納得のいく表現である。

是以聖人、抱一為天下式。

是を以て聖人は、一を抱きて天下の式と為る。

○式－法則。模範。手本。

一、少之極也。式猶則（之）也。

一は、少の極なり。式は猶お則のごときなり。

☆之－衍字。（素注）

一は、少の極限の数である。式は則のようなものである。

◇無為自然の道を「一」で表現した。

不自見。故明。不自是。故彰。不自伐。故有功。不自矜。故長。

自ら見わさず。故に明らかなり。自ら是とせず。故に彰わる。自ら伐らず。故に功有り。自ら矜らず。故に長ず。

夫惟不争。故天下莫能与之争。古之所謂曲則全者、豈虚言哉。誠全而帰之。

夫れ惟だ争わず。故に天下能く之と争うこと莫し。古の所謂曲れば則全し、とは、豈に虚言ならんや。誠に全くして之に帰す。

○虚言―うその言葉。

〔全訳〕

曲った　ものは
曲った　ままが　いい
曲った　木は

〔王注訳〕

自分から　現さないと
はっきり　現れる
自分から　良いと　しないと

曲った　ままが　いい
窪んで　いると
自然に　一ぱいに　なる
敝（やぶ）れると
自然に　新しく　なる

少ないと　得られ
多いと　惑う

こういう　わけで
聖人は
一を　抱（いだ）いて
世の　中の　手本と　なる
自（みずか）ら　現さない
だから　明らかに　なる
自ら　よいと　しない
それは　現れる
自分から　誇らないと
功（てがら）は　持ち続く
自分から　高ぶらないと
徳は　長く　続く

凋（ちょう）落　すると
根本に　近づき
繁茂　すると
根本から　遠ざかる

だから　彰（あら）われる
自ら　誇らない
だから　功績が　残る
自ら　高ぶらない
だから　長く　続く

そもそも
ただ　争わない
だから
世の　中の　人は
争そおうと　しない

昔の　人が　いう
曲った　ものは
曲った　ままが　いい　とは
全く　でたらめでは　ない

本当に　曲った　ままを
全く　して
自然に　帰す

☆三段的論法の構成である。
第一段「曲則全」（主題）

曲ったものは、曲ったままがよい。

第二段「枉則直」……「豈虚言哉」（解説）

第一節「枉則直」……「多則惑」

枉・窪・敝・少・多を以て、主題の例を挙げる。

第二節「是以聖人」……「故長」

聖人は無為自然の「一」を以て、世の中の手本となる。

第三節「夫惟不争」……「莫能与之争」

聖人は無為自然の道の別称「不争」を主としている。

第四節「古之所謂」……「豈虚言哉」古語を引用して説明。

第三段「誠全而帰之」（結論）

完全な身で無為自然の道に帰る。

主題で、「曲れば則ち全し」を規定し、解説で、その例を枉・窪・敝・少・多で挙げ、聖人が「無為自然の道」の「二」を以て、世の中に手本を示し、また「不争」を以て主としていることを述べ、古語を引用して説明し、結論で主題を立証した。実に理路整然とした文の構成である。

しかし従来の先人の解釈は、全く王注と違っている所が多い。

先ず「曲」を木、「枉」を尺蠖（しゃくとり）、「窪」を窪地、「敝」を敝衣に例えて、逆説にして解しているが、王注は、後出の「不自見」……「故長」の例としている。また「少・多」を欲・智を以て説明しているが、王注は樹木の凋落・繁茂を以て解説している。「無為自然の道」から考えると、王注の方が極めて自然である。

「曲則全」の王注「其名則全也。」の「名」は、後出に「不㆓自見㆒。故明。」とあることから、「明」がよい。「枉則直」の王注「不㆓自是㆒、則其是彰也。」は、「曲則全」の王注の語順に合わせて、「不自是、其是則彰也。」に改める。結論の「誠全而帰之」は、主題の「曲則全」に呼応する句で、首尾一貫した名文である。「曲」を（まがレバ）と已然形に訓読しているが、本来は未然形。慣用語となった。

二十三章　道と忠信（希言は自然なり…）

希言（ハ）自然（ナリ）。

希言は自然なり。

○希言―聴いても聞こえない言葉。

聴之不聞、名曰希。下章言、道之出言、淡兮其無味（也）。視之不足見、聴之不足聞。然則無味不足聴之言、乃是自然之至言也。

之を聴けども聞こえず、名づけて希と曰う。下章に言う、道の言を出だすは、淡として其れ味無し。之を視るも見るに足らず、之を聴くも聞くに足らず、と。然らば則ち味無く聴くに足らざるの言は、乃ち是れ自然の至言なり。

○下章―三十五章に「道之出口、淡乎其無味。視之不足見。聴之不足聞。」とある。「也」は衍字。

聴いても聞こえない。それで希という。下章に「道の言を出だすは、淡として其れ味無し。之を視るも見るに足らず。之を聴くも聞くに足らず。」といっている。それならば味がなく聴くに足りない言葉は、すなわち自然の至言である。

◇聴いても聞こえないから希という。この希は自然の至言である。

故飄風不終朝。驟雨不終日。孰為此者。天地。天地尚不能久。而況於人乎。

故に飄風は朝を終えず。驟雨は日を終えず。孰か此れを為す者ぞ。天地なり。天地すら尚お久しきこと能わず。而るを況んや人に於てをや。

○飄風―つむじ風　○驟雨―にわか雨。○而況…乎―抑揚形。「シカルヲイワンヤ……ヲヤ」と読み、（それだのにまして――にあってはなお更である。）の意。

言二暴疾美興不一レ長也。

暴疾の美興は長からざるを言うなり。

○暴疾―あらあらしく早い。○美興―起こることをほめた言葉。

荒々しく早く起こる飄風や驟雨は、長く続かないことを言っている。

◇飄風と驟雨の長続きしないことをいう。

故従二事於道一者、道者同二於道一、

故に道に従事する者は、道は道に同じくし、

従事、謂下挙動従二事於道一者上也。道以二無形無為一、成二済万物一。故従二事於道一者、以二無為一為レ君、不言為レ教、綿綿若レ存、而物得二其真一。与レ道同レ体。故曰レ同二於道一。

従事するは、挙動の道に従事する者を謂うなり。道は無形無為を以て、万物を成済す。故に道に従事する者は、無為を以て君と為し、不言を教えと為し、綿綿として存するが若くにして、物は其の真を得、道と体を同じくす。故に道に同じくす、と曰う。

○挙動―立ち居ふるまい。動作。○成済―なしなす。成長を成しとげる。

○不言為レ教―第二章に「不言の教えを行う」とある。○綿綿若存―第六章にあるのと同じ。

従事するは、振舞が無為自然の道に従ってする者をいうのである。道は無形無為で、万物を生長させる。だから無為自然の道に従ってする者は、無為を以て君とし、不言を教とし、綿々と存するように長く続き、

万物はありのままの姿を得て、無為自然の道と本体を同じにする。だから「道に同じくす。」というのである。

◇従事するは、無為自然の道に従ってする者で、この道によると、万物は真を得る。だから「道に同じくす。」という。

徳者同二於徳一。

徳は徳に同じくし。

☆宇恵注は、「徳者同二於得一」とするのがいいと注しているが、前文に「道者同二於道一」といい、後文に「失者同二於失一」といって、同形を取っていることから、焦竑の「考異」の注に「徳者同二於徳一、失者同二於失一。」は、古文が「従二事於徳一者、徳者同二於徳一。従二事於失一者、失者同二於失一。」になっていると注しているので、この方が妥当ではなかろうか。したがって本文は、「従二事於徳一者」が省略したと見て、このままを取る。

得少也。少則得。故曰レ得也。行レ得則与レ得同レ体。故曰レ同二於得一也。

得は少なり。少なかれば則ち得。故に得と曰うなり。得を行えば則ち得と体を同じくす。故に得に同じくす、と曰うなり。

☆この王注は分かりにくい。最初の「得少也」は、次の「失者同二於失一」の王注に「失、累多也。」と注しているから、「徳、得少也」と「徳」を補うと、字数が揃うし語調もよい。したがって元は「徳」があったのを、伝写中に脱落したのではなかろうか。仍って「徳、得少也。得少則得。」と訂正する。

徳、得少也。得少則得。故曰レ得也。行レ得則与レ得同レ体。故曰レ同二於得一也。

徳は、得少なり。得ること少なかれば則ち得。故に得と曰うなり。得を行えば則ち得と体を同じくす。故に得に同じくす、と曰うなり。

徳は、得少の意である。得ることが少ないと得られる。だから、得というのである。得を実行すると得と同体である。だから「得に同じくす。」というのである。

☆徳は得の意で、徳が少ないと得られるから得といい、徳を実行すると得と同体であるから、「徳に同じくす。」というのである。王注は、徳を得として、「得」で通しているが、やはり「徳」のことを説明しているのである。〔広雅・釈詁〕に「徳は得なり。」とある。したがって王注はこれに拠って解釈したものと思われる。

失者同二於失一。

失は失に同じくす。

失、累多也。累多則失。故曰レ失也。行レ失則与レ失同レ体。故曰レ同二於失一也。

失は、累多なり。累い多ければ則ち失う。故に失と曰うなり。失を行えば則ち失と体を同じくす。故に失に同じくす、と曰うなり。

○累―わずらい。うれい。心配。〔荀子・王制〕累多而功少。注累は憂累なり。

失は、うれいが多いことである。うれいが多いと失う。だから失というのである。失を行うと、失と同体になる。だから「失に同じくす。」というのである。

◇失の意味は、累多、即ちうれいが多いこと。これを実行すると失と同体になるから「失に同じくす。」という。

同二於道一者、道亦楽レ得レ之。同二於徳一者、徳亦楽レ得レ之、同二於失一者、失亦楽レ得レ之。

道に同じくする者は、道も亦た之を得ることを楽しみ。徳に同じくする者は、徳も亦た之を得ることを楽しみ、失に同じくする者は、失も亦た之を得ることを楽しむ。

言、随二行其所一。故同而応レ之。

言うこころは、其の所に随行す。故に同じくして之に応ず。

この意味は、その所に随って行く。だから同じくしてこれに応じるのである。

◇無為自然の道に随って行く者は、無為自然の道の方でも、また同じくこれを行う者の所に応じるのである。徳と失も同様である。

信不レ足焉、有レ不レ信焉。

信足らざれは、信ぜざること有り。

忠信不レ足ラ二於下一ニ焉、有ルレ不ルコトレ信ぜ也。

忠信下に足らざれば、信ぜざること有るなり。

忠信が民に足りないと、民から信頼されないことがあるのである。

☆忠信の大事なことをいう。十七章の王注では、「上に従えばなり。」と解しているが、本章は「忠信」と解している。「上に従えばなり。」は、為政者の政治の態度に従うことであった。ここで「忠信」というのは、多少違和感を感じるかも知れないが、為政者の政治の態度を具体的に忠信を以ていったのである。帛書の甲・乙本は両方ともこの二句がない。馬叙倫・奚侗（けいどう）等は錯簡重出と見ているが、本章の結論をなす句であるから、必要欠くべからざる句である。

〔全訳〕

かそけき　言葉は
自然の　道

だから
つむじ風は　朝中　吹かない
にわか雨は　一日中　降らない

だれが　これを　する

天地で　ある
天地でさえも　長く　続かない
ましてや　人は　なお更だ

だから
自然の　道に
従って　する　者は
その　道は
自然の　道に　同じに　する

徳の　ある　者は
その　徳に　同じにし
患いの　ある　者は
その　患いに　同じに　する

自然の　道に
随って　行く　者は

道の　方でも　また
この　道を　得る　ことに
応じて　来る

自然の　徳に
随って　行く　者は
徳の　方でも　また
この　徳を　得る　ことに
応じて　来る

自然の　患いに
随って　行く　者は
患いの　方でも　また
この　患いを　得る　ことに
応じて　来る

為政者は

忠信が　足りないと
信頼されない

☆三段的論法の構成である。
第一段「希言自然」（主題）
希言は無為自然の道。
第二段「故飄風」……「亦楽得之」（解説）
第一節「故飄風」……「況於人乎」
希言を飄風と驟雨で説明。
第二段「故従事於道」……「失者同於失」
無為自然の道と徳・患の説明。
第三段「信不足焉」……「有不信焉」（結論）
為政者と忠信。

主題で、希言を「無為自然の道」であると規定し、解説で、飄風と驟雨を挙げて説明し、又徳と患いをいい、結論で、為政者の道を忠信で結んだ。

希言は無為自然の道を形容した別称で、この自然の道の天地の仕業である、飄風や驟雨でさえ、長く続かない。まして人間が長く続かないのは、なお更である。

だからこのはかない人間が、自然の道に従って行動する際は、自然の道に一体になり、自然の徳に一体になり、自然の累いにも一体になることである。

このように自然の道に一体になる者は、道の方でもまた、そうなることを楽しみ、徳に一体になる者は、徳の方でもまた、そうなることを楽しみ、累いに一体になる者は、累いの方でもまた、そうなることを楽しむ。

だから自然の道に従ってする忠信が為政者に足りないと、民に信頼されないという。

為政者は、無為自然の道と一体になって人生を生きよ。それには忠信が肝腎であると、希求した文である。

二十四章　有道者（企つ者は立たず…）

企ツ者ハ不レ立タ。

企(くわだ)つ者は立たず。

物ハ尚ベバレ進ムコトヲ　則チ失フレ安キヲ。故ニ曰フ二企ツ者ハ不一レ立タト。

物は進むことを尚(たっと)べば則ち安きを失う。故に企つ者は立たず、と曰う。
○者—人を含む万物。
物は進むことを尊ぶと、安定を失う。だから「企つ者は立たず。」というのである。

◇企つは、爪先きで立つこと。爪先きだけで進むことをすると、安定性を失うから、企つ者は長く立っていられない。「進むことを尚ぶ。」は、人間の本性を示す。

跨者不レ行。自見者不レ明。自是者不レ彰。自伐者無レ功、自矜者不レ長。其在レ道也、曰二余食贅行一。

跨ぐ者は行かず。自ら見す者は明らかならず。自ら是とする者は彰れず。自ら伐る者は功無く、自ら矜る者は長からず。其の道に在るや、余食贅行、と曰う。

○跨―音カ、コ（慣）。またぐ。○贅行―よけいな行い。むだな行為。

其唯於レ道而論レ之、若二却至之行、盛饌之余一也。本雖レ美、更可レ薉也。本雖レ有レ功、而自伐レ之。故更為二肬贅者一也。

其れ唯だ道に於て之を論ずれば、却至の行、盛饌の余の若きなり。本と美なりと雖も、更に薉す可きなり。本と功有りと雖も、而も自ら之を伐る。故に更に肬贅なる者と為すなり。

○却至―郤は正字。しりぞく。さがる。却至もしりぞくの意、却行。○盛饌―りっぱなご馳走。○更―改めて。
○薉―穢の別体。音ワイ、アイ（慣）。けがれる。よごれる。○肬贅―肬は疣と同じ。音ユウ。いぼ、こぶ。贅は音セイ。ゼイ（慣）。こぶ、いぼ、いぼとこぶ。無用のもの。

それはただ道において論じるならば、却行して行くのや、盛んなご馳走の余りのようなものである。本来は美しいものでも、改めて汚すものである。本来は功績があっても、しかしながらこれを自慢する。だから改めていぼやこぶのように無用のものとするものである。

◇無為自然の道から論じると、このような行為は、汚れや、いぼやこぶのような無用のものである。「却至の行」とは、しりぞいて行く、つまり引き下がって行くことで、恐縮して行くさまである。「盛饌の余」は、盛大なご馳走の余り物の意、どちらも無為自然の道には、不必要であることをいっている。

物或悪レ之。故有道者不レ処。

物或いは之を悪む。故に有道者は処らず。

○有道者―無為自然の道の体得者。

〔全訳〕

爪先きで　進む　者は
安定さが　ない
大股で　歩く　者は
遠くへ　行けない
自ら　現わす　者は
明らかに　ならない
自ら　よいと　する　者は

彰(あら)われない
自ら　誇る　者は
功績が　残らない
自ら　高ぶる　者は
長く　続かない

この　道では
余り　ものや
いぼや　こぶと
いう

だれも
これを　嫌(きら)う
だから
この　道の　体得者は
ここには　いない

☆三段的論法の構成である。

第一段「企者不立」……「跨者不行」（主題）
　企者・跨者の害の説明。
第二段「自見者不明」……「余食贅行」（解説）
　主題の例を挙げ、無為自然の道では不用なこと。
第三段「物或悪之」……「有道者不処」（結論）
　有道者は、ここにはいない。
主題で、企者・跨者の害を規定し、解説で、その例を挙げ、無為自然の道では不用のことをいい、結論で、有道者はここにはいないと結んだ。
　本章で大事なことは、王注の「物は進むことを尊べば則ち安きを失う。」の注である。人間は本性として進むことを尊ぶ性質を持っている。普通の状態で進んで行っても、気を使わなければならないのに、爪立てて歩いていっては、なお更安定性を失うから、気をつけなければいけないと警告しているのである。「跨ぐ者は行かず。」も同様で、無為自然の道に従うことが肝腎であるといい、この道に反するものは、余食贅行である。有道者はここにはいないと明言した。有道者は、無為自然の道を体得した人のことをいうが、「聖人」といわないのは、この時点ではまだ「聖人」の域に至らなかったからであろう。

二十五章　道の本体(5)〈天下母〉（物有り混成す…）

有物混成。先天地生。

物有り混成す。天地に先だちて生ず。

○混成―まじり合って一つのものができる。

混然不可得而知、而万物由之以成。故曰混成也。不知其誰之子、故（曰）先天地生。

混然として得て知る可からざれども、万物は之に由りて以て成る。故に混成す、と曰うなり。其れ誰の子たるを知らず、故に天地に先だちて生ず、と曰う。

混然としていて知ることができないが、万物はこれによってできあがる。だから「混成す」というのである。それは誰の子であるのかわからない、だから「天地に先立って生ず。」というのである。

◇混然としていてわからないが、万物はこれから作られる。それは誰の子かわからない。天地開闢以前からある。☆宇注は「先天地」の上に「曰字」を脱落したと見る。これを採る。（素注）

寂兮、寥兮、独立不改。

寂たり、寥たり、独立して改めず。

寂寞無二形体一也。無二物之匹一。故曰二独立一也。返二化終始一、不レ失二其常一。故曰レ不レ改也。

寂寞として形体無きなり。物の匹無し。故に独立す、と曰うなり。終始に返化して、其の常を失わず。故に改めず、と曰うなり。

○寂寞—ひっそりとしてものさびしいさま。○匹—たぐい（類）、仲間。○返化—かえり化す。もとに帰って行く。○終始—終わって又始める。

寂寞としていて形体がない。物の類がない。だから独立しているというのである。終わって又始めに帰って行く。それが恒久不変である。だから改めずというのである。

◇寂然として無形無匹なので、「独立して」といい、終始に返化して恒久不変なので「改めず。」という。

周行而不レ殆。可三以為二天下母一。

周行して殆うからず。以て天下の母と為す可し。

○殆—危いの意、たい（怠）とか、とどまる（止）に解しているのもある。

周行無レ所レ不レ至而免レ殆、能生二全大形一也。故可三以為二天下母一也。

周行して至らざる所無くして殆うきを免れ、能く生じ大形を全くするなり。故に以て天下の母と為る可きなり。

○周行—あまねく行きわたる。〔左伝・昭一二〕「周二行天下一」○大形—無為自然の道。

あきねく行きわたらない所がなくて、危きことを免れ、万物を生育し、無為自然の道の大形を完全にしていることができる。だから天下の母となることができるのである。

◇この物は周行して安全で、万物を生育し、無為自然の道の大形を全くしている。だから天下の母となれるという。宇恵訓が「能く大形を生全するなり」と生全を熟語にしているが意味が通じない。

吾不知其名。

吾其の名を知らず。

名以定形。混然無形、不可得而定。故曰不知其名也。

名は以て形を定む。混然として形無く、得て定む可からず。故に其の名を知らず、と曰うなり。

名は形を定める。この物は混然としていて形がなく、名を定めることができない。だから「その名を知らず。」というのである。

◇この物は無形で名を定めることができない。だからその名がわからないというのである。

字之曰道。

之に字して道と曰う。

○字ーあざな。実名の外につける名。呼び名。

夫名以定形、字以称可言。道取於無物而不由也。是混成之中、可言之称最大也。

夫れ名は以て形を定め、字は以て称えて言う可し。道は物として由らざること無きに取るなり。是れ混成の中に、言う可きの称の最大なり。

○称―呼び名。

そもそも名は形を定め、字は呼び名でいうことができる。道は何物も由らないことがないのに取ったのである。この混成の中において、言うべき呼び名の最大のものである。

◇道は無形で名前がない。呼び名にすると道という、その道は字の最大のものである。

☆宇恵訓の「以称レ可レ言」の訓でも可。（素注）

強為二之名一曰レ大。

強いて之が名を為して大と曰う。

吾所二以字一レ之曰一レ道者、取二其可レ言之称最大一也。責二其字定之所一レ由、則繫二於大一。大有レ繫則必有レ分。有レ分則失二其極一矣。故曰二強為二之名一曰一レ大。

吾の之に字して道と曰う所以の者は、其の言う可きの称の最大を取るなり。其の字の定まるの由る所を責むれば、則ち大に繫がる。大に繫がること有れば則ち必ず分有り。分有れば則ち其の極を失う。故に強いて之が名を為して大と曰う、と曰う。

○責―もとめる。

わたしがこれに呼び名を付けて道というわけは、言うことができる呼び名の最大を取ったのである。その呼び方が定まる由り所を求めると、大に繫っている。大に繫っていることがあると、必ず部分になる。部分になると極でなくなる。だから「強いてこれが名を為して大という。」という。

◇「字」は呼び名の最大なるもの。だから「大」という。すると部分に分かれて「極」でなくなる。故に「強いて」という。

大曰レ逝、

大は逝と曰い、

逝行也。不下守二一大体一而已上。周行無レ所レ不レ至。故曰レ逝也。

逝は行なり。一の大の体を守るのみにあらず。周行して至らざる所無し。故に逝と曰うなり。

☆「而已」はのみ。限定の副詞。宇恵注は「してやむ」と読んでいるが誤り。（素注）

逝くは行く意味である。一つの大の形体（大形）を守るだけでなく、周行して至らない所がない。だから逝く、というのである。

◇「体」は形体、「曰」をここにと訓じている書もある。

逝曰レ遠、

逝は遠と曰い、

遠極也。周無レ所レ不レ窮二極一、不レ偏二於一逝一。故曰レ遠也。

遠は極なり。周く窮極せざる所無く、一逝に偏らず。故に遠と曰うなり。

遠は極の意である。普く窮め尽さない所がなく、一つの逝に片寄らない。だから「遠」というのである。「遠」は「極」で、極は普く窮め、一片に逝かないから、遠という。

遠曰反。

遠は反と曰う。

不随於所適、其体独立。故曰反也。

適く所に随わず、其の体は独立す。故に反と曰うなり。

行く所に就いて行かず、その形体が恒久不変で独立している。ここへ万物が帰るから「反と曰う」のである。

☆「反」は返る。「独立」は前文に「独立不改」とある独立、恒久不変の意、「極」を指す。

故道大、天大、地大、王亦大。

故に道は大、天は大、地は大、王も亦た大。

天地之性、人為貴。而王是人之主也。雖不職大、亦復為大、与三匹。故曰王亦大也。

天地の性は、人を貴しと為す。而して王は是れ人の主なり。大を職とせずと雖も、亦た復た大と為り、三と匹す。故に王も亦大、と曰うなり。

天地の性は、人を貴いとする。そうして王は人の主人である。大を職としないといっても、また大となり、三つの道・天・地と匹敵する。だから「王も亦た大」というのである。

◇天地の性は、人の本性を貴いとする。王は人の主人であるから、大を職としないが、大ということになる。道・天・地の大と匹敵し同等であるという。

域中有四大。

域中に四大有り。

四大、道天地王也。凡物有称有名、則非其極也。言道則有所由。然後謂之為道。然則是道、称中之大也、不若無称之大也。無称不可得而名、曰域也。道天地王、皆在乎無称之内。故曰域中有四大者也。

四大は、道・天・地・王なり。凡て物には称有り名有れば、則ち其の極に非ざるなり。道と言えば則ち由る所有り。然る後に之を道と為すと謂う。然らば則ち是の道は、称中の大なるも、無称の大に若かざるなり。無称は得て名づく可からざれば、域と曰うなり。道・天・地・王は、皆無称の内に在り。故に域中に四大なる者有り、と曰うなり。

○域―かぎり。さかい。宇宙、世界を指す。

四大は、道・天・地・王である。すべて物には呼名があり、名があるから、その極ではないのである。

道という時は、よる所がある。そこで初めてこれを「道」とするという。それならば、この道は、呼び名の中の大なるものであるが、呼び名のない大には及ばないのである。呼び名がないのは名づけることができないから、域というのである。道・天・地・王は、皆呼び名のない域の内にある。だから「域中に四大有り。」というのである。

◇「道は称中の大であり、「域」は無称の名、「無」の宇宙である。だから道・天・地・王の四大は「域」の中にあるという。☆「無称不レ可レ得。而名曰レ域也」（無称は得可からず。而して名づけて域という。）の宇恵訓でも意味は通る。（素注）

而シテ王居ハル二其ノ一ニ一焉。

而して王は其の一に居(お)る。

処ル二人主之大ニ一也。

人主の大に処るなり。

人主の大にいるのである。

人法リレ地ニ、地法リレ天ニ、天法リレ道ニ、道法ル二自然ニ一。

人は地に法(のっと)り、地は天に法り、天は道に法り、道は自然に法る。

○法―法則、手本。従う。

法、謂法則也。人不違地、乃得全安、法地也。地不違天、乃得全載、法天也。天不違道、乃得全覆、法道也。道不違自然、乃得其性。法自然者、有方而法方、在円而法円。於自然無所違也。

法るは、法則を謂うなり。人の地に違わずして、乃ち全安を得るは、地に法ればなり。地の天に違わずして、乃ち全載を得るは、天に法ればなり。天の道に違わずして、乃ち全覆を得るは、道に法ればなり。道は自然に違わずして、乃ち其の性を得。自然に法る者は、方有りて方に法り、円在りて円に法る。自然に於て違う所無ければなり。

○違―たがう。さからう。そむく。○全覆―全部が覆われる。○方―四角。○円―まる。

法は、法則をいうのである。人が地にたがわないで、そこで全く安らかを得るのは、地に法るからである。地が天にたがわないで、そこで全く地に載っているのは、天に法るからである。天が道にたがわないで、そこで全く覆うことができるのは、道に法るからである。道は自然にたがわないで、そこでその本性を得る。自然に法るものは、四角なものは四角に法り、円いものは円に法るのである。自然に於てたがう所がないからである。

◇法るとは法則をいい、人は地の法則に従って全安を得、地は天の法則に従って全載を得、天は道の法則に従って全覆を得る。道は自然に従うから道の本性を得る。だから自然の法則に従う者は、器の方円に従うようなものである。自然には違う所がない。

自然者、無称之言、窮極之辞也。用智不及無知。而形魄不及精象。精象不及無形。有儀不及無儀。故転相法也。道順自然、天故資焉、天法於道、地故則焉、地法於天、人故象焉。所以為主、其一之者主也。

自然とは、無称の言、窮極の辞なり。智を用うるは無知に及ばず。而して形魄は精象に及ばず。精象は無形に及ばず。有儀は無儀に及ばず。故に転た相法るなり。道は自然に順い、天故より焉に資り、天は道に法り、地故より焉に則り、地は天に法り、人は故より焉に象る。主為る所以は、其の之を一つにする者は主なればなり。

○形魄―からだ。肉体。魄は肉体の精気。〔礼記・郊特牲〕「魂気帰于天、精気帰于地。」○精象―心の形。精神。○有儀―儀はきまり、法則。したがって法則のあること。○資―よる。（依）たよる。

自然というのは、無称の言、窮極のことばである。知恵を用いるのは無知には及ばない、そうして肉体は精神には及ばない。精神は無形には及ばない。法則のあるのは、ないのには及ばない。だからいよいよ互いに法るのである。道は自然に順って、天はもともと道により、天は道に法って、地はもともと天に則り、地は天に法って、人はもともと地に法る。人が人主であるわけは、これを一つにする者は人主であるからである。

◇自然は無称窮極の言葉である。すべての物は自然には及ばない。だからますます自然を手本として従うのである。自然―道―天―地―人の法る関係になる。この道・天・地・人の四大の中で、人が人主であるのは、これを一つにするからである。人主すなわち人間の支配人が、宇宙の最高の位にある。これは人間性の絶対崇高性を表わした至言である。

〔全訳〕

混成した　一つの　物が
天地開闢（びゃく）　以前に　ある

ひっそりと　して　形　なく
ものさびしく　類（たぐい）　なく
独り立ちで　恒久不変で
万遍なく　行き渡り
危うく　なく
天下の　母と
なって　いる

わたしは
その　名が　わからない
仮りの　呼び　名を
道と　いう

無理に　名づけて
大と　いう
大は　逝と　いい
逝は　遠と　いい
遠は　反と　いう

だから
道は　大
天は　大
地は　大
王も　また　大
宇宙に
四大が　ある
王は
人主の　大に　いる
人は　大地を　手本とし

大地は　天を　手本とし
天は　道を　手本とし
道は　自然を　手本と　する

☆三段的論法の構成をなしている。
第一段「有物混成」……「先天地生」（主題）

混成した一つの物が、天地開闢以前にある。

第二段「寂兮寥兮」……「王居其一」（解説）

第一節「寂兮寥兮」……「為天下母」

一つの物の内容。

第二節「吾不知其名」……「遠曰反」

その物の効用。

第三節「故道大」……「域中有四大」

王の使命。

第三段「人法地」……「道法自然」（結論）

窮極は「無為自然の道」に法る。

主題で、天地の創生を規定し、解説で、その物の内容、効用、王の使命を述べ、結論で、「無為自然の道」に法ることで結んだ。

本章の問題点を、順を追うて解説しよう。「有物混成」の「物」は、二十一章の「道之為物」の「物」と同じで、「無為自然の道」を指し、「混成」は混然として成っている。渾(こん)然たる樸(ぼく)の状態を指す。馮(ひょう)友蘭(らん)は「この語は、十四章に「視レ之不レ見、名曰レ夷。聴レ之不レ聞、名曰レ希。搏レ之不レ得、名曰レ微。此三者不レ可二致詰一。故混而為レ一。」とある「混」の字と共に、この「道」が連続し混沌としている物であることを説明している。」という。

「先二天地一生」は、張岱(たい)年が「天が一切の最高主宰者である観念を、老子は打破して、「道」こそ最も根本のものであり、最も先のものである。」といい、任継愈(ゆ)は「道は物質を離脱して懸空な存在、空洞な格式ではなく、「其中有レ精、其精其真、其中有レ信」（二十一章）のものであり、宗教の迷信的な伝統説法は、上帝は世界の主宰者であると認めるが、老子の「道」は上帝の先「象二帝之先一」（四章）に出現したことを説き、宗教が世界の主宰者は天であると認めているのに対して、老子は天をかえって本来の「天空」とし、「道」は「先二天地一生二」ものとした。」と説いている。

「寂兮寥兮」は、河上公説は、「寂」は声音無く、「寥(りょう)」は空にして形が無いといい、厳霊峯は、「寂」は静かで声が無く、「寥」は動いて形が無いというが、王注は、「寂寞(ばく)として形体がない。」と解している。

「独立不改」は、無為自然の道の絶対性は終始に返化して恒久不変であることをいう。

「周行而不殆」の「周行」には、二つの解釈がある。一つは、全面運行。「周」は周遍・周普で、王注の「至らざる所無し。」もう一つは、循環運行。「周」を環繞(じょう)、まわりを回ると解している。「不殆」の「殆(たい)」は、つかれる、とどまる、あやういなどと訳されているが、王注は「殆うきを免れ」と、あやうい（危）

を採っている。そして、「能く生じ大形を全くす。」といっている。「大形」は「無為自然の道」を形容した語で、「天下の母」と同じ。物を生育して、天下の母となっている。「天下母」は「天地母」となっているのもある。上文の「先天地生」と同義である。

「字之曰道」の「字」は、実名の外につける通称で、呼び名である。この「混成した物」は無名であるが、仮りに呼び名を付けると「道」で、これは呼び名の中の「最大」の語であるから、「大」に関連する。「強為之名曰大」の「強」は、無理に名づけると「大」となるというのである。したがって「道」イコール「大」ではない。「大」とすると部分となって、「極」ではないからである。

「逝」は、「道」の進行をいった語で、王注は「逝くは行くのである。一つの大体（大形）を守るだけでなく、周行して至らない所がない。」と注している。これに対して呉澄は「逝くは流行して息まずをいう。」といい、張岱年は、「大は即ち道で、逝く所以は大であるから逝くのである。逝くから愈いよ遠くなり、宇宙は逝き逝きて止まない無窮の歴程である。」（『中国哲学大綱』）といい、王注とは違う。

「反」は、老子の書には二つの用法がある。一つは「返る」。他の一つは「相反する」の意である。七十八章の「正言若ㇾ反」の「反」は後者であり、本章の「反」は前者である、銭鍾書は、「反に両義がある。一つは正反の反、違反で、他の一つは往反（返る）の反、回反（返る）である。」といい、馮達甫は「大・逝・遠・反は道の全体の運行過程を描写したもので、これが周行である。」（『老子訳註』）といっている。

「王亦大」を「人亦大」と、「人」にしている書に傅奕本・范応元本等がある。范応元は、「河上公本は、王としているが、それは、王は人中の尊で、固より君を尊ぶ義があるからである。しかし下文の「人法地」

は文義が通っている。まして人は万物の霊長で、天地と並んで三才をなしている。身をこの道に任すと、人は実にまた大である。」（『老子道徳古本集註』）といい、奚侗は「人の字は『淮南子・道応訓』も王になっている。思うに、古の君を尊ぶ者が妄りにこれを改めたが、『老子』の本文ではない。『老子』は道を以て天下万物の母としている。だから天地に先んじて道を以て大とする。若し「人」を改め「王」とすると、その誼（義）が甚だ狭くなる。幸いに下文の「人法地」の「人」の字はまだ改めない。ますます依って証明することができる。」（『老子集解』）といって、「人」を採っているが、王注は「天地の性は、人を貴いとする。而して王は人の主である。大を職としないといっても、亦た大で、道・天・地と匹敵する。」といい、王本の原文を採って「王」にしている。

「域」は無称の名で、「無」と同じ、宇宙の意を表わす。

「道法自然」は、呉澄は「道の大なる所以は自然であるからである。だから「法自然」という。「道」の外に自然があるわけではない。」（『道徳真経注』）といい、馮友蘭は「「人法地云云」は、道の上に又「自然」があるのではなく、道が取る所の法である。上文の「域中有四大」は、ただ道は万物を無目的・無意識に生む順序を形容したので、自然は一つの形容詞であり、この外に別の物があるのではない。だから上文は「四大」といって、「五大」といわない。」という。

本章は、実に理路整然とした論述で、老子の着想の非凡と表現の巧妙に驚嘆するだけでなく、これに注した王弼の透徹した頭脳から展開される文面に感佩する。殊に「人法地云云」の注の最後に、「所二以為一レ主、其一レ之者主也。」（主たる所以は、其れ之を一にする者は主なり。）と結んだ語は、万金の重みに価する。人主となる理由は、その「道・天・地・人」の四大を一つにする者こそが、真の人主である。人を統べるだけでなく、この「四大」を一つにして支配することが、本物の「人主」であるという。三十三章の「死而不レ亡者寿。」（死して亡びざる者は寿し。）と共に、王弼畢生の名注である。

宇宙は人主の支配すべきもの、原爆や環境汚染など、自然を破壊することではなくして、自然に随順して生きる。これこそが真の世界平和である。人主はかく努めなければならないとの警告ではあるまいか。

二十六章　重軽・静躁（重きは軽きの根為り…）

重為二軽根一。静為二躁君一。

重きは軽きの根為り。静かなるは躁しきの君たり。

凡物、軽不レ能レ載レ重、小不レ能レ鎮レ大、不レ行者、使レ行、不レ動者制レ動。是以重必為二軽根一、静必為二躁君一。

凡そ物は、軽きは重きを載すること能わず、小は大を鎮むること能わず。行かざる者は、行かしめ、動かざる者は動きを制す。是を以て重きは必ず軽きの根為り、静かなるは必ず躁しきの君為り。

○不行者―じっとしている者。○不動者―静かにしている者。

大体物は、軽いのは重いのを載せることはできない。小さいのは大きいのを鎮めることはできない。じっとしているものは行かせ、静かにしているものは動くのを制御する。こういうわけで、重いのは必ず軽いのの根であり、静かなのは必ず躁しいのの君である。

◇重静は軽躁の根君であることを、軽重、小大、不行者、不動者を挙げて説明した。不行者は重、不動者は静を指している。

是以聖人、終日行不離輜重。

是を以て聖人は、終日行くも輜重を離れず。

○輜重—兵站部。軍隊の荷物、軍需品の車。

以重為本。故不離。

重きを以て本と為す。故に離れず。

重いのを本とする。だから軍隊の兵站部を離れない。

◇輜重は重い荷物を載せる車なので、重い意を表わしたもの。

雖有栄観、燕処超然。

栄観有りと雖も、燕処して超然たり。

○栄観—はなやかなうてな（榭）。立派な高殿。　○燕処—くつろぎの場。燕居。

不以経心也。

以て心に経ざるなり。

○経―通る。

栄観は心に通らないのである。

◇栄観を心にかけない意。

奈何ゾ万乗之主ニシテ、而以テレ身ヲ軽クセンヤ二天下ニ一。軽ケレバ則チ失ヒレ本ヲ、躁シケレバ則チ失フレ君ヲ。

奈何(いかん)ぞ万乗の主にして、身を以て天下に軽くせんや。軽ければ則ち本を失い、躁(さわが)しければ則ち君を失う。

○奈何―いかん、疑問又は反読の副詞。

○万乗―戦車一万台を有する天子。一乗は、甲兵三人、歩兵七十二人、輜重二十五人、計百人の軍勢をいう。

軽キハ不レ鎮メレ重キヲ也。失フハレ本ヲ、為スレ喪フトレ身ヲ也。失フハレ君ヲ、為スレ失フト二君位ヲ一也。

軽きは重きを鎮めざるなり。本を失うは、身を喪(うしな)うと為すなり。君を失うは、君位を失うと為すなり。

○喪―喪の本字。うしなう。

軽いのは重いのを鎮めないのである。本を失うのは、身を失うことである。君を失うのは、君位を失うことである。

◇軽いのは重いのを鎮めることができないの例を、本と君とに取って説明した。

〔全訳〕

重いのは　軽い　物の　根
静かなのは　躁(さわが)しい　物の　君

そういう　わけで
聖人は
一日中　行軍　しても
輜重(しちょう)を　離れない
華やかな　うてなが
あっても
くつろいで
超然と　して　いる

どうして
万乗の　天子で
わが　身を　天下より
軽く　しよう

軽く　すると
身を　失い
躁しく　すると
君位を　失う

☆三段的論法の模範的な文である。
第一段「重為軽根」……「静為躁君」（主題）
　重軽・静躁のこと。
第二段「是以聖人」……「燕処超然」（解説）
　聖人の輜重と栄観。
第三段「奈何万乗之主」……「則失君」（結論）
　万乗の君と軽躁。
主題で、重軽・静躁を規定し、解説で無為自然の道を体得した聖人の軽重と栄観を解説し、結論で、万乗の君の軽躁で結んだ。
本章は、老子が当時の統活者が奢恣軽淫で、縦目自残しているのを嘆き、「奈何万乗之主云云」といい、一国の統治者は静重して、軽浮躁動をしてはいけないことを戒めたものである。

二十七章　道の体得者〈襲明〉（善行は轍迹無く…）

善行無ハシ㆓轍迹㆒。

善行は轍迹(てつせき)無し。

○善行－無為自然の道を行うこと。

○轍迹－車の通ったわだちの跡。

順ヒテ㆓自然ニ㆒而行フハ、不㆑造ラ不㆑始メ。故ニ物ハ得ルモ㆑至ルコトヲ而無キ㆓轍迹㆒也。

自然に順いて行うは、造(つく)らず始めず。故に物は至ることを得るも、轍迹無きなり。

○至－ゆきつく。

自然に順って行うのは、作ったり始めたりの有為がない。だから物は行き着くことができても、そのわだちの跡がないのである。

◇無為自然の道に順って行うと、行き着くことができても、その跡がない。

善言無ハシ㆓瑕讁㆒。

善言は瑕讁(かたく)無し。

○瑕謫―きず。欠点。言葉上の失策の意。瑕は玉のきず。謫は譴責。とがめる。

順二物之性一、不レ別不レ析。故無二瑕謫可一レ得二其門一也。

物の性に順いて、別けず析かず。故に瑕謫の其の門を得可きこと無きなり。

物の本性に順って、別けたり割いたりしないことである。だから疵がその善言の門を得ることができないのである。

◇物の自然の本性に順うと、すなわち無為自然の道に順ってすると、別けたり割いたり故意にしないから、瑕謫は善言の門にはないというのである。

善数不二籌策一。

善数は籌策せず。

○籌策―計算に用いる算木、計算器。

因二物之数、不レ仮レ形也。

物の数の、形を仮りざるに因るなり。

○仮形―計算するのを借りる。計算器を借りる。

物の数が、計算器を借りないのに因るのである。

◇物の数を計算器で料らないことをいう。☆宇訓の「因二物之数一不レ仮レ形也。」は誤り。（素注）

善閉無二関鍵一、而不レ可レ開。善結無二縄約一、而不レ可レ解。

善閉は関鍵無きも、開く可からず。善結は縄約無きも、解く可からず。

自二物因然一、不レ設不レ施。故不下用二関鍵縄約一、而不上レ可二開解一也。此五者、皆言下不レ造不レ施、因二物之性一、不中以レ形制上レ物也。

物の因然に自りて、設けず施さず。故に関鍵縄約を用いて、開解す可からざるはあらざるなり。此の五つの者は、皆造らず施さず、物の性に因りて、形を以て物を制せざるを言うなり。

○因然―「因」はちなみ。ゆかり。「然」は状態。ちなんださま。○関鍵―かんぬきとかぎ。○縄約―縄で結ぶこと。

物のちなんだ状態によって有為に設けたり施したりしない。だからかんぬきや鍵、縄で結んで、開けたり解いたりできないようにしない。この五つのものは、皆有為を以て造ったり施したりしなく、物の本性に基づいて、形を以て物を制しないことをいうのである。

☆「不レ用二関鍵縄約一、而不レ可二開解一也。」の宇恵訓は誤り。（素注）この文の構成は、不「用……開解也」の形で、「不」は「――」の中を打消している。したがって－（A＋B）＝－A－Bの公式に該当する。かんぬき・鍵や縄で結ぶことをしなくても、開解できるという意。無為自然の状態をいう。

是以聖人、常善救レ人。故無二棄人一。

是を以て聖人は、常善にして人を救う。故に棄人無し。

○常善―常に善。無為自然の道に順った善。

聖人不下立二形名一、以検中於物上。不下造二進向一以殊中棄不肖上。輔二万物之自然一、而不レ為レ始。故曰レ無二棄人一也。

聖人は形名を立てて、以て物を検せず。進向を造して以て不肖を殊棄せず。万物の自然を輔けて、始めを為さず。故に棄人無し、と曰うなり。

○殊棄―殺したり棄てたりする。○不肖―おろか者。

無為自然の道を体得した聖人は、形や名を立てて、物を調べることをしない。進んで向かって行って、不肖を殺し棄てたりしない。万物の自然を助けて、始めをしない。だから棄人はないというのである。

不レ尚二賢能一、則民不レ争。不レ貴二難レ得之貨一、則民不レ為レ盗。不レ見レ可レ欲、則民心不レ乱。常使二民心 無レ欲無レ惑一、則無二棄人一矣。

賢能を尚ばざれば、則ち民は争わず。得難きの貨を貴ばざれば、則ち民は盗を為さず。欲すべきを見さざれば、則ち民の心は乱れず。常に民の心をして欲無く惑うことを無からしむれば、則ち棄人無し。

すぐれた才能の人を貴ばないと、民は争をしない。得難い財貨を貴ばないと、民は盗みをしない。欲しがるものを示さないと、民の心は乱れない。だから民の心を欲なく迷うことがないようにさせたら、棄人はない。

◇この注は二節から成っている。前節は、無為自然の道を体得した聖人は、自分の意思をもって何事もしなく、万物の自然の状態を助けるから、人を殺したり棄てたりしない。後節は、民の心を無欲無惑にさせると、人を殺したり棄てたりしないといっている。したがって、聖人の行為と、民の心を無欲にするのは、棄人がないという。「不レ尚二賢能一……民心不レ乱。」は、略〻これに近い文が三章にある。

常善救レ物。故無二棄物一。是謂二襲明一。

常善にして物を救う。故に棄物無し。是れを襲明と謂う。

○襲明―常道に因り順う意。〔河上公注〕には「聖人善救二人物一。謂三襲二明大道一也。」とある。大道は無為自然の道である。「襲」は入る意もある。明に入った境地。

故善人者、不善人之師。

故に善人は、不善人の師なり。

挙レ善以師二不善一。故謂二之師一矣。

善を挙げて以て不善に師とす。故に之を師と謂う。

善人を挙げてそれを不善人の師とする。だからこれを師というのである。

不善人者、善人之資。

不善人は、善人の資るなり。

資取也。善人以レ善斉二不善一、以レ善不レ棄二不善一也。故不善人、善人之所レ取也。

資は取なり。善人は善を以て不善を斉しくし、善を以て不善を棄てざるなり、故に不善人は、善人の取る所なり。

資は取る意である。善人は善を以て不善人を善人と等しくし、善を以て不善人を棄てないのである。だから不善人は、善人の取るところである。

☆注の「以善」の下に「不」を補い「不レ棄二不善一也」とする。（素注）◇「資」は（取る）と訳す。取り入れること。したがって一般の諸書の意とは異なる。

不レ貴二其師一、不レ愛二其資一。雖レ智大迷。

其の師を貴ばず、其の資るを愛せず。智ありと雖も大いに迷う。

雖レ有二其智一、自任二其智一、不レ因レ物、於二其道一必失。故曰二雖レ智大迷一。

其の智有りと雖も、自ら其の智に任せて、物に因らされば、其の道に於て必ず失う。故に智ありと雖も大いに迷う、と曰う。

○其の道―無為自然の道。

その知恵があっても、自らその知恵に任せて、物の本性に因らないと、無為自然の道において、必ず失ってしまう。だから「智ありと雖も大いに迷う。」という。

◇知恵があっても、その知恵をあてにせず、物の自然の性に因ってすることが肝腎である。これをしないと「智と雖も大いに迷うという。」のである。

是レ謂二フ要妙ト一。

是れを要妙と謂う。

○要妙―窈眇（ようみょう）と同じ。奥深くかすかなもの。奥深い真理。微妙の意。河上公注は「微妙の要道を知る。」という。
無為自然の道のデリケートである形容。

〔全訳〕

この　道に
順って　行く　者は
轍（わだち）の　跡が　ない

この　道に
順って　言う　者は
過ちが　ない

この　道に
順って　数える　者は

計算器が　いらない

この　道に
順って　閉じると
閂（かんぬき）や　鍵を　かけなくても
開けられない
この　道に
順って　結ぶと
縄かけを　しなくても
解かれない

こういう　わけで
聖人は
この　道の　善で
人を　救う
だから
人を　棄てない

この　道の　善で
物を　救う
だから
物を　棄てない
これを　襲明と　いう

だから
善人は　不善人の　師で　あり
不善人は　善人が　取り入れる

善人の　師を　尊ばなく
善人の　取り入れを
愛さないのは
知恵が　あっても
大いに　迷う
これを　要妙と　いう

☆三段的論法の模範構成の文である。

第一段「善行無轍迹」(主題)

善行は轍迹がない。

第二段「善言無瑕讁」……「善人之資」(解説)

第一節「善言無瑕讁」……「不可解」

主題を列挙して説明。

第二節「是以聖人」……「是謂襲明」

聖人の行為、襲明のこと。

第三節「故善人者」……「善人之資」

善人・不善人のこと。

第三段「不貴其師」……「是謂要妙」

要妙のこと。

主題で、無為自然の道に順って行う者は、轍跡がないと規定し、解説で、それを善言・善数・善閉・善結を列挙して説明し、聖人の行為は人・物を棄てない。これを「襲明」といい、善人・不善人の師・資を説明し、結論で、無為自然の道を「要妙」で結んだ。

解説書によっては、理論的に一貫性がないといっている書も見られるが、本章が「無為自然の道」を根底とし、これに順って行うことを循循と論述していることに刮目(かつ)すると、洵(まこと)に筋の通った論法であることが分かる。

それは、最初の「善行」の「善」の意味の取り方である。単に善悪の善ではなく、無為自然の道に順うことを善とし、これに順って行うことが「善行」なのである。王注が「自然に順って行う。」と注しているのに明瞭である。

「善人、不善人」もこの「善行」が背景にあるから、「善人は善を以て不善を斉しくし、善を以て不善を棄てざるなり。」と注している。又「棄人無し。」の「棄人」は、単に人を棄てる意ではなく、王注は「進向を造(な)して以て不肖を殊棄せざるなり。」と注して、進んで不肖を殊棄しないといっている。「殊棄」はとりわけ棄てる意。

なお「善人の資」の「資」の解は、一般の諸書と王注とは根本的に違っている。諸書は「助ける」と解しているが、王注は「取る」と解している。こう解すると主格が違ってくる。「助ける」場合は、不善人が主格であるが、「取る」の場合は、善人が主格である。したがって善人が不善人を取るということになり、善人と不善人が相互関係でなくなる。師資を師弟関係にして、不善人を弟子と見ている説もあるが、これは当を得ていない。ここはあくまでも無為自然の道に順って行う善人と、そうでない不善人と見るべきである。

問題は「要妙」である。諸橋博士は、「恐らくは錯簡で、『善結無㆓縄約㆒、而不㆑可㆑解。』の下に存すべきものと思われる。」といっているが、「要妙」は無為自然の道の別称であるから、これでも筋は通るが、本文の最後に置いたのは、王注に「於㆓其道㆒必失。」と、無為自然の道の微妙なことをいっているので、

「要妙」を以て結びとするためであると思われる。

二十八章　常徳の功用〈樸〉（其の雄を知れば…）

知其雄、守其雌、為天下谿。為天下谿、常徳不離、復帰於嬰児。

其の雄を知れば、其の雌を守りて、天下の谿と為る。天下の谿と為れば、常徳離れず、嬰児に復帰す。

○常徳―常の徳。無為自然の道の徳。

雄、先之属、雌、後之属也。知為天下先也、必後也。是以聖人、後其身而身先也。谿不求物、而物自帰之。嬰児不用智、而合自然之智。

雄は、先の属、雌は、後の属なり。天下の先と為るは、必ず後になるを知る。是を以て聖人は、其の身を後にして身先んずるなり。谿は物を求めずして、物は自ら之に帰す。嬰児は智を用いずして、自然の智に合す。

○谿―たに　細長い谷川。渓と同じ。☆「知為天下先也、必後也。」の宇恵訓は誤り。

雄は、先になる類であり、雌は後になる類である。世の中の先となるのは、必ず後になるのがわかる。そういうわけで無為自然の道を体得した聖人は、自分の身を後にして、自分の身が先になるのである。谷は物を求めないでも、物は自然にここへ集まって来る。赤ん坊は知恵を用いないでも、自然の生まれながらの知恵に合う。

◇雌雄の性格がわかると、何事も必ず後にする。だから無為自然の道を体得した聖人は、自分の身を後にする。それは谷や赤ん坊の性と同じで、自然に先となるのである。

知其白、守其黒、為天下式。

其の白を知れば、其の黒を守りて、天下の式と為る。

式、模則也。

式は、模則なり。

○模則―則にかたどる。手本、模範。　式というのは、手本のことである。

為天下式、常徳不忒、

天下の式と為らば、常徳忒わずして、

○忒―音トク。たがう（差）。ちがう。

忒、差也。

忒は、差うなり。

忒は、差う意味である。

復二帰於無極一。

無極に復帰す。

不レ可レ窮也。

窮む可からざるなり。

無極は、窮めることができないものである。

知二其栄一、守二其辱一、為二天下谷一。為二天下谷一、常徳乃足、復二帰於樸一。

其の栄を知れば、其の辱を守りて、天下の谷と為る。天下の谷と為れば、常徳は乃ち足りて、樸に復帰す。

此三者、言常反、終後乃徳全二其所一レ処也。下章云、反者、道之動也。功不レ可レ取。常処二其母一也。

此の三つの者は、言常に反し、終後は乃ち徳其の処る所に全きなり。下章に云う、反は、道の動なり、と。功は取る可からず、常に其の母に処るなり。

○反―反対。○終後―後に終わる。最後。常徳を指す。○乃―そこで。○下章―四十章。

この三つの者は、言うことが反対で、最後の常徳は、そこで徳がそのいる場所に完全にある。四十章に「反は、道の動なり。」という。常徳の功績は取ってはいけない。いつもその母にいるのである。

◇三者は、雄雌、白黒、栄辱。「常徳」を三回いうが、最後の常徳は、いる所に完全の姿でいる。すなわち「母」にいるというのである。

樸散則為レ器。聖人用レ之、則為二官長一。

樸散ずれば則ち器と為る。聖人は之を用うれば、則ち官長と為す。

樸、真也。真散則百行出、殊類生、若レ器也。聖人因二其分散一、故為レ之立二官長一、以レ善為レ師、不善為レ資、移レ風易レ俗、復使レ帰二於一一也。

樸は、真なり。真散ずれば則ち百行出でて、殊類生じ、器の若きなり。聖人は其の分散に因みて、故に之が為に官長を立て、善を以て師と為し、不善を資ると為し、風を移し俗を易え、復た一に帰らしむるなり。

○真―ありのまま。○百行―多くのもの。○殊類―違った類（たぐい）。仲間。

樸は、ありのままである。このありのままの樸がばらばらになると、多くの物が生じて、器のようなものである。聖人は、そのばらばらになった類に因んで、故意にこのために官長を立て、善人を以て師とし、不善人を取り入れ、風俗を移し易え、再び無為自然の道の「一」に帰らせる。

◇樸から器を造るように、樸である聖人は、多くの違った仲間から、故意に官長を選んで、師資を行い、風俗を移易し、再び無為自然の道の「一」に帰らせる。

故ニ大制ハ不レ割カ。

故に大制は割かず。

○大制―無為自然の道を指す。

大制者ハ、以テ二天下之心ヲ一為スレ心ト。故ニ無キレ割クコト也。

大制は、天下の心を以て心と為す。故に割くこと無きなり。

○天下の心―世の中の人々の心。世界中の心。

大制は、世界中の心を以て、己の心とする。だから割くことがないのである。

◇天下の心は割くことはできない。だから「大制は割かず。」というのである。「無為自然の道」を指す。

〔全訳〕

雄を　知ると　雌を　守って
世の　中の　谷と　なる
世の　中の　谷と　なると
この　道の　徳は
離れなく
赤子の　心に　立ち返る

白を　知ると　黒を　守って

世の　中の　手本と　なる
世の　中の　手本と　なると
この　道の　徳は
違う　こと　なく
根源に　立ち返る

栄を　知ると　辱を　守って
世の　中の　谷と　なる
世の　中の　谷と　なると
この　道の　徳は
満ち　足りて
樸の　素朴に　立ち返る

樸が
切り　割かれると
さまざまな　器と　なる
聖人は　この　器を　用いて

官長と　する

だから　この　道は

世の　中の

万民の　心を　以て　し

割く　ことを　しない

☆変形三段的論法の構成である。

第一段「知其雄」……「復帰於樸」（主題）

常徳を三つの例で説明。

第二段「樸散則為器」……「為官長」（解説）

聖人と樸。

第三段「故大制不割」（結論）

大制は割かない。

主題で、常徳を、雄雌、白黒、栄辱の三つの例を挙げて、常徳を規定し、解説で、聖人と樸について説明して、結論で、「大制は割かず。」と、無為自然の道で結んだ。

常徳は、「無為自然の道」の徳を指す、「道」が、人間の身に着いたのが「徳」である。

「官長」は（官の長）で、器が分散したのが官で、その官をまとめるのが、官の長である。したがって官長は、「善を以て師と為し、不善を資ると為す。」と王注はいってる。「不善を資ると為す」は、二十七章にある語で、不善人を取り入れる意である。

「知二其雄一、守二其雌一」（其の雄を知れば、其の雌を守る）と訓んだ宇恵訓は、蓋し秀逸である。宇恵訓以外先人は誰一人、この訓みに因らなかった。

一般の書は、「故大制不割」を「樸散則……為官長」に含めて一段としているが、結論をなす語で、独立句である。

「守其黒……知其栄」の六句は後からの付加文と張松如等は説くが、魏晋（ぎしん）には既に本文の体を成していたので、王弼はその文に拠って注をしたのである。

本文中に「谿」と「谷」の同訓異字を用いたのは、一文中に同義の文字を用いない配慮からであろう。

変形三段的論法といったのは、主題は本来一つのことを規定するのが常態であるが、この章は、「常徳」を三つの例を以て規定したので、変形の語を用いた。

本章に用いている幾個の名詞は、老子の基本観念を著すもので、「谿・谷」は謙下不争、「嬰児」は柔弱純真、「樸」は質朴を象徴している。これらの諸徳を、「常徳」で表わすために、主題の例としたのであろう。

「大制不割」を「天下の心を以て心と為す。」と王弼が注したのは、「無為自然の道」が万民の心を以て心とするということを、この語句で表わしたのである。意味深い表現である。

二十九章　理想の政治(4)〈神器〉（天下を取りてと欲して…）

将欲取天下而為之、吾見其不得已。天下神器。

天下を取りて之を為めんと将欲するは、吾其の已むを得ざるを見る。天下は神器なり。

神、無形無方也。器、合成也。無形以合。故謂之神器也。

神は、形無く方無きなり。器は、合成なり。無形にして以て合す。故に之を神器と謂うなり。

○方―たぐい。○合成―合さって出来る。

神は、形がなく類がない。器は、合さったものである。無形で合さった。だから「神器」というのである。

◇「合成」を宇恵訓は「成るを合する」と訓んでいるが、当時はまだ熟語になっていなかったせいか。

不可為也。為者敗之、執者失之。

為む可からざるなり。為す者は之を敗り、執る者は之を失う。

万物以自然為性。故可因而不可為也。可通而不可執也。物有常性。而造為之。故必敗也。物有往来。而執之。故必失矣。

万物は自然を以て性と為す。故に因(よ)る可くして為む可からざるなり。通ず可くして執る可からざるなり。物は常の性有り。而るを之を造り為す。故に必ず敗るるなり。物は往来有り。而るを之を執る。故に必ず失う。

○造為―作りなす。○往来―往復。

万物は自然を以て本性とする。だから物の性に因って行い、有為で治めてはいけないのである。物の本性に通じて取り押えてはいけないのである。万物には恒久不変の本性があるのに、これを作りなす。だから必ず敗れるのである。又往復があるのに、これを取り押える。だから必ず失うのである。

◇万物は自然を本性とするのに、これに有為を加えて、作り為したり、取り押えたりする。だから、敗れたり、失ったりするのである。「往復」は万物の生滅の反復。万物の本体。

故物、或行或随、或歔或吹、或強或羸、或挫或隳。

故に物は、或いは行き或いは随い、或いは歔(は)き或いは吹き、或いは強く或いは羸(よわ)く、或いは挫(くじ)き或いは隳(こぼ)つ。

○歔―音キョ。すすり泣く。はく。鼻から息を出す。○吹―音スイ、ふく。息を口から吹き出す。

○羸―音ルイ。よわい（弱）。○隳―音キ、こぼつ。やぶる。

凡此諸或、言㆔物事逆順反覆、不㆓施為執割㆒也。

凡(すべ)て此の諸或は、物事の逆順反覆は、施為執割せざることを言うなり。

○執割―取り押えたり、割いたりする。

すべてこの諸或は、物事の逆順反覆は、施為したり執割しないことをいうのである。

◇この諸或は、物事の逆順反覆は、無為自然のままにしておくのがいいことをいう。

是以聖人、去レ甚、去レ奢、去レ泰。

是を以て聖人は、甚を去り、奢を去り、泰を去る。

○甚―度はずれ。○奢―衣食住などを華美にし過ぎる。ぜいたく。奢侈（しゃし）。○泰―おごる（驕）。おごり高ぶる（心）。

聖人達二自然之至一、暢二万物之情一。故因而不レ為、順而不レ施。除三其所二以迷一、去三其所二以惑一。故心不レ乱、而物性自得レ之也。

聖人は自然の至るに達して、万物の情を暢ぶ。故に因りて為めず、順えて施さず。其の迷う所以を除き、其の惑う所以を去る。故に心乱れずして、物の性自ら之を得るなり。

無為自然の道を体得した聖人は、自然に生長するようにして、万物の性情を伸ばす。だから万物の本性に因ってし、有為で何もしない。万物の本性に順って、有為で施さない。その迷う理由を除き、惑う理由を取り去る。だから心が乱れないで、万物の本性が自然に得られるのである。

◇無為自然の道を体得した聖人は、万事この道に因ってするので、万物の本性は自然に得られる。

〔全訳〕

天下を　取って
これを　治めようと
する　者は
わたしは
已むを得ない　ことが
わかる

天下は　神器で　ある
治める　ことは　できない
造り為す　者は　敗れ
本性を　押える　者は
失敗　する

だから
万物は
先に　行く　者が　あり
後から　行く　者が　あり

鼻から　息を　吐く　者が　あり
口から　息を　吹く　者が　あり
強い　者が　あり
弱い　者が　あり
挫（くじ）ける　者が　あり
破れる　者が　ある

こういう　わけで
聖人は
度はずれを　止め
贅沢（ぜいたく）を　止め
驕（おご）り　高ぶりを
止める

☆三段的論法の構成である。

第一段「将欲取天下」……「不得已」（主題）
　有為で天下を取るのは、已むを得ない時。
第二段「天下神器」……「或挫或隳」（解説）

第一節「天下神器」……「執者失之」
　天下は神器の説明。
第二節「故物或行」……「或挫或隳」
　万物の逆順・反覆は万物の本性
第三段「是以聖人」……「去泰」（結論）
　聖人の行為は道に順う。

主題で、天下を取る方法を規定し、解説で、天下は神器であり、万物には逆順・反覆の自然の摂理があることを説明し、結論で聖人の行為は甚・奢・泰を去ることで結んだ。実に理路整然とした三段的論法で、その雛型ともいえる。

「神器」を「無形無方の合成」と注しているのは、まことに明快であり、物事の運行を「逆順・反覆」と注しているのも巧妙である。結論に「甚・奢・泰」を去ると結んだのは、「無為自然の道」に順うと、自らこういう状態になることをいったものである。

「吾見其不得已。」を一般の諸書は「吾見㆓其不㆒得已（のみ）。」と訓んでいるが、宇恵訓だけが「吾見㆓其不㆒得㆑已。」と訓む。恐らく老子は夏の桀王と殷の紂王の暴君が放伐されたのは、「已むを得ない。」と見たのである。

三十章　道と戦争(1)〈不道〉（道を以て人主を佐くる者すら…）

以レ道佐二人主一者、不三以レ兵強二天下一。

道を以て人主を佐くる者すら、兵を以て天下に強くせず。

○道－無為自然の道。○兵－武器、兵器、兵士、軍隊、武力、兵力、軍備、戦争。

以レ道佐二人主一（者）、尚不レ可三以レ兵強二於天下一。況人主躬二於道一者乎。

道を以て人主を佐くる者すら、尚お兵を以て天下に強くす可からず。況んや人主の道を躬らする者をや。

○況……乎－抑揚形。☆「佐二人主一」の下に「者」を補う。（素注）

無為自然の道を以て人主を佐ける者さえ、やはり武力を以て、天下に強くすべきではない。まして人主が無為自然の道を自らする者においては、なお更である。

◇無為自然の道を以て、人主を佐ける者は、武力を以て天下に強くすべきではない。まして人主が、無為自然の道を自らする者においてはなお更である。

其事好レ還。

其の事還るを好む。

為レ始者、務欲二立レ功生レ事。而有道者、務欲三還二反無為一。故其事好レ還也。

始めを為す者は、努めて功を立て事を生ぜんと欲す。而れども有道者は、務めて無為に還反せんと欲す。故に其の事還るを好むなり。

物事の始をする者は、務めて功績を立て物事を仕上げようと願っている。しかしながら無為自然の道を体得している者は、務めてこの道の無為に還ろうと願っている。だから「其の事還るを好む。」のである。

◇始めて物事をすると、成功を願っているが、無為自然の道の体得者は、この道に還ることを願っている。

師之所レ処、荊棘生焉、大軍之後、必有二凶年一。

師の処る所には、荊棘生じ、大軍の後には、必ず凶年有り。

○師―戦争。軍隊。○荊棘―いばら。○凶年―不作の年。

言二師凶害之物一也。無レ有レ所レ済、必有レ所レ傷。賊二害民一、残二荒田畝一。故荊棘生也。

師は凶害の物なるを言うなり。済す所有ること無く、必ず傷つく所有り。民を賊害し、田畝を残荒す。故に荊棘生ずるなり。

○賊害―傷つける。○田畝―田畑。○残荒―そこない荒す。傷つけ荒す。

戦争は凶害の物であることをいっている。成す所がなく、必ず傷つく所がある。人民を傷つけ、田畑を荒す。だから「荊棘生ず。」というのである。

◇戦争の凶害のことをいっている。

善者果而已。不敢以取強。

善くする者は果うのみ。敢て以て強を取らず。

○而已—のみ。限定形。○果—すくう（救）

果猶済也。言、善用師者、趣以済難而已矣。不以兵力取強於天下也。

果は猶お済のごときなり。言うこころは、善く師を用うる者は、趣きて以て難を済うのみ。兵力を以て強きを天下に取らざるなり。

○済—救う。助ける。○而已矣—最強の限定形。

果は済と同じような意味である。その意味は、善く軍隊を用いる者は、赴いて難を救うだけである。兵力を以て強いことを天下に取るのではない。

◇戦争は難を救うだけで、それ以上のことは必要ない。

果而勿矜、果而勿伐、果而勿驕。

果うも矜ること勿く、果うも伐ること勿く、果うも驕ること勿かれ。

吾不以師道為尚。不得已而用。何矜驕之有也。

吾は師の道を以て尚ぶと為さず。已むを得ずして用う。何ぞ矜驕すること之有らんや。

わたしは戦争の道を尊いとしない。已むを得ずして戦争をする。どうして矜驕(きょうきょう)することなどあってよかろうか。

◇戦争は已むを得ずするので、矜驕などしては、いけない。

果而不得已。果而勿強。

果(すく)うも已(や)むを得ず。果うも強くすること勿(な)し。

言、用兵雖趣功果済難、然時故不得已、当復用者。但当以除暴乱、不遂用果以為強也。

言うこころは、兵を用いるは功に趣きて難を果済すると雖も、然れども時故より已むを得ずして、当(まさ)に復(ま)た用うべき者なり。但(た)だ当に以て暴乱を除くべく、果うを用いて以て強きを為すを遂げざるなり。

○果済－救い救う。救うの強調。○時故－時勢ゆえ、時勢のせい。

その意味は、武力を用いるのは成功を目指して難を救うといっても、しかしながら時勢のせいで已むなく、また兵を用いなければならないものである。ただ暴乱を除いて、救うことをして強くすることを遂げないのである。

◇武力を用いるのは、時勢ゆえ已むを得ないで用いるのであって、難を救うことだけで、更に武力を強めるためではない。

物壮ンナレバ則チ老ユ。是レヲ謂フ二不道一ト。不道ハ早ク已ム。

物壮んなれば則ち老ゆ。是れを不道と謂う。不道は早く已む。

○不道－無為自然の道でない。

壮ハ、武力ノ暴興也。喩下フルテ以レ兵ヲ強クスル二於天下一ニ者上ニ也。飄風ハ不レ終ヘ朝ヲ、驟雨ハ不レ終ヘ日ヲ。故ニ暴興ハ必ズ不道ニシテ早ク已ム也。

壮は、武力の暴興なり。兵を以て天下に強くする者に喩うるなり。飄風は朝を終えず。驟雨は日を終えず。故に暴興は必ず不道にして、早く已むなり。

○暴興－にわかに起こる。暴起。

壮は、武力が俄かに起こることである。武力を以て天下に強くする者に例えたのである。つむじ風は朝中吹かない。俄か雨は一日中降らない。だから暴興は必ず無為自然の道ではなくて、早く止んでしまうのである。

◇壮は、武力が暴起することで、飄風や驟雨が長く続かないのと同じである。だから無為自然の道でないので「不道」というのである。「飄風……不終日」は二十三章にある。

〔全訳〕

この　道で

人君を　輔ける　者さえ

武力で　天下に
強く　しない
その　為す　ことは
無為に　還る

戦争は
田畑が　荒れ
荊棘(いばら)が　生える
大戦争の　後には
必ず
凶作の　年が　ある

善く　戦争を
する　者は
難を　救う　ことだけで
敢て　強く
なろうと　しない

難を　救うも　うぬぼれない
難を　救うも　功を　誇らない
難を　救うも
驕(おご)り　高ぶらない
難を　救うも
已(や)むを　得ない
難を　救うも
強く　しない

武力の　暴起は
一時的
これを
不道と
いう
この　道は
早く　止む

☆三段的論法の構成である。

第一段「以道佐人主者」……「其事好還」（主題）

無為自然の道を以て人君を輔け、武力で天下に強くしない。

第二段「師之所処」……「果而勿強」（解説）

第一節「師之所処」……「必有凶年」

戦争は田畑を荒し、不作にする。

第二節「善者果而已」……「果而勿強」

善く戦争をする者は、救うだけで強くしない。

第三段「物壮則老」……「不道早已」（結論）

武力は一時的、無為自然の道ではない、この道は早く止む。

主題で、無為自然の道を以て人君を助け、武力で国を強くしないと規定し、解説で、戦争は田畑を荒し、不作が出る。だから難を救うだけで、武力で国を強くしないと説明し、結論で、武力は一時的のもの、無為自然の道ではない。この道は早く已むと結んだ。明解な三段的論法の構成である。

本章も解釈が区区で、王注は、「好レ還」の「還」は、「無為に還反する」といっているが「好レ還」は「還報」或いは「報復」の意で、王注の解釈は妥当でないという説がある。（『老子今註今訳』）しかし「還」も「反」も、かえる（帰）の意があるから、「還」の強意と見ることができる。したがってこのままでよい。

次は「善者果而已」の「果」を、一般の諸書は「果たす、勝つ、成る」等に解しているが、王注は「果は猶お済のごときなり。」と「救う」と解している。宇恵訓も「趣きて以て難を済って已む。」と訓んでいる。したがって「救う」と解するのが王注で、戦争は難を救うことだけで、強国になることではないといっているのである。「而已」を宇恵訓は「して已む」と訓じているが、「のみ」の限定の助詞とするのが、今日の一般的な訓である。

「物壮則老」の「壮」を「武力の暴興するなり。」と、王注は武力に限定したのは、本章は戦争に関して述べた章であるからであろう。

三十一章　道と戦争(2)〈佳兵〉（夫れ佳兵は、不祥の器なり……）

夫佳兵者、不祥之器。物或悪之。故有道者不処。

夫れ佳兵は、不祥の器なり。物或いは之を悪む。故に有道者は処らず。

○佳兵―立派な武器。「佳」はりっぱな、すぐれたの意。一説に「唯」の誤りと見るが、採らない。○不祥―よくない、不吉。○有道者―無為自然の道の体得者。

君子居則貴左、用兵貴右。兵者不祥之器、非君子之器。不得已而用之、恬淡為上。

君子は居れば則ち左を貴び、兵を用うれば右を貴ぶ。兵は不祥の器にして、君子の器に非ず。已むを得ずして之を用うれば、恬淡を上となす。

○恬淡―心が静かであっさりしているさま。

勝而不レ美。而美レ之者、是楽レ殺レ人。夫楽レ殺レ人者、則不レ可三以得二志於天下一矣。

勝つも美とせず。而るに之を美とする者は、是れ人を殺すを楽しむなり。夫れ人を殺すを楽しむ者は、則ち以て志を天下に得可からず。

吉事尚レ左、凶事尚レ右。偏将軍居レ左、上将軍居レ右。言、以二喪礼一処レ之。

吉事は左を尚び、凶事は右を尚ぶ。偏将軍は左に居り、上将軍は右に居る。言うこころは、喪礼を以て之に処る。

○偏将軍―副将軍。○上将軍―大将軍。

○王注本は「喪」が䘮になっている。

殺レ人之衆、以二哀悲一泣レ之、戦勝以二喪礼一処レ之。

人を殺すの衆ければ、哀悲を以て之に泣き、戦い勝てば、喪礼を以て之に処る。

〔全訳〕

そもそも
立派な　武器は
不祥の　器
誰も　これを　嫌う
だから
有道者は
ここには　いない

君子は　平常
左を　尊ぶ
戦争には
右を　尊ぶ
立派な　武器は
不祥の　器
君子が　持つ　器ではない
已むなく　用いる　場合には

恬(てん)淡こそ　最上で　ある

勝っても　褒(ほ)めない
褒める　者は
人殺しを　楽しむ
そもそも
人殺しを　楽しむ　者は
志を　天下に　得ない

吉事には　左を　尊び
凶事には　右を　尊ぶ
副将軍は　左に　いて
大将軍は　右に　いる
戦争は
喪礼なので
こうなのだ

人殺しが　多いと
悲哀を　以て
これに　泣き
戦い　勝つと
喪礼　以て　これに　処(お)る

☆『老子』八十一章中、本章だけが全く王注がない。その理由は定かではないが、文章が平易であり、戦争否定のためであろうか。しかし三段的論法の構成を取っている。

第一段「夫佳兵者」……「有道者不処」（主題）
　佳兵と有道者。
第二段「君子居則」……「次喪礼処之」
第一節「君子居則」……「恬淡為上」
　平時は左、戦争は右を尊ぶ。
　戦争は恬淡が最上。
第二節「勝而不美」……「得志於天下」
　人殺しは天下を得ない。
第三節「吉事尚左」……「以喪礼処之」
　吉事は左、凶事は右、副将軍は左、上将軍は右にいる。喪礼だから。

第三段「殺人之衆」……「以喪礼処之」
　戦争と喪礼。
主題で、武器は不祥の器とし、有得者はいないと規定し、解説で、戦争は右を尊び、恬淡がよい、人殺しは不可、喪礼を以てするといい、結論で、喪礼を以て結んだ。戦争忌避の文章として引用される。王注がない。

三十二章　理想の政治(5)〈江海〉（道は常に名無し…）

道常無名。樸雖小、天下莫能臣也。

　道は常に名無し。樸は小なりと雖も、天下能く臣とすること莫きなり。

道無形不繋、常不可名。以無名為常。故曰道常無名也。樸之為物、以無為心也。亦無名。故将得道、莫若守樸。

　道は形無く繋がれず、常に名づく可からず。名無きを以て常と為す。故に道は常に名無し、と曰うなり。樸の物為る、無を以て心と為すなり。亦た名無し。故に将に道を得んとすれば、樸を守るに若くは莫し。

道は形がなく縛られない。いつも名づけることができない。名が無いのをもって常とする。だから「道は常に名無し。」というのである。樸というものは、無を以て心とするものである。また名がない。だから道を得ようとすると、樸を守るにこしたことはない。

◇道も樸も名がないが、樸は「無」を心とする。だから樸を守ることが最も良いといっている。

夫智者可㆓以能臣㆒也。勇者可㆓以武使㆒也。巧者可㆓以事役㆒也。力者可㆓以重任㆒也。樸之為㆑物、憒然不㆑偏。近㆓於無有㆒。故曰㆑莫㆓能臣㆒也。

夫れ智者は以て能を臣とす可きなり。勇者は以て武を使う可きなり。巧者は以て事を役す可きなり。力者は以て重きを任す可きなり。樸の物為る、憒然として偏ならず。無有に近し。故に能く臣とすること莫し、と曰うなり。

○憒然－音カイ、暗くはっきりしないさま、憒は晦と同じ。○無有－形が無いこと。無。

そもそも智者は才能を臣とすることができる。勇者は武力を使うことができる。巧者は仕事を役立てることができる。力者は重いものを任せることができるものである。樸というものは、暗くはっきりしない状態で偏ってなく、形が無い「無」に近い。だから「能く臣とすること莫し。」というのである。

☆「可以」は、できる意であるから、宇恵訓の「可以㆑―」と訓まなくてよい。又「可」だけでも（……することができる）意がある。（素注）

侯王若能守㆑之、万物将㆓自賓㆒。

侯王若し能く之を守れば、万物将に自ら賓わんとす。

○侯王―一国の君主。

抱レ樸為レ無、不三以レ物累二其真一、不三以レ欲害二其神一、則物自賓而道自得也。

樸を抱きて無を為し、以て物を其の真を累わさず、欲を以て其の神を害せざれば、則ち物は自ら賓いて、道自ら得るなり。

○賓―したがう（従）。

樸を抱いて無をなし、物でそのありのままを累わさず、欲でその神霊を害しなかったら、物は自然に従って、無為自然の道が自然に得られる。

◇樸を抱いて無為にしていれば、物は向こうから自然に従って来て、無為自然の道が自然に身に得られる。

天地相合、以降二甘露一。民莫二之令一、而自均。

天地相合して、以て甘露を降す。民は之に令すること莫くして、自ら均る。

○甘露―甘いつゆ。天子が善政を行い、天下が太平になると、その瑞兆として天から降らせるという。

言、天地相合、則甘露不レ求而自降。我守二其真性一無レ為、則民不レ令、而自均也。

言うこころは、天地相合すれば、則ち甘露は求めずして自ら降る。我は其の真性を守りて為すこと無ければ、則ち民は令せずして、自ら均るなり。

○均―おさまる（治）。

その意味は、天地が相和合すると、甘露は求めないで自然に降る。わたしが天地のありのままの本性を守って、為すことをしない時は、民は必ず命令をしなくても、自然に治まるのである。

◇天地が和合すると、甘露が降る。天地の無為自然の道のままにしていると、民は命令しなくても、自然に治まるという。

始制有名。名亦既有、夫亦将知止。知止所以不殆。

始めて制すれば名有り。名も亦た既に有れば、夫れ亦た将に止まることを知らんとす。止まることを知るは殆らざる所以なり。

始制、謂樸散始為官長之時也。始制官長不可不立名分以定尊卑。故始制有名也。過此以往、将争錐刀之末。故曰名亦既有夫亦将知止也。

始めて制するは、樸散じて始めて官長を為るの時を謂うなり。始めて官長を制すれば、名分を立てて以て尊卑を定めざる可からず。故に始めて制すれば名有るなり。此れを過ぎて以往は、将に錐刀の末を争わんとす。故に名も亦た既に有れば、夫れ亦た将に止まることを知らんとす、と、曰うなり。

○錐刀の末―尖った小刀の先。転じてわずかな物事・利益をいう。（左伝昭公六）

始めて制するは、樸を切り刻んで始めて官の長を作る時をいうのである。始めて官長を作る時は、必ず名分を立てて尊卑を定めなくてはいけない、だから「始めて制すれば名有り。」というのである。これを過ぎてからは、些細な争をするようになる。だから「名も亦た既に有れば、夫れ亦た将に止まることを知らんとす。」というのである。

遂任レ名以号レ物、則失二治之母一也。故(曰下)知レ止所二以不一レ殆也上。

遂に名に任せて以て物を号すれば、則ち治の母を失うなり。故に止まることを知るは殆からざる所以なり、と曰う。

○号ー名づける。　○治の母ー世を治める母、無為自然の道。

遂に名に任せて物を名づける時は、世の中を治める母を失うのである。だから「止まることを知るは、殆うからざる所以なり。」という。

☆「故」の下に「曰」を補う。（素注）樸を切り刻んで、始めて官長を作ると、名分を立て尊卑を定めなければならない。すると些細な争いごとをするようになる。だから止まることを知ろうとする。これが危険から逃れることである。

譬三道之在二天下一、猶三川谷之於二江海一。

道の天下に在るを譬うれば、猶お川谷の江海に於けるがごとし。

川谷之以求二江与一レ海、非二江海召一レ之。不レ召不レ求而自帰者。世行二道於天下一者、不レ令而自均、不レ求而自得。故曰猶三川谷之与二江海一也。

川谷の以て江と海とを求むるは、江海の之を召くに非ず。召かず求めずして自ら帰する者なり。世の道を天下に行う者は、令せずして自ら均まり、求めずして自ら得。故に「猶お川谷と江海とのごとし。」と曰うなり。

川谷が江と海を求めるのは、江海が川谷を呼び寄せたのではない、呼ばず求めずして、自然に帰って来たものである。世の中の無為自然の道を天下に行う者は、命令しないで自然に治まり、求めないで自然に得られる。だから「猶お川谷と江海とのごとし。」というのである。

◇無為自然の道が、世の中に行われるのは、川谷と江海の関係のようなもので、自然に行われるのである。

〔全訳〕

この　道は
常に　名が　ない
樸は　小さくても
世の　中は
臣と　する　ことが　できない

一国の　君主が
この　樸の　ありのままを
守ったら
万物は
自然に
行き　従って　来るだろう

それは
天地が　相和合して
甘露を　降らせる　ように
民は　命令　しなくても
自然に　治まる

樸が　切られると
名の　ある　器物が
さまざま　出来る
名が　も早や　出来ると
また
限界を　心得る
限界を　心得ると
何事も　危くない

この　道の　人が
世の　中を

治めるのは
川や　谷の　水が
自然に
大河や　海に
流れ　入る　ようだ

☆三段的論法の構成である。
第一段「道常無名」……「莫能臣也」（主題）

　無為自然の道と樸。

第二段「侯王若」……「所以不殆」（解説）

　第一節「侯王若」……「自均」

　　樸と侯王。

　第二節「始制有名」……「所以不殆」

　　器に対する侯王の態度。

第三段「譬道之在天下」……「於江海」

　無為自然の道の侯王と川谷。

主題で、無為自然の道と樸の関係を規定し、解説で、この道の別称、樸と侯王の関係を説明し、結論で、この道の侯王は川谷と江海の関係にあると結んだ。

無為自然の道の別称、「樸」の本性をいい、これを一国の君主の政治の在り方とし、官長の任命と知止を述べ、この道に基づく政治は、川谷と江海の関係のようなものであると結論づけた。

要は、「樸」から一国の君主の政治の理想を論じた章である。「天地相合、以降ニ甘露一」は、君子がこの道に順って政治をする例証である。「知止」は、分をわきまえ限界を知ることで、『大学』に「知レ止而后有レ定」とあるのと同じ意である。

三十三章　亡びざる者は寿し（人を知る者は智なり…）

知ルレ人ヲ者ハ智ナリ。自ラ知ル者ハ明ナリ。

人を知る者は智なり。自ら知る者は明なり。

知ルレ人ヲ者ハ智ナル而已ノミ矣。未ダレ若カ三自ラ知ル者ノ、超ユルニ二智之上ニ一也。

人を知る者は智なるのみ。未だ自ら知る者の、智の上に超ゆるに若かざるなり。

○者—ことの意。人でない。○智—知恵。知る働き。○而已矣—のみと読み、最も強い限定形。宇佐美注は、（シテやむ）と読んでいる。○未若—（いまダ……にしカズ）と読み、前者が後者に及ばない意。この限定形には、已、而已がある。○也—（ナリ）と読み、断定を表わす、この場合は（ナリ）と送りがなを付けない慣例になっている。

他人のことを知るのは、知恵があるだけでいい。しかしまだ、自分で自分を知ることが、知恵以上であるのには及ばない。

◇自ら知ることは、人を知ることより優っている。

勝ツレ人ニ者ハ有リレ力。自ラ勝ツ者ハ強シ。

人に勝つ者は力有り。自ら勝つ者は強し。

勝ツレ人ニ者ハ有ルレ力而已ノミ矣。未ダレ若カ四自ラ勝ツ者ノ、無キニ三物ノ以テ損フニ二其ノ力ヲ一（也）。用フルハ二其ノ智ヲ於人ニ一、未ダレ若カレ用フルニ二其ノ智ヲ於己ニ一也。用フルハ二其ノ力ヲ於人ニ一、未ダレ若カレ用フルニ二其ノ力ヲ於己ニ一也。明用フレバ二於己ニ一、則チ物ハ無クレ避クルコト焉、力用フレバ二於己ニ一、則チ物ハ無シレ改ムルコト焉。

人に勝つ者は力有るのみ。未だ自ら勝つ者の、物の以て其の力を損なう無きに若かざるなり。其の智を人に用うるは、未だ其の智を己に用うるに若かざるなり。其の力を人に用うるは、未だ其の力を己に用うるに若かざるなり。明を己に用うれば、則ち物は避くること無く、力を己に用うれば、則ち物は改むること無し。

☆損其力―力の下に（也）の字を補う。（素注）○物―どんなもの、何物。○損―（そこナウ）と読み、いためる意。○明―英知。明知。

他人に勝つことは、力があるだけでいい。しかしまだ自分が自分に勝つことは、何物を以てもその力を損なうことがないのには及ばないのである。知恵を他人に用いるのは、まだそれを自分に用いるのには及ばないのである。英知を自分に用いると、何物もまぬがれることがなく、力を自分に用いると、何物も改めることはない。

◇自分に勝つ力は、どんなものよりも勝(まさ)っている。英知も力も同じである。英知を自分に用いると、どんなものでもわかり、他人に勝つ力を自分に用いると、どんなものでも改められない。外なるものよりも、内なるものの尊さ強さをいっている。

知ルㇾ足ルコトヲ者ハ富ミ、

足ることを知る者は富み、

知ルハㇾ足ルコトヲ　自ラ不ㇾ失ハ。故ニ富ム也。

足ることを知るは自ら失わず。故に富むなり。

○足―十分に足りる。満足する。富―心が豊かになる。

これで十分であることを知るのは、「無為自然の道」を知るから、自分を失わない。だから心が豊かになるのである。

◇「無為自然の道」は「無欲」である。これが真に解ると、「知足」の心になる。

強メテ行フ者ハ有リㇾ志。

強(つと)めて行う者は志有り。

勤能行之、其志必獲。故曰強行者有志矣。

勤めて能く之を行うは、其の志必ず獲。故に強めて行う者は志有り、と曰うなり。

○勤―精を出して励む。○之―無為自然の道。○志―目的に向かって進む。之十心の形声。之（㞢）はゆく意。心の行き向かうこと、こころざすの意となる。○獲―える。狩をして鳥獣などを捕えること。「得」と同じ。○強―努める。努力する。強行は努力し続けること。

精を出して「無為自然の道」を励み続けることができる者は、目的に向かって進むことができる。だから目的に向かって努力し続ける者は、志があるというのである。

◇「無為自然の道」を勤めて行うことが出来る者は、己れの志が得られる。

不失其所者久、

その所を失わざる者は久しく、

以明自察、量力而行、不失其所。必獲久長矣。

明を以て自ら察し、力を量りて行えば、其の所を失わず。必ず久長を獲るなり。

○所―無為自然の道に則った立場。

英知を以て自分のことをよく察し、自分の力量を計って何事も実行すると、その自分の立場は亡くならないで、久しく長く続く。

◇「無為自然の道」に則って、物事を実行すると、自分の立場が長久に続く。

死而不レ亡者寿。

死して亡びざる者は寿(いのちなが)し。

雖レ死而以二為レ生之道不一レ亡、乃得レ全二其寿一。身没而道猶存。況身存而道不レ卒乎。

死すと雖(いえど)も生を為すの道は亡びざるを以て、乃(すなわ)ち其の寿を全うすることを得。身没して道猶(な)お存す。況(いわ)んや身存して道卒(おわ)らざるをや。

○生を為すの道—生前なした道。無為自然の道に則って生きた生き方。○乃—かえって、逆接。○其の寿—その寿命。○得—できる。○道—無為自然に則った生き方。○況……乎—まして……においてはなお更である。

死んでも生前、無為自然の道に則って生きた生き方は亡びないから、かえってその寿命はいつまでも続くことができる。身が亡くなってもこの生き方は、やはり存している。まして生存中に、無為自然の道に則って生き続けたら、死後名が長く残るのは、なお更である。

〔全訳〕

他人を　知るのは
知恵だけで　いい
己を　知るのは
英知で　ある

他人に　勝つのは
力だけで　勝てる
己に　勝つのは
何物にも　勝る

足る　ことを　知る　人は
心が　豊かに　なり
努力し　続ける　人は
望みが　叶う（かな）

己の　立場を　凝視る（みつめ）　人は
長く　久しい　生命（いのち）の　人だ
死んでも　長く　残る　人こそ
真の　長寿（ながいき）　出来た　人だ

☆三段的論法の構成である。

第一段「知人者智」……「自知者明」（主題）

　己を知るのが明。

第二段「勝人者有力」……「強行者有志」（解説）
　第一節「勝人者有力」……「自勝者強」
　　己れに勝つ者が真の強者。
　第二節「知足者富」……「強行者有志」
　　知足と強行。
第三段「不失其所」……「不亡者寿」（結論）
　立場と長寿。

主題で、己を知ることが明である、と規定し、解説で、己に勝つこと、足るを知り、志を持つことを説明し、結論で、己を知るから、立場を失わず、「無為自然の道」に順って真正に生きるから、真の長寿になると結んだ。

◇久と寿は同対で、上声二十五有の同韻である。ここには重大な問題が二つある。一つは「所」の解釈である。わが国の老子研究者の第一人者といわれる、M氏は「天爵を保ち道の上」といい、F氏は「本来的な在り方」、K氏は「自分の本来のあり方」、T氏は「道に因循する意」という。又中国のS氏は「精神」、G氏は「人たるの本然のある所」、王雲五本は「ない」、河上公本は「天の精気」という。このように内外の老子の権威者が、全く一致した見解がない。ところで、「無為自然に則った立場」と明示したらどんなものであろうか。

次は、「況……乎。」である。この所を解釈している書は、今のところ内外のどの研究書にも見当たらない。「況……乎」は前者より後者を称揚した抑揚形であるから、前者をA、後者をBとすれば、AよりBの方がよりよいという意になる。これに即して解釈すると、生前その人の為したことが、真正のものであれば、死後も長く残る。まして生きている中に、真正なことをし続けていれば、死後長久に残ることはなお更であるということになる。

人間の生き方は、死して名を残すためにするのではない。生前この道に順って最善の生き方をすることこそ、真正の生き方なのである。その成果として死後自然にその名が残る。それが「寿し」なのである。

自知、自勝、知足の三者によって、初めて「所」が確立し、「寿」となるのである。換言すれば、前三者は、老子の「無為自然の道」を根底とした発想である。こう解することにより、「所」と「寿」が初めて明白となるのである。

哲人ギリシャのソクラテスは、「汝自らの無知を知れ」といい、イエス・キリストは、「汝ら己がために財宝を天に積め」（マタイ伝）といった。老子も、また、ここで、人間の真の英知、真の富、真の勇気の、真に永遠なるものについて語っている。ソクラテスの戒めには、人間の英知への目覚めが根底にあり、イエス・キリストの教えには、神と天国が前提にあるのに対して、老子は「無為自然の道」に復帰することこそが、究極の目標であるとした。

孔子が人間関係を中心に、「仁」を最高徳目として説いたのに対して、老子は、自己凝視の立場から、内省の深さこそ己を知る英知であって、「自ら知る者は明なり。」といった。孔子の対他的に対し、老子はあくまでも対己的の思想である。『荘子』も「吾が謂う所の明とは、其の彼を見るを謂うには非ざるなり。

自ら見るのみ。」（駢拇篇）といっている。王注も「明を以て自ら察し力を量りて行えば、其の所を失わず、必ず久長を獲るなり。」という。「其の所」とは、「無為自然の道」に順った立場である。

要するに、本章は、「己を知る真の英知が、人間存在の最高の範疇である。」ことを、老子は強調したのである。

三十四章　道の功用(4)〈常無欲〉（大道は汎として……）

大道汎兮、其可左右、

大道は汎として、其れ左右す可し、

○汎―氾濫するさま。あふれ広がる。

言、道氾濫無所不適。可左右、上下周旋而用、則無所不至也。

言うこころは、道は氾濫して適かざる所なし。左右す可きとは、上下周旋して用うれば、則ち至らざる所無きなり。

○周旋―あまねくめぐらす。

その意味は、道は氾濫して行かない所がない。左右すべきというのは、水が上下周旋して作用するから、至らない所がないのである。

◇水が上下周旋しながら左右に流れるさま。

万物恃レ之而生而不レ辞。功成不二名有一。衣二養万物一而不レ為レ主。常無欲可レ名二於小一。

万物は之を恃みて生ずるも辞せず。功成るも名有らず。万物を衣養するも主と為らず。常無欲は小と名づく可し。

○衣養―つつみ養う。「衣」はつつむ。おおう。

万物皆由レ道而生。既生而不レ知二其所一レ由。故天下常無欲之時、万物各得レ所、若二道無一レ施二於物一。故名二於小一矣。

万物は皆道に由りて生ず。既に生ずるも其の由る所を知らず。故に天下は常無欲の時、万物は各ゝ所を得て、道の物に施すこと無きが若し。故に小に名づく。

万物は皆無為自然の道のお蔭で生じる。既に生じても、どうして生じるのか、その由る所がわからない。だから世の中は常無欲の時、万物はそれぞれ所を得て、この道が物に何も恩恵を施すことがないようである。だから小に名づけるのである。

◇万物は皆無為自然の道に由って生じるが、その理由がわからない、だから常無欲の時、万物は各ゝ所を得て生長するのである。それは無為自然の道が万物の生長に何も施さないのと同じようである。それで小にしたのである。

万物帰焉、而不レ為レ主。可二名為一レ大。

万物帰すも、主と為らず。名づけて大と為す可し。

万物皆帰レ之以生　而力　使レ不レ知二其所一レ由。此不レ為レ小。故復可レ名二於大一矣。

万物は皆之に帰して以て生ずるも、力めて其の由る所を知らざらしむ。此れ小と為さず。故に復た大に名づく可し。

万物は皆無為自然の道に順って生じるが、務めて由る所を知らないようにさせる。それは小ではない。だからまた大に名づけることができるのだ。

◇万物は無為自然の道に順って生じるが、この道は、どうしてそうなったかわからないようにさせる。だから大と名づける。

以三其終不二自為一レ大、故能成二其大一。

其の終に自ら大と為さざるを以て、故に能くその大を成す。

○終不ー全く……でない。

為二大於其細一、図二難於其易一。

大を其の細に為し、難を其の易きに図る。

○細ー小さい。

大きいことを小さい中にし、難しいことを易しい中にする。

◇何事も小さい中、易しい中にする。

〔全訳〕

この　大きな　道は
溢(あふ)れ　広がって
どこへでも　流れる

万物は
この　大きな　道の
お蔭で　生じるが
この　道は
何も　いわない
功績を　成しても
名を　持たない
養っても
主人と　ならない
常無欲は

この道と　同じ
だから
小と
名づけられる

万物は
この　道で
生長　するが
この　道は
由る　所が　わからない
だから
大と
名づけられる

全く　自ら
大と　しない
だから

大を　なせるのだ

☆三段的論法の構成である。

第一段「大道汎兮」……「其可左右」（主題）

　無為自然の大道の本性。

第二段「万物恃之」……「可名為大」（解説）

　第一節「万物恃之」……「可名於小」

　　この道の小なる説明。

　第二節「万物帰焉」……「可名為大」

　　この道の大なる説明。

第三段「以其終不」……「能成其大」（結論）

　この道の功用。

主題で、無為自然の道を大道といって、その本性を規定し、解説で、その本性は小であるが、また大であることを説明し、結論で、大を成すで結んだ。

「万物恃レ之……而不レ為レ主。」の文は、二章の「万物作焉……功成而弗レ居。」と内容上は略〻同じで、無為自然の道の作用をいった所である。「常無欲」は本章と一章に二か所あるだけであるが、いずれも「真の無欲」をいった語で、「無為自然の道」の別称である。「万物帰焉」の「焉」は、終尾詞であるが、「コレ」という代名詞の意があるから、無為自然の道を指している。

「以三其終不二自為一レ大。故能成二其大一。」の文は、六十三章に「終不レ為レ大。故能成二其大一。」とあるが、後者には「自」の一字がないのは、「是以聖人」とあるので、省略したのであろう。内容上は同じである。

本章は、道の功用を説明したもので、「道」は万物を生長させ、養育するが、主とならない。これは万物に施すことがないようであるから「小」といえるが、万物はこの「道」に順って生育しているのに、万物にどうしてそうなるかを知らないようにさせている。だから「大」といえるというのである。

三十五章　大象の道（大象を執れば…）

執レバ二大象ヲ一、天下ニ往ク。

大象を執れば、天下に往く。

○大象－極めて大きな形象。四十一章に「大象無レ形。」とある。無為自然の道。○執－守る。

大象ハ、天象之母也。不レ寒カラ不レ温カカラ不レ涼シカラ。故能ク包二統シテ万物ヲ一、無シレ所二犯傷スル一。主若シ執レバレ之ヲ、則チ天下ニ往ク也。

大象は、天象の母なり。寒からず温かからず涼しからず。故に能く万物を包統して、犯傷する所無し。主若し之を執れば、則ち天下に往くなり。

○天象－天体の現象。日・月・星辰をいう。○主－主人・人君。

大象は、天象の母である。寒くなく温かくなく涼しくない。だから万物を包み統べることができて、犯し傷つけることがない。人君が若しこの大象を守ると、天下はどこへでも行けるのである。

◇大象は無為自然の別称で、無為自然の道の本体を説明した。したがって「天象の母」といっている。

往クモ而不レ害セ。安平大ナリ。

往くも害せず。安・平・大なり。

無クレ形無クレ識ルコト、不レ偏ラ不レ彰カナラ。故ニ万物ハ得ルモレ往クコトヲ、而不ル二害妨セ一也。

形無く識ること無く、偏らず彰かならず。故に万物は往くことを得るも、害妨せざるなり。

☆偏―王注は「徧」。誤りである。（素注）

大象は形がなく、わからなく、偏らなく明らかでない。だから万物は、思うままに生長することができても、大象はそれを妨害しないのである。

◇無為自然の大象は、万物を生長させるが、何の妨害もしない。

楽ト与レ餌ハ、過客止マル。道之出ヅルハレ口ヨリ、淡トシテ乎其無シレ味。視ルモレ之ヲ不レ足ラレ見ルニ、聴クモレ之ヲ不レ足ラレ聞クニ。

楽と餌とは、過客止まる。道の口より出ずるは、淡として其れ味無し。之を視るも見るに足らず、之を聴くも聞くに足らず。

言、道之深大、人聞二道之言一、乃更不レ如三楽与レ餌、応レ時感二悦人心一也。楽与レ餌、則能令二過客止一。而道之出レ言、淡然無レ味、視レ之不レ足レ見、則不レ足三以悦二其目一。聴レ之不レ足レ聞、則不レ足三以娯二其耳一。

言うこころは、道の深大なる、人は道の言を聞きて、乃ち更に楽と餌との、時に応じて人心を感悦するに如かざるなり。楽と餌とは、則ち能く過客をして止めしむ。而るに道の言より出ずるは、淡然として味無く、之を視るも見るに足らざれば、則ち以て其の目を悦ばするに足らず。之を聴くも聞くに足らざれば、則ち以て其の耳を娯しますするに足らず。

○更不―その上……でない。全く……でない。

その意味は、無為自然の道は深く大きく、人がこの道のことを言うのを聞いて、かえって全く音楽と餌が、時に応じて人の心に感じ悦ばせるのには及ばないものである。音楽と餌は、旅人の足を止めさせることができる。しかしこの道が口から出るのは、あっさりとして味がなく、これを視ても見るに足りないから、目を悦ばせるのに十分でない。これを聴いても聞くに足りないから、耳を娯しませるのに十分でない。

◇音楽と餌とは、旅人の足を止めることができるが、無為自然の道は、あっさりして味がなく、また、目や耳を悦ばせるのには不十分である。

用レ之、不レ可レ既。

之を用うれば、既すべからず。

若レ無レ所レ中然、乃用レ之、不レ可二窮極一也。

中る所無きが若く然るも、乃ち之を用うれば、窮極す可からざるなり。

○中―あたる。核心を突く。

この道は核心を突くことがないようであるが、かえってこの無為自然の道を用いると、窮め尽くすことができないのである。

◇この無為自然の道は、窮め尽くせない。無限である。

〔全訳〕

この　大象を　執ると
天下は
どこへでも　行ける

万物は
どこへでも　行けても
妨害　されなく
大いに　安らかだ

音楽と　餌には

旅人は　足を　止める
この　道を　口に　すると
あっさりとして　味が　なく
視ても　見るに　足りなく
聴いても　聞くに　足りない

しかし
この　道を　用いると
無尽蔵だ

☆三段的論法の構成である。
第一段「執大象、天下往」（主題）
　大象の本性。
第二段「往而不害」……「不足聞」（解説）
　第一節「往而不害」……「安平大」
　　大象の徳。
　第二節「楽与餌」……「不足聞」
　　大象と楽、餌との比較。

第三段「用之不可既」（結論）

大象の功用。

主題で、大象である無為自然の道の本性を規定し、解説で、大象の徳と、楽・餌の比較を述べ、結論で、大象の功用で結んだ。

「執二大象一、天下往。」は、人君の政治に王注は準えている。政治の在り方を、この大象の本性で述べている。

万物はこの大象の道を得て行くと、どこへでも行けて妨害がなく、安全が大きい。しかし音楽や餌のように旅人には喜ばれない。恬淡無味で、視聴にはならないが、その働きは無尽蔵であるという。「往而不レ害」は人を含む万物である。王注が「万物は往くを得て」と注しているので分かる。万物の生長無事をいう。

三十六章　柔弱の徳(1)〈微明〉（将に之を歙めんと欲すれば…）

将二欲レ歙レ之、必固張レ之。将二欲弱レ之、必固強レ之。将二欲レ廃レ之、必固興レ之。将二欲奪レ之、必固与レ之。

之を歙めんと欲すれば、必ず固く之を張る。之を弱めんと欲すれば、必ず固く之を強くす。之を廃せんと欲すれば、必ず固く之を興(おこ)す。之を奪わんと欲すれば、必ず固く之を与う。

○将欲―……ト欲ス。○歙―収める。歙と同じ意。○固―しばらく（姑）。○張―拡張する。

将下欲除二強梁一、去中暴乱上、当レ以二此四者一。因二物之性一、令二其自戮一、不レ仮レ刑、為三大以除二将物一也。故曰二微明一也。

強梁(りょう)を除き、暴乱を去らんと欲すれば、当に此の四つの者を以てすべし。物の性に因り、其れをして自ら戮(りく)せしめて、刑を仮りずして、大いに以て物を除将するを為すなり。故に微明、と曰うなり。

○強梁―強く盛んなこと。梁は橋、又は棟木。支える力が強いのでいう。○暴乱―乱暴。○戮―殺す。刑罰。○除将―除き進める。除いて行く。○微明―微妙な英知。無為自然の道を指す。

強梁を除き、乱暴を取り去ろうとするならば、この四つの者を以てすることである。物の本性に従って、物自体で刑罰にさせ、外からの刑罰を借りないで、大いに物を除くことを進めるのである。これを微明というのである。

◇強梁、暴乱を除去するには、この四つのことを以てする。この四つの者を、物の本性に因って、物自体で自ら刑罰をするようにさせ、外から刑罰で罰しない。これを微明というのである。

足二其張一、令二之足一、而又求二其張一、則衆所レ歙也。与二其張之不レ足而改一、其求レ張者、愈益而已。反危。

其の張るを足し、之をして足らしむるも、又た其の張るを求むるは、則ち衆の歙(おさ)むる所なり。其の張ることの足らずして改むるよりは、其の張るを求むる者は、愈(いよ)々益すのみ。反(かえ)って危うし。

○足―増す。○与其―よりは。中国語。

その張ることを増し、これを十分増しても、又張ることを求める時は、衆人は取り止めるものである。これを張ることが十分でなくて改めてするよりは、その張るを求める者は、いよいよ増すだけである。これはかえって危ない。

◇十分に張ったうえに更に張ることを求めるのは、衆人はしない。だから張ることが十分でなくて、更に改めてする者よりは、この者の方が危険である。限りなく張ることを求めるからである。

柔弱勝二剛強一。

柔弱は剛強に勝つ。

魚不レ可レ脱二於淵一。国之利器、不レ可二以示一レ人。

魚は淵を脱す可からず。国の利器は、以て人に示す可からず。

利器、利レ国之器也。唯因二物之性一、不二仮レ形以理一レ物。器不レ可レ観。而物各得二其所一、則国之利器也。示レ人者、任レ刑也。刑以利レ国則失矣。魚脱二於淵一、則必見レ失矣。利レ国器、而立レ刑以示レ人、亦必失也。

利器は、国を利するの器なり。唯だ物の性に因り、形を仮りて以て物を理めず。器は観る可からず。而るに物各々其の所を得れば、則ち国の利器なり。人に示すとは、刑に任するなり。刑の以て国を利すれば則ち失う。魚の淵より脱すれば、則ち必ず失うを見る。国を利する器にして、刑を立てて以て人に示すは、亦た必ず失うなり。

利器は、国を利する器である。ただ物の本性に因り、外の形を借りて物を治めることをしない。器は見ることができない。しかし物がそれぞれその所を得るならば、国の利器である。人に示すというのは、刑罰に任せることである。刑罰で国を利益すると国は亡びる。魚が淵から出ると、必ず死んでしまう。国を利する器であって、刑罰を立ててそれに任せるのは、また必ず国は亡びてしまう。

◇利器は国に利益を与える器である。これは物自体の本性に因ってすることで、外から形を借りて物を治めるのではない。器は見ることができない。しかし物がそれぞれ所を得ていると、これは国の利器である。刑罰で国を律すると、魚が淵から出ると死んでしまうのと同じく、国は亡びてしまう。刑罰は絶対にしてはいけないことを力説し、無為自然の道に順う政治を強調したものである。

〔全訳〕

収めようと　すれば
必ず　しばらく　羽を　伸ばさせる
弱めようと　すれば
必ず　しばらく　強く　する
廃しようと　すれば
必ず　しばらく　興す

奪おうと　すれば
必ず　しばらく　与える
これを
微明と　いう

柔弱は　剛強に　勝つ

魚は　淵から　出ると　死ぬ
国の　利器は
刑罰を　用いては　いけない

☆変形三段的論法の構成である。
第一段「将欲歙之」……「是謂微明」（解説）
　主題を歙張、弱強、廃興、奪与の四つの者を挙げて説明。
第二段「柔弱勝剛強」（主題）
　柔弱と剛強との関係。
第三段「魚不可脱」……「不可以示人」（結論）
　国の利器と刑罰。

本章は、主題と解説が入れ替っている。これは、解説を強調するためである。それで変形三段的論法と名づけた。

本章で、王注が一般の諸書と根本的に違う所は、先ず「歙」の解釈である。これを（ちぢむ）と訓じて、弓張り提灯や尺取り虫に譬えて、老子の逆説とか、権謀術数の政治思想であるとかいっているが、これは曲解で、老子の「無為自然の道」の根幹に反する解釈である。

王注は「歙」を（収める、止める）、すなわち「斂(れん)」の意に解している。古本、帛書、韓非・喩老は、「翕」に作っている。古字は歙・翕は通用していた。王注は、「又その張るを求めざるは、則ち衆の歙(おさ)むる所なり。」と注している。したがって本文は「歙」（おさむ）と読むのがよい。この四つが「強梁を除き、暴乱を去る」方法であるという。

次は終わりの「魚不レ可レ脱二於淵一。国之利器、不レ可二以示一レ人。」の解釈である。諸書は、魚は淵から脱け出てはいけないように、国を治める鋭利な道具は、懐にひそかにしまっておいて、むやみに人に見せてはいけないものであると訳しているが、王注は全く違った意味に取っている。

「利器は、国を利する器で、物各ゝがその所を得ることである。これは物の本性に因ってするので外からの形で物を治めるものではない。」と王注はいっている。「物の性に因る」というのは、「無為自然の道」に順ってすることをいっている。「形を仮りて」の「形」は、有為の権道や賞罰、聖智、仁義、功利等を指している。ここでは「人に示すは、刑に任すなり。」と注しているから、「刑罰」を以てすることになる。

そこで「魚は淵より脱すれば、則ち必ず失うを見る。国を利するの器にして、刑を立てて人に示すは、亦た必ず失うなり。」といって、外からの有為の刑罰を用いてはいけないことを言明したのである。

薛蕙(せつけい)は、「利器は、国の威武権勢の属に喩(たと)え、剛強は危亡の道であり、柔弱は安泰の道である。国家を保つ者は、強大を頼ってはいけない。魚は深く淵に潜んでいるからこそ活きていられる。国は柔弱を守ることが安泰で、そうでないと国は保たれない。」(『老子集解』)と、国家は柔弱を守ることが肝腎であるといっている。

本章は問題が多い。『韓非子』「喩(ゆ)老篇・内儲説(ちょぜい)下篇」、『淮(え)南子』「道応篇」に引用され、法家との関連の根拠とされ、「国の利器」は、賞罰の大権を指しており、権謀術数の父に解されている。又、老子は陰謀家と責めている。しかし范応文は「この数句を以て権謀の術に属するは、非なり。」(『老子道経古本集註』)、高亨は「老子を陰謀家と斥(せ)むるは、非なり。」(『老子集解』)といっている。

要は「柔弱は剛強に勝つ。」が本章の主題であるから、「無為自然の道」の別称「柔弱」を力説した章とするのが、最も妥当の解釈である。

三十七章　理想の政治(6)〈樸〉(道は常に無為にして…)

道常(ハ)無為(ニシテ)、

道は常無為にして、

順自然也。

自然に順うなり。

道は自然に帰っているのである。

◇無為自然の道を「常無為」といっている。

而無不為。

而も為さざること無し。

万物無不由為以治以成之也。

万物は由りて以て治め以て之を成すことを為さざること無し。

万物はその本性に由って、以て治めて成育しないということはない。

◇万物は無為自然の道によって、自らを治めて生長しているのである。

侯王若能守之、万物将自化。化而欲作、吾将鎮之、以無名之樸。

侯王若し能く之を守れば、万物は将に自ら化せんとす。化して作らんと欲すれば、吾将に之を鎮むるに、無名の樸を以てせんとす。

化而欲作、作欲成也。吾将鎮之、(以)無名之樸不為主也。

化して作らんと欲するとは、作りて成さんと欲するなり。吾将に之を鎮むるに、無名の樸を以てせんとすとは、主と為らざるなり。

「化して作らんと欲すれば」というのは、生長化育に、有為を以てする意である。「吾将に之を鎮むるに、無名の樸を以てせんとす。」というのは、主人とならないことである。

◇「化して作らんと欲する。」と「吾将に之を鎮むるに、無名の樸を以てせんとす。」の説明。☆王注は「鎮レ之」の下に（以）がないので、本文に従って補った。（素注）

無名之樸ハ、夫レ亦タ将タ無欲ナリ。

無名の樸は、夫（そ）れ亦た将（は）た無欲なり。

○将ーはた。それともまた。それなのに。

無キ二欲ノ競フコト一也。

欲の競うこと無きなり。

欲が競うことがないのである。

◇無名の樸は、欲が競うことがないから、無欲という。

不欲ニシテ以テ静カナレバ、天下ハ将ニ二自ラ定マラントス一。

不欲にして以て静かなれば、天下は将に自（おのずか）ら定まらんとす。

〔全訳〕

この　道は
常無為
それで　いて
何でも　する

一国の　君主が
この　道を　守ったら
万物は　おのずと
生長　化育する

生長　化育に
欲望を　起こすと
わたしは
無名の　樸で
鎮めよう

無名の　樸も

そもそも　また
無欲で　ある

不欲で　静かで　あると
世の　中は
自然に　治まるで
あろう

☆三段的論法の構成である。
第一段「道常無為」……「無不為」（主題）
この無為自然の道は、常に無為。
第二段「侯王若能」……「亦将無欲」（解説）
第一節「樸王若能」……「将自化」
侯王と無為。
第二節「化而欲作」……「亦将無欲」
無名の樸。
第三段「不欲以静」……「将自定」（結論）
無欲の功用。

主題で、無為自然の道を常無為と規定し、解説で、侯王と無為、樸と無欲をいい、結論で、無欲の功用で結んだ。「無為自然の道」を、常無為・樸・無欲の別称で述べた。

本章は、三十二章の「道常無名」と内容が通じている。「静」は十六章の「守レ静焉」「帰レ根曰レ静」と同意。又五十七章に、「我無為而民自化、我好静而民自正、我無欲而民自樸」と内容が同じである。

「将無欲」の「将」は、一般の諸書は「将ニ……セントス」と再読文字に訓んでいるが、宇恵訓は、「はタ」と訓んでいる。王注が「欲の競うこと無きなり。」と注しているから、「はタ」（それともまた）と読むのが妥当である。樸は無欲であることをいったのである。「不欲」は、「無欲」の意と同じ。

下篇（徳経）

三十八章　上徳・下徳（上徳は徳とせず…）

上徳不徳。是以有徳。下徳不失徳。是以無徳。上徳無為而無以為、下徳為之而有以為。

上徳は徳とせず。是を以て徳有り。下徳は徳を失わず。是を以て徳無し。上徳は為すこと無くして、以て為すこと無く、下徳は之を為して、以て為すこと有り。

○上徳―無為自然の道の徳。

徳者、得也。常得而無喪、利而無害。故以徳為名焉。何以得徳。由乎道也。何以尽徳。以無為用（也）。以無為用、則莫不載也。

徳とは、得なり。常に得て喪うこと無く、利して害すること無し。故に徳を以て名と為す。何を以て徳を得る。道に由ればなり。何を以て徳を尽くす。無を以て用と為せばなり。無を以て用と為せば、則ち載せざること莫きなり。

徳というのは、得ることである。いつも身に得て失うことがなく、役立って害することがない。だから徳を以て名とするのである。どうして徳を得るのか、それは無為自然の道に由ってである。どうして徳を尽くすのか。無を以て用とするからである。無を以て用とすると、載せないものはない。

◇徳は得で、常に身に着いて離れないものである。だから徳の名がある。どうして徳を得るかというと、無為自然の道に由ってである。どうして徳を尽くすかというと、無を以て役に立つからである。「無」は総ての物の本である。

☆「以レ無為レ用」の下に「也」の字を補う。前文に「道也」とあるからである。（素注）

故物無焉、則無二物一不レ経、有焉、則不レ足三以免二其生一。是以天地雖レ広、以レ無為レ心、聖王雖レ大、以レ虚為レ主。

故に物無なれば、則ち物として経ざること無く、有なれば、則ち以て其の生を免るるに足らず。是を以て天地は広しと雖も、無を以て心と為し、聖王は大なりと雖も、虚を以て主と為す。

○免―許す。自由にさせる。

だから物が無であると、どんな物でも通らないものはない。有であると、生を免れるのには不十分である。そういうわけで、天地は広くても、無を以て心とし、聖王は偉大であっても、虚を以て主人とする。

◇物は無であると、何でも通り、有であると、生育するのに十分でない。天地は「無」を以て心とし、聖人は「虚」を以て主人とする。「無」と「虚」とは、同じ意味であるが、聖人の心は空であるから「虚」を用いた。

故曰、以レ復而視、則天地之心見。至日而思レ之、則先王之至観也。故滅二其私一而無二其身一、則四海莫レ不レ瞻、遠近莫レ不レ至。

故に曰く、復を以て視れば、則ち天地の心見ゆ、と。至日にして之を思えば、則ち先王の至観なり。

故に其の私を滅して其の身を無にすれば、則ち四海瞻ざること莫く、遠近至らざること莫し。

○以レ復而視、則天地之心見。―〔易・復〕「復其見二天地之心一乎。」○至日―冬至と夏至の日。易は冬至をいう。○至覩―非常によく見る。この上なく見る。○瞻―音セン、望み見る、遠くを見る。

だからいう。復ることから視ると、天地の心がわかる、と。冬至・夏至の日にこのことを思うと、先王が天の運行を非常によく見たのである。だから私を亡くして身を無にすると、四海は望み見ないことがなく、遠近がやって来ないということはない。

◇根源に帰ることから視ると、天の運行の心がわかる。冬至・夏至に運行が戻るのを思うのは、先王がよく天地の運行の心を視たのである。だから私を捨て身を無にすると、天下はよく見え、遠近がわかる。四季の移り変わりは無為自然の運行であるから、人間界も私心を捨て身を無にすると何でも見え、分かって来るという。無為自然の道に順うことの大切さをいう。

殊二其己一而有二其心一、則一体不レ能二自全一。肌骨不レ能二相容一。是以上徳之人、唯道是用。不レ徳二其徳一、無レ執無レ用。故能有レ徳而無レ不レ為、不レ求而得、不レ為而成。故雖レ有レ徳而無二徳名一也。

其の己を殊にして其の心有れば、則ち一体は自ら全くすること能わず。肌骨は相容るること能わず。是を以て上徳の人は、唯だ道を是れ用うるのみ。其の徳を徳とせず、執ること無く用うること無し。故に能く徳有りて為さざること無く、求めずして得、為さずして成る。故に徳有りと雖も、而も徳の名無きなり。

自分に無為がなく、有為の心があると、自分の体は自ら完全に保つことはできなく、体の肌骨は相容れなくなる。そういうわけで、上徳の人は、ただ無為自然の道だけを用いるだけである。無為自然の徳を徳とする意識がなく、それを執って用いる意思がない。だから徳が身に着いていて、何事でも為し、求めないでも得られ、為そうとしなくても成すことができるのである。だから徳があっても、徳の名がないのである。

◇無為自然の道を用いると、徳の意識がなく、何でもやれる。だから徳があっても徳の名がないのである。徳が身に着いているからである。

下徳求而得レ之、為而成レ之。則立レ善以治レ物。故徳名有焉。求而得レ之、必有レ失焉。為而成レ之、必有レ敗焉。善名生、則有二不善応一焉。故下徳為レ之、而有二以為一也。無二以為一者、無レ所二偏為一也。

下徳は求めて之を得、為して之を成す。則ち善を立て以て物を治む。故に徳の名有り。求めて之を得れば、必ず失うこと有り。為して之を成せば、必ず敗るること有り。善の名生ずれば、則ち不善の応ずる有り。故に下徳は之を為して、以て為すこと有るなり。以て為すこと無き者は、偏為する所無きなり。

下徳は求めて徳を得、為して徳を成す。それは善徳を立てて物を治める。だから、徳の名がある。求めて徳を得るから、必ず徳を失う。為して徳を成すから、必ず徳が敗れる。善の名が生じると、不善が相応じる。だから「下徳は徳を為して、有為で徳を為すのである。」有為を以て徳をしないものは、偏って為す所がない。

◇下徳は有為を以て徳をするので、徳の名がある。しかし有為を以てするから、失ったり敗れたりする。有為を以てしない徳が偏為がないのである。「為之」の「之」は有為の徳を指す。

上仁為レ之、而無二以為一。

上仁は之を為して、以て為すこと無し。

凡不レ能二無為一而為レ之者、皆下徳也。仁義礼節是也。将レ明二徳之上下一、輒挙二下徳一、以対二上徳一、至三于無二以為一極。下徳下之量、上仁是也。

凡て無為なること能わずして之を為す者は、皆下徳なり。仁義礼節は是れなり。将に徳の上下を明らかにせんとすれば、輒ち下徳を挙げて、以て上徳に対し、以て為すこと無きに至りて極まる。下徳は下の量にて、上仁は是れなり。

○輒―その度ごとに。○量―容積。分量。

凡て無為であることができないで徳を為すのは、皆下徳である。仁義礼節はこれである。徳の上下を明らかにしようとすると、その度毎に下徳を挙げて、上徳に対し、有為で為すことが無いのに至って終わる。下徳は下の分量で、上仁はこれである。

◇下徳は、無為をもってすることができない徳をいう。仁義礼節がこれに当たる。徳の上下を明らかにするのには、下徳を挙げて上徳に対し、有為をもって為すことが無いようになって終わる。下徳は下の分量で、上仁はこの下徳の仲間である。「至于無以為極」は無為自然の道になって終わる意。

足レ及三於無二以為一、而猶為レ之焉。為レ之而無二以為一。故有二為レ為之患一矣。本在二無為一、母在二無名一。棄レ本捨レ母、而適二其子一、功雖レ大焉、必有レ不レ済。名雖レ美焉、偽亦必生。

以て為すこと無きに及ぶに足りて、而も猶お之を為す。之を為して以て為すこと無し。故に為すことを為すの患い有り。本は無為に在りて、母は無名に在り。本を棄て母を捨てて、其の子に適くは、功大なりと雖も、必ず済らざること有り。名美なりと雖も、偽りも亦た必ず生ず。

有為を以て為すことが無いように十分になっても、更に有為でする。有為でして為すことがない無為になる。だから為すことを為す患いがある。本源は無為であり、母は無名である。その本源と母を捨てて、その子の万物に往くのは、功は大であっても、必ず成功しなく、名は美であっても、偽りもまた必ず生じる。

◇「以て為すこと無きに及ぶに足りて」は無為自然の道になった状態を指す。こういう状態になって更に有為を以てして、無為の状態になるのは、為すことの患いがある。本源の無為や無名の母を捨てて、万物に行くのは、いけないことをいう。

不レ能二不レ為而成、不レ興而治一、則乃為レ之。故有二弘普博施仁愛レ之者一、而愛レ之無レ所二偏私一。故上仁為レ之而無二以為一也。

為さずして成り、興さずして治まること能わざれば、則ち乃ち之を為す。故に弘普博施の仁もて、之を愛する者有りて、之を愛して偏私する所無し。故に上仁は之を為して以て為すこと無きなり。

○乃―かえって。○弘普―ひろく行きわたる。〔晋書・傅玄・辟雍郷飲酒賦〕に「礼教の弘普を知るなり。」とある。○博施―ひろく施す。〔論語・雍也篇〕に「能く博く施して能く衆を済わば、何如、仁と謂う可きか。」とある。

為さないで成り、興さないで治まることができないと、かえって有為を以てする。だから広く行き渡り、博く施す仁を以て、この仁の徳を愛する者があって、仁の徳を愛して偏私することがない。だから「上仁は仁を為して有為を以てすることが無いのである。」

◇「為さずして成り、興さずして治まること能わざれば」は、無為自然の道を以て治まらないことをいう。上仁は有為の仁徳をして、無為の仁徳になる。

上義為レ之而有二以為一。

上義は之を為して以て為す有り。

愛不レ能レ兼、則有下抑抗正直而義理レ之者上。忿レ枉祐レ直。助レ彼攻レ此、物事而有二以レ心為一矣。故上義為レ之而有二以為一也。

○正直―正真は誤り。

愛は兼ぬること能わざれば、則ちを抑抗正直にして、義もて之を理むる者有り。枉を忿り直を祐く。彼を助け此を攻むるに、物事として心を以て為すこと有り。故に上義は之を為して以て為すこと有るなり。

○仰抗—おさえさからう。○枉—まがる（曲）。○彼—念レ枉。○此—祐レ直。○事—専念する。○義—正しい道。

愛は兼ねることができないから、愛に抑抗し正直に、義を以て愛を治める者がある。曲ったのを恕り正直なのを助ける。前者を助け後者を治めるのに、物に専念して心を以てすることがある。だから「上義は義を為して有為を以てするのである。」

◇上義は、無為自然の道を以てするのではなく、義をなして有為を以てする。

上礼為レ之而莫二之応一、則攘レ臂而扔レ之。

上礼は之を為して之に応ずること莫ければ、則ち臂を攘いて之を扔く。

○臂—音ヒ。うで。ひじ。○扔—音ジョウ。引く。無理に手で引く。つく（就）の解もある。

直不レ能レ篤、則有二游飾修文礼、敬レ之者一。尚レ好修レ敬、校二責往来一、則不レ対之間、忿怒生焉。故上礼為レ之而莫二之応一、則攘レ臂而扔レ之。

直ちに篤くすること能わざれば、則ち游飾修文の礼もて、之を敬する者有り。好を尚び敬を修め、往来を校責すれば、則ち対えざるの間、忿怒生ず。故に上礼は之を為して之に応ずること莫ければ、則ち臂を攘いて、之を扔く。

○游飾—思うままに飾る。○修文—文徳を修める。○往来—交際。○校責—教え勧める。

直ぐに手厚く礼をすることができないと、游飾修文の礼をもって、相手を尊敬する者がある。友好を貴び、尊敬を持って、交際を教え勧めると、先方が答えない間は、怒りを生じる。だから「上礼は礼を為して礼に応ずることがないと、臂を攘って、手で引っ張るのである。」

◇上礼は、游飾修文の有為の礼で、交際を教え勧め、それに答えないと、怒って臂まくりして、手で相手を自分の方へ引き入れる。無理やり従わせること。

故失レ道而後徳。失レ徳而後仁。失レ仁而後義。失レ義而後礼。

故に道を失いて而る後に徳あり。徳を失いて而る後に仁あり。仁を失いて而る後に義あり。義を失いて而る後に礼あり。

夫大之極也、其唯道乎。自レ此已往、豈足レ尊哉。故雖三徳盛業大、富而有二万物一、猶各得二其徳一、而未レ能二自周一也。

夫れ大の極は、其れ唯だ道か。此れより已往は、豈に尊ぶに足らんや。故に徳盛んに業大に、富みて万物を有すと雖も、猶お各ゝ其の徳を得て、未だ自ら周きこと能わざるなり。

そもそも大きい極限は、それはただ無為自然の道か。これより先は、どうして仁義礼を尊ぶに足ろうか。だから徳が盛んで業が大きく、富んで万物を持っていても、やはり各ゝその仁義礼の徳を得て、まだ自然に行きわたることはできないのである。

◇大の極源は、無為自然の道を指す。「此より已往」は、「道」以外の上仁、上義、上礼をいう。「自周」は自然に行きわたる。☆宇注は「富而」の「而」は衍字というが、このままでも意味は通る。（素注）

故天不レ能レ為レ載。地不レ能レ為レ覆。人不レ能レ為レ贍。万物雖レ貴、以レ無為レ用、不レ能二捨レ無以為一レ体也。不レ能二捨レ無以為一レ体、則失二其為一レ大矣。所謂失レ道而後徳也。

故に天は載するを為すこと能わず、地は覆うを為すこと能わず、人は贍すを為すこと能わず。万物は貴ぶと雖も、無を以て用と為せば、無を捨てて以て体と為すこと能わざるなり。無を捨てて以て体と為すこと能わざれば、則ち其の大為るを失う。所謂道を失いて而る後に徳あるなり。

〇贍―音セン。たす。補いみたす。不足を補ってめぐむ（恵）。〇而後―それから後。そうして初めて。

だから天は万物を載せることはできない。地は万物を覆うことはできない。人は万物を補い充すことはできない。万物は貴んでも、無を以て働きとするから、無を捨てて万物の本体とすることはできないのである。無を捨てて本体となすことができない時は、その大であるのを失うのである。所謂「道を失ってそうして初めて徳があるのである。」

◇万物は貴いが、無を以て作用をするから、無を捨てて万物の本体とすることはできない。無を捨てると、これは大である無為自然の道を失うことである。だから大なる道を失って、そうして初めて徳があるのである。

以レ無為レ用、徳其母。故能已不レ労焉、而物無レ不レ理。下レ此已往、則失二用之母一、不レ能二無為一而貴二博施一、不レ能二博施一而貴二正直一、不レ能二正直一而貴二飾敬一。所謂失レ徳而後仁、失レ仁而後義、失レ義而後礼也。

無を以て用と為せば、徳は其れ母なり。故に能く已労せずして、物は理らざること無し。此を下りて已往は、則ち用の母を失い、無為なること能わずして、博施を貴び、博施なること能わずして、正直を貴び、正直なること能わずして、飾敬を貴ぶ。所謂徳を失いて而る後に仁あり、仁を失いて而る後に義あり、義を失いて而る後に礼あるなり。

無を以て用とする時は、徳は無の母である、だから母は苦労しなくて、物は治まることが出来る。これから以後は、働く母を失い、無為であることはできなくなって、博く施すことを尊び、博く施すことができなくなって、正直を尊び、正直であることができなくなって、飾敬を尊ぶ。所謂「徳を失ってそうして初めて仁があり、仁を失ってそうして初めて義があり、義を失ってそうして初めて礼があるのである。」
◇徳は無の母で、この母を失うと、無為であることができなくなって、博施になり、これができなくなると正直になり、これができなくなると飾敬となる。だから徳がなくなると仁になり、仁がなくなると義になり、義がなくなると礼になるのである。博施は仁、正直は義、飾敬は礼であるからである。

夫礼者、忠信之薄、而乱之首。

夫れ礼は、忠信の薄きにして、乱の首めなり。

夫礼也所始、首於忠信不篤、通簡不陽。責備於表、機微争制。夫仁義発於内、為之猶偽。況務外飾而可久乎。故夫礼者、忠信之薄、而乱之首也。

夫れ礼の始まる所は、忠信篤からず、通簡陽れざるに首まる。備えを表に責め、機微争い制す。夫れ仁義は内より発するも、之を為せば猶お偽るがごとし。況んや外飾を務めて久しくすべけんをや。

故に夫れ礼は、忠信の薄きにして、乱の首(はじ)めなり。

○通簡―書簡。手紙。○責―求める。

一体、礼の始まる所は、忠信が厚くなく、書簡がなかったのに始まる。備ることを表面に求め、表面に現れたかすかなきざしを争って取りきめる。仁義は内面の心から出るのであるが、これを実際に行うとやはり偽っているようである。まして外飾に務めて長く続けることができるのにおいては、その偽りはなお更である。だからそもそも「礼は、忠信が薄くなって、乱の始めである」。

◇礼は忠信の心が薄く、手紙のなかった時に始まり、仁義は内面の心から出るものであるが、行うとなると偽が出る。まして外飾の礼が長く続くとなお更である。だから礼は忠信が薄く、世の中が乱れる始めである、というのである。

前識者、道之華、而愚之始。

前識は、道の華にして、愚の始めなり。

前識者、前人而識也。即下徳之倫也。竭其聰明、以為前識、役其智力、以営庶事。雖得其情、姦巧彌密、雖豊其譽、愈喪篤実、労而事昏、務而治薉。雖竭聖智、而民愈害。

前識とは、人に前んじて識るなり。即ち下徳の倫(たぐい)なり。其の聰(そう)明を竭(つ)くして、以て前識を為し、其の智力を役して、以て庶事を営む。其の情を得ると雖も、姦(かん)巧彌(いよ)々密に、其の誉を豊かにすと雖も、愈〻篤実を喪い、労して事昏く、努めて薉るるを治む。聖智を竭くすと雖も、民は愈〻害あり。

☆「得二其情一」の「得」は王注は「徳」。宇注に拠って改める。（素注）〇薉―穢の別体、音ワイ。けがれる。

前識というのは、人より前に、識ることである。即ち下徳の類である。聡明を尽くして、前識をし、智力を用いて、庶事を営む。その心情は得ても、わるがしこい巧さがいよいよ密になり、誉れを豊かにしても、いよいよ篤実を失って、苦労しても事が暗く、努力してけがれているのを治める。聖智を尽くしても、民はいよいよ害がある。

◇前識というのは、人より先きに識ることで、下徳の類である。あらゆる努力をして心情を得ても、姦巧がいよいよ多く、誉れを豊かにしても、いよいよ篤実さがなく、苦労しても物事に暗く、努力してけがれているのを治める。このように聖智を尽くしても、民にはますます害がある。前識の良くないことをいう。

舎レ己任レ物則無為而泰、守二夫素樸一則不レ順二典制一。聴二彼所一レ獲、棄二此所一レ守。（前）
識道之華、而愚之首。

己を舎てて物に任すれば、則ち無為にして泰く、夫の素樸を守れば、則ち典制に順わず。彼の獲る所に聴きて、此の守る所を棄つ。前識は道の華にして、愚の首めなり。

☆「識」の上に「前」の字を補う。（素注）

自分を捨てて物に任せるから、無為であって安らかであり、あの素樸を守るから、典制に従わない。あの前識の獲る所に耳を傾けてこの無為と素朴とを棄てる。「前識は道のあだ花で、愚の首めなのである。」

◇「聴二彼所一レ獲」の「彼」は前識、「棄二此所一レ守」の「此」は無為・素朴を指す。「華」はあだ花。

故苟得二其為レ功之母一、則万物作焉而不レ辞也。万物存焉而不レ労也。用不レ以レ形、御不レ以レ名。故仁義可レ顕、礼敬可レ彰也。

故に苟くも其の功を為すの母を得れば、則ち万物作るも辞せざるなり。万物存するも労れざるなり。用うるに形を以てせず、御するに名を以てせず。故に仁義は顕わる可く、礼敬は彰わる可きなり。

だからかりそめにも功をなす母を得るならば、万物は興っても何もいわない。万事は生育しても疲れないのである。用いるのに形を以てせず、御するのに名を以てしない。だから仁義は顕われ、礼敬は彰われることができるのである。

◇無為自然の道を以てすると、仁義、礼敬は現れる。☆「仁義可レ顕礼敬可レ彰」の宇恵訓は誤り。（素注）

是以大丈夫、処二其厚一、不レ居二其薄一。処二其実一、不レ居二其華一。故去レ彼、取レ此。

是を以て大丈夫は、其の厚きに処りて、其の薄きに居らず。其の実に処りて、其の華に居らず。故に彼を去りて此を取る。

夫載レ之以二大道一、鎮レ之以二無名一、則物無レ所レ尚、志無レ所レ営、各任二其真一、事用二其誠一、則仁徳厚焉、行義正焉、礼敬清焉。

夫れ之を載するに大道を以てし、之を鎮むるに無名を以てすれば、則ち物は尚ぶ所無く、志は営む所無く、各〻其の真に任せ、其の誠を用うるに事とすれば、則ち仁徳厚く、行義正しく、礼敬清し。

☆「真」は王注「貞」。宇恵注に拠って改める。（素注）

そもそも仁義・礼敬を載せるのに、無為自然の大道を以てし、鎮めるのに無名を以てしたならば、物は貴ぶ所がなく、志は営む所がなく、各々そのありのままに任せ、誠を用いるのに専念するならば仁徳は厚くなり、行義は正しくなり、礼敬は清くなる。

◇無為自然の大道を以て仁義・礼敬をすると仁徳は厚く、行義は正しく、礼敬は清くなる。「以無名」は無為自然の道の繰り返しを避けた。

　棄其所載、舍其所生、用其成形、役其聰明、仁則其偽焉、義其競焉、礼其争焉。故仁徳之厚、非用仁之所能也。行義之正、非用義之所成也。礼敬之清、非用礼之所済也。

　其の載する所を棄て、其の生ずる所を舍て、其の成形を用い、其の聴明に役すれば、仁は則ち其れ偽り、義は其れ競い、礼は其れ争う。故に仁徳の厚きは、仁を用うるの能くする所に非ざるなり。行義の正しきは、義を用うるの成す所に非ざるなり。礼敬の清きは、礼を用うるの済す所に非ざるなり。

　☆「偽」は王注「誠」。宇恵注に拠って改める。上に「其」を補う。（素注）

　万物を載せ、生じる無為自然の天地を捨て、できている形を用い、人間の聴明に役立てるならば、仁は偽りであり、義は競い、礼は争うことになる。だから仁徳の厚いのは、仁を用いることができる所ではないのである。行義の正しいのは、義を用いることが成し遂げられる所ではないのである。礼敬の清いのは、礼を用いることが成し遂げられる所ではないのである。

◇無為自然の道を捨てて、形を成している仁徳、行義、礼敬を用いて人間の聴明に役立てるのは、本来の姿を成就するものではない。「成形」は仁徳行義礼敬を指す。

載レ之以レ道、統レ之以レ母。故顕レ之而無レ所レ尚、彰レ之而無レ所レ競。用二夫無名一。故名以篤焉、用二夫無形一。故形以成焉。

之を載するに道を以てし、之を統べるに母を以てす。故に之を顕わすも尚ぶ所無く、之を彰わすも競う所無し。夫の無名を用ゆ。故に名は以て篤く、夫の無形を用う。故に形は以て成る。

これらを載せるのに無為自然の道を以てし、これらを統べるのに無名の母を以てする。だからこれらを現わしても貴ぶ所がなく、競う所がない。あの無名を用いる。だから名が篤実であり、あの無形を用いる。だから形が成るのである。

◇無為自然の道と、無名の母を用いるから、仁義礼の名を現しても貴ばないし競わない。「之」は仁義礼の三者を指す。

守レ母以存二其子一、崇レ本以挙二其末一、則形名倶有、而邪不レ生。大美配レ天、而華不レ作。故母不レ可レ遠、本不レ可レ失。

母を守りて以て其の子を存し、本を崇びて以て其の末を挙ぐれば、則ち形名倶に有ちて、邪生ぜず。大美天に配して、華作らず。故に母は遠くす可からず、本は失う可からず。

無名の母を守ってその子を成長させ、本を尊んで末を挙げ用いると、形名共に保って、邪なことは生じない。大美が天に配剤して、あだ華は興らない。だから無名の母は遠ざけてはいけない。失ってはいけない。

○その子―万物。○形名―万物と無名。

◇無名の母は万物を生長させる。無為自然の道を尊ぶと、そこで初めて真の形名が備わる。

仁義母之所レ生、非レ可二以為一レ母。形器匠之所レ成、非レ可二以為一レ匠也。捨二其母一、而用二其子一、棄二其本一而適二其末一、名則有レ所レ分、形則有レ所レ止。

仁義は母の生む所にして、以て母と為す可き所に非ず。形器は匠の成す所にして、以て匠と為す可きに非ざるなり。其の母を捨てて、其の子を用い、其の本を棄てて、其の末に適くは、名は則ち分るる所有りて、形は則ち止まる所有り。

仁義は無名の母が生む所であって、母とすることができない。形器は匠が作り成す所であって、匠とすることはできない。その母を捨てて、その子を用い、その本を棄てて、その末に行くのは、無名の名は分かれて、万物の形は残る。

雖レ極二其大一、必有レ不レ周。雖レ盛二其美一必有二患憂一。功在レ為レ之、豈足レ処也。

其の大を極むと雖も、必ず周からざること有り。其の美を盛んにすと雖も、必ず患憂有り。功は之を為す在るも、豈に処するに足らんや。

その形は大を極めても、必ず周くなく、その美を盛んにしても必ず憂患がある。功績は成しても、無名の母を捨てては、どうして対処するに十分であろうか。

◇仁義は無名の母が生み、形器は匠が作る。その母を捨て、子の万物を用い、その匠を棄て、形だけに行くと、無名の名は分かれ、形だけが残る。だから形が大を極めても、広く行きわたらず、美が盛んでも憂いがある。だから、無名の母を捨てると、これに対処するのは十分ではない。無為自然の道の母と仁義礼が一体であって、初めて形名が備わるのである。

〔全訳〕

上徳は　徳を　意識　しない
だから　徳が　ある
下徳は　徳を　意識　する
だから　徳が　ない
上徳は　為さないで　ありのまま
下徳は　有為で　為して　徳を　成す

上仁は　有為で　為して　ありのまま
上義は　有為で　為して　義を　成し
上礼は　有為で　為して　応じないと
腕まくり　して　引き入れる

だから
この　道を　失って

それから後に　徳が　生じ
徳を　失って
それから後に　仁が　生じ
仁を　失って
それから後に　義が　生じ
義を　失って
それから後に　礼が　生じる

そもそも　礼は
忠信が　薄く　乱の　始め
前識は
この　道の　あだ花で　愚の　始め

だから　大丈夫は
厚い　忠信に　いて
薄い　礼には　いなく
篤実に　いて

あだ花には　いない

だから
あだ花を　去って
篤実を　取る

☆三段的論法の構成である。
第一段「上徳不徳」……「有以為」（主題）
上徳と下徳の違い。
第二段「上仁為之」……「不居其華」（解説）
第一節「上仁為之」……「而扔之」
上仁、上義、上礼の功用。
第二節「故失道」……「而後礼」
無為自然の道と徳・仁・義・礼の関係。
第三節「夫礼者」……「愚之始」
礼と前識の欠点。
第三段「是以大丈夫」……「去彼取此」（結論）
大丈夫は下徳を捨てて上徳を取る。

主題で、上徳と下徳の違いを規定し、解説で、上仁、上義、上礼を説明し、無為自然の道との関係を述べ、礼と前識の欠点を挙げ、結論で、大丈夫は下徳を捨てて上徳を取ると結んだ。

本章は『老子』八十一章中、最も長く詳しい王注である。如何に王弼が精魂を込めて作ったかが覗（うかが）われる。思うに、下篇の最初の章であり、「徳」に関しての文であるので、詳述したのではあるまいか。

然るに、一般の諸書は、この王注を取り上げて、解釈した書は一書も見当たらない。したがって下徳についての説明は、全く王注と違っている。王注は「無為なること能わずして之を為す者は、皆下徳なり。仁義礼節は是れなり。」といい、更に「下徳は下の量にて、上仁は是れなり。」といっている。この注に拠れば、上仁、上義、上礼は、皆下徳に属していることになる。

それを、「上仁」を上徳と下徳の中間に置いたり（福永老子）、「徳・仁・義・礼の四者に段階があって、徳を上と為し、次に仁、その次に義、最下に礼とし、相継いで生じる。」（高明説）といっている。

更に「下徳為㆑之而有㆓以為㆒。」と「上義為㆑之而有㆓以為㆒。」は表現が同じであり、前者は甲乙の両帛書にないから、衍（えん）文であるという説もあるが、明和本にはそのまま入っている。これは、王注は「下徳は上徳に対しての語であり、この中には、上仁、上義、上礼等の徳の語を総括していったもので、その中の上義は、「有㆓以為㆒」と、有為の義を以て義を成す、と解しているためで、下徳と上義の範疇が違うから、王注は衍文でないとして解したのであろう。

三十九章　得一の功用（昔の一を得たる者は…）

昔之得一者、

昔の一を得たる者は、

昔、始也。一、数之始、而物之極也。各是一物之生、所以為主也。物皆各得此一以成。既成而舎以居成。居成則失其母。故皆裂発歇竭滅蹷也。

昔は、始なり。一は、数の始めにして、物の極なり。各々是れ物の生ずるに一なるは、主と為る所以なり。物は皆各々此の一を得て以て成る。既に成りて、以て成るに居るを舎つ。成るに居れば則ち其の母を失えばなり。故に皆裂発歇竭滅蹷するなり。

○所以―理由・目的・方法を示す。…するためのもの。○発―ひらく（開）。○―歇―音ケツ、止める。尽きる。
○竭―音ケツ、つきる（尽）、かれる（涸）。○蹷―音ケツ。つまずく。たおれる。失敗する。

昔は、始めである。一は、数の始めであって物の根源である。各々物が生じるのに一であるのは、主人となるからである。物は皆この一を得て成る。既に成ると成るにいるのを捨てる。成るに居ると万物の母を失ってしまうからである。だから皆裂・発・歇・竭・滅・蹷するのである。

◇一は数の初で、万物は一を得て成るが、万物の母はそこにはいない。だから、皆裂発歇竭滅蹷する。一は道であり母である。☆「歇」字の下に「竭」字を補う。（素注）

天得一以清、地得一以寧、神得一以霊、谷得一以盈、万物得一以生、侯王得一以為天下貞。其致之一也。

天は一を得て以て清く、地は一を得て以て寧く、神は一を得て以て霊に、谷は一を得て以て盈ち、万物は一を得て以て生じ、侯王は一を得て以て天下の貞を為す。其れ之を致すは一なればなり。

○貞―正で、あるじ（主）。長。帛書は正。

各以其一、致此清寧霊盈生貞。

各〻其の一を以て、此の清寧霊盈生貞を致す。

それぞれその一を以て、この清・寧・霊・盈・生・貞を致すのである。

天無以清、将恐裂。

天は以て清きこと無ければ、将た恐らくは裂けん。

用一以致清耳。非用清以清也。守一則清不失。用清則恐裂也。故為功之母、不可舎也。是以皆無用其功、恐喪其本也。

一を用いて清を致すのみ。清を用いて以て清にするに非ざるなり。一を守れば則ち清失わず。清を用うれば、則ち恐らくは裂けん。故に功を為すの母は、舎つる可からざるなり。是を以て皆其の功を用うること無ければ、恐らくは其の本を喪わん。

☆王注は「喪」を「䘮」字に。（素注）

一を用いて清をするだけである。これは清を用いてそれによって清にするのではない。一を守るならば、清を失わない。清を用いると恐らくは天は裂けるであろう。だから働きをなす一の母は、捨ててはいけないのである。そういうわけで、皆その働きのある母を用いることがなかったら、恐らくはその本、即ち無為自然の道を失うであろう。

◇一は無為自然の道をいう。母も同じ。この一を用いることによって、天を清くすることができる。だから一の「母」を用いなかったら、恐らくは根源の無為自然の道を失うことになる。

地無以寧、将恐発。神無以霊、将恐歇。谷無以盈、将恐竭。万物無以生、将恐滅。侯王無以貴高、将恐蹷。

地は以て寧きこと無ければ、将た恐らくは発かん。神は以て霊なること無ければ、将た恐らくは歇まん。谷は以て盈つること無ければ、将た恐らくは竭きん。万物は以て生ずること無ければ、将た恐らくは滅びん。侯王は以て貴高なること無ければ、将た恐らくは蹷づかん。

清不能為清。盈不能為盈。皆有其母以存其形。故清不足貴。盈不足多。貴在其母、而母無貴形。

清は清を為すこと能わず。盈は盈を為すこと能わず。皆其の母有りて以て其の形を存す。故に清は貴ぶに足らず。盈は多とするに足らず。貴きは其の母に在りて、母には貴ぶ形無し。

清は自体で清きをなすことはできない。盈は自体で盈つるをなすことはできない。皆その母があってその清・盈の形がある。だから清は貴ぶに足りない。盈は重んじるに足りない。貴いのはその母にあって、母には貴ぶ形がない。

◇清・盈は、それ自体で清くしたり盈したりすることができない。貴いのは「一の母」であって、母自体には貴ぶ形がない。

故貴以賤為本、高以下為基。

故に貴きは賤しきを以て本と為し、高きは下きを以て基と為す。

貴乃以賤為本、高乃以下為基。

貴きは乃ち賤しきを以て本と為し、高きは乃ち下きを以て基となす。

貴いのはかえって賤しいのを以て本とし、高いのはかえって低いのを以て基とする。

◇貴いのは賤しいのが本で、高いのは低いのが基である。万物を生む母は賤しく低い谷のようであるから。○「乃」はかえって。（逆接）

是以侯王、自謂孤寡不穀。此非以賤為本耶。非乎。

是を以て侯王は、自ら孤・寡・不穀と謂う。此れ賤しきを以て本と為すに非ずや。非か。

○孤―みなしご。○寡―やもめ。未亡人。○不穀―不善。穀は善の意。以上は侯王の自称。

故致数誉無誉。不欲琭琭如玉、珞珞如石。

故に数（しば）誉むるを致せば、誉れ無し。琭琭（ろくろく）として玉の如く、珞珞（らくらく）として石の如きを欲せず。

故致数誉、乃無誉也。玉石琭琭珞珞体、尽於形。故不欲也。

故に数（しば）誉むるを致せば、乃ち誉れ無きなり。玉石の琭琭珞珞（ろくろくらくらく）たる体は形に尽く。故に欲せざるなり。

○琭琭―音ロク、玉の美しいさま。○珞珞―音ラク、小石の多いさま。小石がごろごろしているさま。

だからしばしば誉めることをすると、かえって誉れがないようなものである。玉石が美しく、小石がごろごろしているのは、形だけである。だから欲しがらないのである。

◇誉めることを何度も繰り返してすると、誉めないと同じであり、玉石が美しく小石がごろごろと多いのは、表面の形だけである。だからこれらは欲しがらない。万物の母は貴形はないが、貴いので、欲しいのである。

〔全訳〕

初めて　一を　得る　者は
天は　一を　得て　清く
地は　一を　得て　安らかに
神は　一を　得て　霊妙で
谷は　一を　得て　盈（み）ち

万物は　一を　得て　生じ
侯王は　一を　得て
天下の　長と　なる
これを　するのは
一　だからだ

天が　一を　得て　清く　ないと
恐らくは　裂けるで　あろう
地が　一を　得て　安らかで　ないと
恐らくは　崩れるで　あろう
神が　一を得て　霊妙で　ないと
恐らくは　働きを　止めるで　あろう
谷が　一を　得て　盈ち　ないと
恐らくは　涸れるで　あろう
万物が　一を　得て　生じないと
恐らくは　滅びるで　あろう
侯王が　一を　得て　貴高で　ないと

恐らくは　蹷（たお）れるで　あろう

だから
貴いのは　賤しいのが　本
高いのは　低いのが　基

そういう　わけで
君主は　自らを
孤・寡・不穀と　いう
これは
賤を　本と　するからだ
そうでは　ないか

だから
度び度び　誉めると
誉れは　ない
美しい　玉　ごろごろの　石

この　ようなのは　欲しくない
形　だけだからだ

☆変形三段論法の構成である。
第一段「昔之得一者」……「其致之一也」（主題）
一を得たる者の例。
第二段「天無以清」……「非乎」（解説）
第一節「天無以清」……「将恐蹷」
一を得ない結果の列挙。
第二節「故貴以賤」……「非乎」
賤下は貴高の本と侯王。
第三段「故致数誉」……「珞珞如石」（結論）
万物は名誉や形ではなく、一の母が根源。

主題で、一を得たる者を列挙し、解説で、一を得ない結果を列挙し、貴高は賤下が本であることを侯王で示し、結論で、万物は名誉や形ではなく、一なる母が根源であると結んだ。「無為自然の道」である一は、万物を始める母である。これを守ることが、「無為自然の道」であるといっている。

「一」を得ると、天・地・神・谷・万物・侯王は、清・寧・霊・盈・生・貞となり、得ないと、裂・発・歇・竭・滅・蹷となる。「一」は数の始で、「無為自然の道」であり、万物を生み出すから「母」でもある。

この道は、賤しいのを本とし、下いのを基とするから、侯王の自称、孤・寡・不穀等の語となる。度々誉めると誉めないのと同じであり、美しい玉やごろごろと多い小石は、形だけで欲しくない。欲しいのは万物の母であるという。

「其致レ之」の下に「一也」を補ったのは、傅奕本・范応元本などに拠った。王雲五本は、帛書に「也」字があるのを以て、「其致レ之也」とし、「推而言レ之」と解し、次の文の冒頭に置いている。

「貴高」は、范応元本は「為レ貞」に、趙至堅本は「貞」になっている。王弼本が「貴高」としているのは、下文に「貴以レ賤為レ本、高以レ下為レ基」の二句があるためであろうという福永本に賛成する。

「琭琭如レ玉、珞珞如レ石」は、形に尽きるから、両方とも「不欲」と王注は結んでいる。一般の諸書の解とは違う。

四十章　道の運動（反は道の動なり…）

反者は、道之動ナリ。

反は、道の動なり。

高キハ以テレ下キヲ為シレ基ト、貴キハ以テレ賤シキヲ為シレ本ト、有ハ以テレ無ヲ為スレ用ト。此レ其反也。動ノ皆知レバ二其ノ所ヲレ無ナル一、則チ物ハ通ズ矣。

故ニ曰フ二反者は、道之動ナリト一也。

高きは下きを以て基と為し、貴きは賤しきを以て本と為し、有は無を以て用と為す。此其れ反なり。動の皆其の無なる所を知れば、則ち物は通ず。故に反は、道の動なり、と曰うなり。

○此―高・貴・有。○其―下・賤・無。

高いのは下いのが基であり、貴いのは賤しいのが本であり、有は無の作用である。この三つは反対である。道の運動が皆無である所からであることがわかると、万物は皆そうであることがわかる。だから「反は道の動なり。」というのである。

◇無為自然の道の運動は反対であることを、三十九章の「貴以レ賤為レ本、高以レ下為レ基。」を引用して、「有」は反対の「無」から生じることを説明した。「賤・下・無」は同じ範疇(ちゅう)にある。

弱者(は)、道之用(ナリ)。

弱は、道の用なり。

柔弱同通(ハジクジ)、不レ可(カラ)二窮極(ス)一。

柔弱は同じく通じ、窮極す可からず。

柔弱は、無と同じく通じて、窮め極めることができない。

◇柔弱は、「無」と同じく、窮極できない。

天下(ノ)万物(ハ)、生(ジ)二於有(ヨリ)一、有(ハ)生(ズ)二於無(ヨリ)一。

天下の万物は、有より生じ、有は無より生ず。

天下之物、皆以レ有為レ生、有之所レ始、以レ無為レ本。将二欲全レ有、必反二於無一也。

天下の物は、皆有を以て生ずるを為し、有の始まる所は、無を以て本と為す。有を全くせんと将欲すれば、必ず無に反るなり。

○将欲ーほっす。…しようと思う。欲と同じ。

世の中の物は、皆有から生じるのである。有の始まる所は、無が本である。有を完全にしようとすれば、必ず無に反（かえ）ることである。

◇万物は総べて、無から生じる。だから有を完全にしようとするならば、必ず無に返ることである。「反」は反対でなく復る意。

〔全訳〕

反対は　道の運動

柔弱は　道の作用

世の　中の　万物は
天地から　生まれ
天地は　無から　生まれる

☆三段的論法の構成である。
第一段「反者、道之動」（主題）
　反対が道の運動。
第二段「弱者、道之用」（解説）
　柔弱は道の作用。
第三段「天下万物」……「有生於無」（結論）
　無は有の根源。

主題で、無為自然の道の運動は反対であると規定し、解説で、この道の別称「柔弱」の作用をいい、結論で、「無」が「有」の根源であると結んだ。

「反」を「復る」に解しているのが、一般の諸書である。王注は「反対」に解している。本章は一章と相通じ、「有・無」の関係を反対の運動と看做（みな）した。

四十一章　大器晩成（上士は道を聞かば…）

上士ハ聞ケバレ道ヲ、勤メテ而行フレ之ヲ。

　上士は道を聞けば、勤めて之を行う。

有レ志也。

志有るなり。

「無為自然の道」に志しているのである。

中士聞レ道、若レ存若レ亡、下士聞レ道、大笑レ之。

中士は道を聞けば、存するが若く亡きが若く、下士は道を聞けば、大いに之を笑う。

不レ笑不レ足二以為一レ道。故建言有レ之。

笑わざれば以て道と為すに足らず。故に建言して之有り。

建猶レ立也。

建は猶お立つるがごときなり。

立言。後世の戒めとなる言葉。

明道若レ昧、

明道は昧きが若く、

光而不レ耀。

光るも耀かず。

光っていても耀かない。

進道若退、

進道は退くが若く、

後其身而身先、外其身而身存。

其の身を後にして身先んじ、其の身を外にして身存す。七章参照。

夷道若類、

夷道は類の若く、

類㘨也。大夷之道、因物之性、不執平以割物。其平不見。乃更反若類㘨。

類は㘨なり。大夷の道は、物の性に因り、平らを執りて以て物を割かず。其の平らは見われず。乃ち更に反って類㘨の若し。

○類―音ライ、しずか。河上公本は類に作る。○類を糸節〔説文〕とし、でこぼこ道と解する説もある。簡文は疵。○㘨―音カイ、しずか。○夷―平。

類は㘨の意である。大きく平らな道は、物の本性で、この平らな大道を執って物を割くことをしない。その平らは現われなく、そこで更に却って静かなようである。

◇大きく平らな道は、無為自然の本体で、物を割くことをせず、はっきりしなく、静かなようである。

上徳若レ谷、

上徳は谷の若く、

不レ徳二其徳一、無レ所レ懐。

その徳を徳とせざれば、懐く所無し。

その無為自然の道はその徳を徳としないから、故意に抱く所がない。それは谷が無意識に物を抱いているのと同じようである。

太白若レ辱、

太白は辱きが若く、

○太白―太は甚だの意。○辱―黔と同じ。黒い。

知二其白一、守二其黒一、太白然後乃得。

其の白を知れば、其の黒を守りて、太白然る後に乃ち得。

その白がわかると、黒を守って、甚だ白いのがそこで初めて得られる。

白を潔白、辱を汚辱と見てもよい。

広徳若レ不レ足、

広徳は足らざるが若く、

広徳不レ盈。廓然無レ形、不レ可レ満也。

広徳は盈たず。廓然として形無ければ、満たす可からざるなり。

広徳は満たない。広々として形がないから、満たすことができないのである。

建徳若レ偸、

建徳は偸しきが若く、

偸匹也。建徳者、因二物自然一、不レ立不レ施。故若二偸匹一。

偸は匹なり。建徳は、物の自然に因りて、立てず施さず。故に偸匹の若し。

○偸―音トウ、匹の意。匹は卑しい。

偸は匹の意と同じである。確固とした徳は、この道が自然であるように、自ら立てたり施したりしない。だから卑しいと同じようなものである。

質真若レ渝。

質真は渝るが若し。

質真者、不レ矜二其真一。故若レ渝。

質真は其の真を矜らず。故に渝るが若し。

○渝—音ユ、かわる。変化する。

質実のありのままの者は、そのありのままを誇らない。だから変化すると同じようである。

☆王注「故」字の下に「若」字がない。これを補う。（素注）

大方ハ無シレ隅。

大方は隅無し。

方ナルモ而不レ割カ。故ニ無レ隅。

方なるも割かず。故に隅無し。

四角であるが断ち切らない。だから隅がない。

大器ハ晩成ス。

大器は晩成す。

大器ノ成スハ二天下ニ一、不レ持タ二全別ヲ一。故ニ必ズ晩ク成ル也。

大器の天下に成すは、全別を持たず。故に必ず晩く成るなり。

○大器—偉大な人物。

大器が天下に成すのは、全体を分けることをしない。だから晩くなって出来上るのである。大器の人は晩年になって成功する。

◇馬王堆漢墓から出土した帛書の『老子』の乙本には、「大器免成」とある。大器は永遠に未完成なものであると解している。

大音希声。

大音は希声なり。

聴之不聞、名曰希。不可得聞之音也。有声則有分。有分則不宮而商矣。分則不能統衆。故有声者非大音也。

之を聴くも聞こえず、名づけて希と曰う。得て聞くべからざるの音なり。声有れば則ち分有り。分有れば則ち宮ならざれば商。分は則ち衆を統ぶる能わず。故に声有る者は、大音に非ざるなり。

○宮―五音（宮・商・角・徴・羽）の一つ。宮と商は基本となる音。

これを聴いても聞こえない。名づけて希という。聞くことができない音である。声があると区分がある。区分があると宮でなければ商である。区分は衆を統べることは出来ない。だから声のあるものは、大音ではないのである。「聴之不聞、名曰希」は十四章参照。

大象無形。

大象は形無し。

有形則有分。有分者、不温則炎、不炎則寒。故象而形者、非大象。

形有れば則ち分有り。分有る者は、温ならざれば則ち炎なり、炎ならざれば則ち寒なり。故に象して形わすものは、大象に非ず。

○大象―最も大きい象。

形があれば区分がある。区分が有る者は、温かくなければ熱くあり、熱くなければ寒いのである。だから象で現わす者は、大象ではない。

道隠無名。夫唯道善貸且成。

道は隠れて名無し。夫れ唯だ道は善く貸し且つ成す。

凡此諸善、皆是道之所成也。在象則為大象、而大象無形。在音則為大音、而大音希声。物以之成、而不見其成形。故隠而無名也。貸之非唯供其乏而已。一貸之、則足以永終其徳。故曰善貸也。成之不加機匠之裁、無物而不済其形。故曰善成。

凡て此の諸〻の善は、皆是れ道の成す所なり。象に在りては則ち大象と為りて、大象は形無し。音に在りては則ち大音と為りて、大音は希声なり。物は之を以て成りて、其の形を成すを見ず。故に隠れて名無きなり。之を貸すことただに其の乏しきに供するのみに非ず。一度これを貸せば、則ち以て永く其の徳を終うるに足る。故に善く貸すというなり。之を成すこと機匠の裁を加えざれども、物として其の形を済さざる無し。故に善く成すと曰う。

○機匠―巧匠。

すべてもろもろの善は、みなこの道のするところである。象にあっては大象と為って、大象は形がない。音に在っては大音と為って、大音は希声である。物はこれで成っていて、その成った形を見ない。だから隠れて名がないのである。これを貸すことは、ただその乏しいのに供するだけでなく、一度これを貸すと長くその徳を続けるのに十分である。だから善く貸すというのである。これを以てなすことが、巧匠の切り盛りを加えなくても、どんな物でも成さない物はないから、「善く成す。」というのである。

◇もろもろの善は、皆「無為自然の道の徳」のすることで、これを物に貸すと、長くこの徳が続くのである。だから善く成すというのである。

〔全訳〕

優れた　人は　道を　聞くと　勤めて　実行　する
中等の　人は　道を　聞くと　半信半疑で　ある
下等の　人は　道を　聞くと　大笑　する
大笑　しないと　道と　するには　十分で　ない

だから　立言に
明らかな　道は　暗い　ようで　あり
進む　道は　後から　行く　ようで　あり

平らな　道は　静かな　ようで　あり
優れた　徳は　抱く　谷の　ようで　あり
最も　白いのは　黒い　ようで　あり
広大な　徳は　足りない　ようで　あり
確固と　した　徳は　卑しい　ようで　あり
質実な　ありのままは　変る　ようで　ある
この　上　ない　大きい　四角は　角が　ない
偉大な　人物は　晩く　大成　する
大音は　微かな　音で　ある
大象は　形が　ない　と

だから　道は　隠れて　名が　ない
それで　いて　ただ　善く　貸し与え
その上　生育を　成し遂げる

☆三段的論法の構成である。

第一段「上士聞道」……「不足以為道」（主題）
　道に対する上士、中士、下士の違い。

第二段「故建言有之」……「大象無形」（解説）
　建設言の内容。
第三段「道隠無名」……「善貸且成」（結論）
　道の本体と功用。
主題で、道に対して、上士、中士、下士の違いを規定し、解説で、建言の内容を説明し、結論で、道の本体と功用で結んだ。

道は無為自然であるが、万物に恩恵を施し、その本性を全うさせる。王注本は「太白」で「大白」でない。したがって「太白若レ辱」を「大方無レ隅」の前に置く説（高亨）は、王注本では不適当である。また「質真」を「質徳」とするが、このままでよい。帛書乙本に「大器免成」とあるが、王弼の時は王注本通りでよい。

四十二章　道の功用(5)〈強梁〉（道は一を生ず……）

道生(ハジ)レ一(ヲ)、一生(ハジ)レ二(ヲ)、二生(ハジ)レ三(ヲ)、三生(ハズ)二万物(ヲ)一。万物負(ハヒテ)レ陰(ヲ)而抱(キ)レ陽(ヲ)、冲気以為(テス)レ和(ヲ)。

道は一を生じ、一は二を生じ、二は三を生じ、三は万物を生ず。万物は陰を負いて陽を抱き、冲気(ちゅう)以て和を為す。

○沖気—むなしい（虚）気、調和・中和する気。○和—和合する。

万物万形、其帰一也。何由致一。由於無也。由無乃一。一可謂無。已謂之一、豈得無言乎。

万物万形は、其れ一に帰するなり。何に由りて一を致す。無に由ればなり。無に由れば乃ち一なり。一は無と謂う可し。已に之を一と謂えば、豈に言無きことを得んや。

万物万形は、一に帰るものである。何により一となるのか。無に由ってである。無に由るから、そこで一となる。一は無ということができる。既にこれを一というと、どうして次の言葉がないということができようか。

◇万物万形は一に帰る。それは無によってである。だから一は無である。これを一というと、次の言葉が出る。

有言有一、非二如何。有一有二、遂生乎三。従無之有、数尽乎斯。過此以往、非道之流。故万物之生、吾知其主。雖有万形、沖気一焉。

言有りて一有るは、二に非ずして如何。一有りて二有るは、遂に三を生ず。無より有に之き、数斯に尽く。此れを過ぎて以往は、道の流れに非ず。故に万物の生ずるは、吾其の主を知る。万形有りと雖も、沖気焉れを一にす。

言葉があって一があるのは、次は二でなくてどうするか。一があって二があるのは、遂に三になる。無から有に行って、数は三で尽きる。これから先は、無為自然の道の流れではない。だから万物が生まれるのは、わたしはその主人がわかる。万物には万形があっても、中和の気がこれを一つにする。

◇言葉になった以上、一から三までが無為自然の道の流れであって、これから先は無為自然の道が万物を生ずる主人となり、その冲気が一つにするのである。つまり無為自然の道が、三を一つにし、それぞれの万物を生むのである。

人之所レ悪、唯孤寡不穀、而王公以為レ称。故物或損レ之而益、或益レ之而損。

人の悪む所は、唯だ孤・寡・不穀にして、王公は以て称と為す。故に物は或いは之を損して益し、或いは之を益して損す。

百姓有レ心。異レ国殊レ風、而得レ一者、王侯主焉。以レ一為レ主、一何可レ舎。愈多愈遠。損則近レ之、損レ之至レ尽、乃得二其極一。

百姓は心有り。国を異にし風を殊にすれども、一を得る者、王侯は主たり。一を以て主と為せば、一は何ぞ舎つべけん。愈〻多ければ愈〻遠し。損すれば則ち之に近づき、之を損して尽くるに至れば、乃ち其の極を得。

一般の庶民には心がある。国が違い風俗が違っても、「一」を得ている者、一国の君主は主人である。一を以て主人とするから、一は捨てることはできない。多ければ多い程、いよいよ一から遠くなり、少なくなると一に近づき、すっかり少なくなるのが尽きて亡くなると、そこでその極を得る。

既謂二之一一、猶乃至レ三。況本不レ一、而道可レ近乎。損レ之而益、豈虚言也。

既に之を一と謂えば、猶お乃ち三に至る。況んや本は一ならずして、道は近づくべけんや。之を損して益すとは、豈に虚言ならんや。

○損―少なくなる。

も早や一というと、やはり三まで行く。まして本は一でなくして、無為自然の道は近づけることができようか。これを損して益すということは、どうしてでたらめであろうか。

◇一国の君主は、一を得ているから主人である。一を主人とするから捨てることはできない。愈多愈遠で、損がすっかり亡くなると極、つまり無為自然の道になる。それを一というと、三まで行く。だから本は一でなくては近づけない。損して益すということはこのことで、でたらめではない。

人之所教、我亦教之。

人の教うる所は、我も亦た之を教う。

我之非強使人従之也。而用夫自然、挙其至理、順之必吉、違之必凶。故人相教、違之必自取其凶也。亦如我之教人勿違之也。

我の強いて人をして之に従わしむるに非ざるなり。而も夫の自然を用いて、其の至理を挙げ、之に順えば必ず吉に、之に違えば必ず凶なり。故に人の相教うるに、之に違えば必ず自ら其の凶を取るなり。亦た我の人に之に違うこと勿かれと教うるが如きなり。

わたしが強いて人に、無為自然の道に従わさせるのではない。しかしあの無為自然の道を用いて、そのこのうえない道理を挙げ、これに順うと必ず吉であり、これに違うと必ず凶である。だから人が相教えるのに、この無為自然の道に違うと、必ず自ら凶を取るのである。またわたし（老子）が人に、この無為自然の道に違ってはいけないと教えるようなものである。

◇無為自然の道に順うのは吉であり、違うのは凶である。人が教えるのに、無為自然の道に違うと、わたし（老子）が無為自然の道に違ってはいけないと、教えるようなものである。

強梁者不レ得二其死一。吾将三以為二教父一。

強梁は其の死を得ず。吾は将に以て教えの父と為らんとす。

強梁則必不レ得二其死一。人相教為二強梁一、則必如三我之教二人不レ当レ為二強梁一也。挙二其強梁不レ得二其死一、以教耶。

強梁は則ち必ず其の死を得ず。人の相教うるに強梁を為せば、則ち必ず我の人に当に強梁を為すべからずと教うるが如きなり。其れ強梁は其の死を得ざるを挙げて以て教うるや。

○強梁—強くて盛んなこと。○耶—疑問・反語・感嘆などの意がある。ここは疑問と感嘆。

強く盛んなのは必ずその死を得ない。人が教えて強梁をする時は、わたしが人に、当然強梁をしてはいけないと教えるようなものである。その強梁はその死を得ないことを挙げて、それを以て教えるのだなあ。

若レ云下順二我教一之必吉上也。故得二其違レ教之徒一、適可三以為二教父一也。

我が教えに順えば之必ず吉なりと云うが若きなり。故に其の教えに違うの徒を得れば、適に以て教えの父と為す可きなり。

わたしの無為自然の道の教えに順う時は、必ず吉であるというようなものである。だからその教えに違う仲間が出ると、ちょうど教えの父とすることができるのである。

◇強梁は必ずその死を得ない。人が強梁を教えるのは、わたしが強梁をしてはいけないと教えると同じである。だから教えに強梁のことが出ると、教えの父とすることができる。王注は「強梁者」を人にしていない。

〔全訳〕

道は
一を　生み
一は　二を　生み
二は　三を　生み
三は　万物を　生む
万物は
陰を　負い　陽を　抱いて
調和の　気が

和合　する

人が　いやがるのは
孤　寡　不穀
王公は
これを　自称と　する

だから　物は
減ると　一に　近づき
増すと　一から　遠く　なる

人が　教える　ことは
わたしも　また　教え方に　する

強梁は
その　死を　得ない
わたしは

これを
教えの　父と　しよう

☆三段的論法の構成である。

第一段「道生一」……「三生㆓万物㆒」（主題）
　この道の功用。
第二段「万物負陰」……「我亦教之」（解説）
　第一節「万物負陰」……「以為㆑和」
　　陰陽・和合の気。
　第二節「人之所悪」……「益之而損」
　　損益の功。
　第三節「人之所教」……「我亦教之」
　　この道の教え方。
第三段「強梁者」……「為教父」（結論）
　強梁と教え。

主題で、この道は一から万物を生むと規定し、解説で、陰陽・和合の気、損益の功、この道の教え方を説明し、結論で、強梁は教の父となることで結んだ。

一を生むこの道は、万物を生み、また一に帰り「無」となる。だから一は「無」ということができる。

「人の教うる所は、我も亦た之を教う。」は、人が「無為自然の道」に従わないで教えると、わたし（老子）は人に、従わなければいけないと教える。ただ人の教えることを、そのまま教えるのではなく、「無為自然の道」に従って教えていれば、その教えに従って教えるが、そうでない場合は、「無為自然の道」に従って教えるように教える。

「強梁者」は強梁なことはという意味で人に限定していない。これを教えの父とするのは、強梁者は死を全うすることが出来ないから、「強梁」はするなと、教えの父として教えるのである。

「之を損して益す」の「損」は、「無」に近づくこと、「之を益して損す」の「益」は「無」より遠くなること、単なる物質の損益の意ではない。

四十三章　無為の益（天下の至柔は…）

天下之至柔ハ、馳二騁ス天下之至堅ヲ一。

天下の至柔は、天下の至堅を馳騁（ちてい）す。

○馳騁―馬をかけ走らす。

気無ハクレ所レ不ルレ入ラ、水無ハシレ所レ不ルレ出デ二於経ニ一。

気は入らざる所無く、水は経（みち）に出でざる所無し。

○経—みち。すじみち。道路。

気は入らない所はなく、水は小路に流れ出ないことはない。

◇気はどこへでも入り、水はどこへでも流れる。

無有入無間。吾是以知無為之有益。

無有は無間に入る。吾是を以て無為の益有るを知る。

○無有—形のないもの。無。大気・水。

虚無柔弱、無所不通、無有不可窮。至柔不可折。以此推之、故知無為之有益也。

虚無柔弱は、通らざる所無く、無有は窮む可からず。至柔は折る可からず。此を以て之を推せば、故に無為の益有ることを知るなり。

虚無柔弱は、通らない所がなく、無有は窮めることができない。至柔は折ることができない。これから推量すると、だから無為の益があることがわかるのである。

◇虚無、柔弱の大気や水から、無為の益を説いた。

不言之教、無為之益、天下希及之。

不言の教え、無為の益は、天下之に及ぶこと希なり。

〔全訳〕

世の　中で　最も　柔かい　大気や　水は
最も　堅い　金や　石に
自由　自在に　入り　込む

形の　ない　大気や　水は
どんな　所へでも　入り　込む
だから　わたしは
無為の　益が　わかる

不言の　教
無為の　益は
世の　中で　及ぶ　ものは　ない

☆明瞭な三段的論法である。
　第一段「天下之至柔」……「至堅」（主題）
　　虚無と柔弱の作用。
　第二段「無有入無間」……「有益」（解説）

第三段「不言之教」……「希及之」（結論）

無為自然の道の「不言の教え」と「無為」の功用。

主題で、大気や水の働きを規定し、解説で、大気と水から無為の益をいい、結論で、不言の教え、無為の益で結んだ。

一般の諸書は、水の柔弱の働きだけに解しているが、王注は「気は入らざる所無く、水は経に出でざる所無し。」と、大気も含めていっている。大気は地球を取りまく空気である。この解釈の方が地球に生存する万物の自然の姿を具体化している。

「不言の教え」を結論でいっているのは、唐突の感を持つであろうが、大気や水は、無有、柔弱で、偉大な働きをしていることから、「不言の教え」に準えたのである。黙して語らず。その人がいると自ら感化を受ける。これが大気や水の本性と同じであるとするからであろう。

四十四章　知足・知止(1)（名と身と孰れか親しき…）

名与身孰親。

名と身とは孰れか親しき。

尚名好高、其身必疏。

名を尚び高きを好むは、其の身必ず疏し。

○疏—関係が薄い。

名を貴び高い地位を好むのは、その身は必ず関係が薄い。

身ト与ハレ貨孰レカ多キ。

身と貨とは孰れか多き。

貪リテレ貨無キハレ厭クコト、其ノ身必ズ少ナシ。

貨を貪りて厭くこと無きは、其の身必ず少なし。

○少—無為自然の徳が少ない。

財貨を貪ってあきないのは、身は必ず無為自然の徳が少ない。

得ルト与ハレ亡フ孰レカ病ナル。

得ると亡うとは孰れか病なる。

得テ二多利ヲ一而亡フハ二其ノ身ヲ一、何者ヲカ為スレ病ト也ヤ。

多利を得て、其の身を亡うは、何者をか病と為すや。

多くの利益を得てその身を失うのは、何者を病とするか。これ以上の病はない。

◇無為自然の道に反することをいう。

是故、甚愛必大費、多蔵必厚亡。

是の故に、甚だ愛めば必ず大いに費え、多く蔵すれば必ず厚く亡う。

○費ーついえる。減る。なくなる。

甚愛不㆓与㆑物通㆒。多蔵不㆓与㆑物散㆒。求㆑之者多、攻㆑之者衆、為㆓物所㆑病。故大費厚亡也。

甚だ愛めば物を与えて通ぜず。多く蔵すれば物を与えて散せず。之を求むる者多く、之を攻る者衆ければ、物の病む所と為る。故に大いに費え厚く亡うなり。

○愛ーおしむ（吝・嗇）。○攻ー管理する。○厚ー多く。

甚だ物おしみをすると、物を与えても心が疎通しなく、多くしまい込むと、物を与えても散財しない。吝むことを求めることが多く、物を管理することが衆くなると、物が心を痛める所となる。だから大いに心を費し多く失うのである。

◇「不㆓与㆑物通㆒」は与えない。「不㆓与㆑物散㆒」は散財しない意を具体的にいったもの。「病」は心を病む。「求㆑之」の「之」は吝むこと。「攻之」の「之」は貯蔵の物を指す。「為㆑物所㆑病。」と訓でも可。

知㆑足不㆑辱。知㆑止不㆑殆。可㆓以長久㆒。

足ることを知れば辱められず。止まることを知れば殆うからず。以て長久なる可し。

〔全訳〕

身は　名より　親しく
身は　財貨より　多く
多利は　身を　亡す
だから
惜しみ　過ぎると
必ず　大いに　費やし
多く　蔵（おさ）めると
必ず　厚く　失う

足る　ことが　わかると
辱しめられなく
止まる　ことが　わかると
危くなく
長生き　できる

☆三段的論法の構成である。

　第一段「名与身孰親」……「就病」（主題）

名と身、身と貨、得と身の関係。
第二段「是故」……「必厚亡」（解説）
甚愛と多蔵の害。
第三段「知足不辱」……「可以長久」（結論）
知足・知止のこと。

主題で、身と名・貨・得を規定し、解説で、甚愛と多蔵の害をいい、結論で、知足知止で結んだ。身は何よりも大事で、知足知止が長久の基であるという。

四十五章　清静の道（大成は欠くるが若く…）

大成若ㇾ欠、其用不ㇾ弊。

大成は欠くるが若く、其の用は弊きず。

○弊―衰え尽きる。衰竭。

随ㇾ物而成、不ㇾ為二一象一。故若ㇾ欠也。

物に随いて成り、一象を為さず。故に欠くるが如きなり。

大成は物に随って成って、一つの形をしない。だから欠けているようである。

◇大成は物に随って成って、一つの形をしない。

☆「不レ為ニ一象ニ」（一象の為にせず。）の字訓は誤り。（素注）

大盈若レ沖、其用不レ窮。

大盈は沖しきが若く、其の用は窮まらず。

大盈充足。随レ物而与、無レ所レ愛矜一。故若レ沖。

大盈は充足なり。物に随いて与えて、愛矜する所無し。故に沖しきが若し。

○愛矜―いつくしみあわれむ。

大盈は十分満ちていることである。物に随って与えていて、可愛がって憐れむ所がない。だからむなしいようである。

◇大盈は充足の意で、物につれて形が変わるから愛矜する所がない。

大直若レ屈、

大直は屈するが若く、

随レ物而直。直不レ在レ一。故若レ屈也。

物に随いて直なり。直は一に在らず。故に屈するが若きなり。

☆「直不」は王注「直下」になっている。「直不」の誤り。（素注）

大直は物に随って真直のことである。真直は一ではない。だから屈っているようである。

◇大直は物に随って真直なことであるが、屈っているようである。

大巧若レ拙、

大巧は拙なるが若く、

大巧因二自然一以成レ器、不三造二為異端一、故若レ拙也。

大巧は自然に因りて以て器を成し、異端を造為せず、故に拙なるが若きなり。

◇大巧は自然によって器を成して、異なったものを故意に造らない。だから拙のようである。

◇大巧は自然にできた器で、人工で故意に造ったものではない。天巧と同意。

大弁若レ訥。

大弁は訥なるが若し。

大弁因レ物而言。已無レ所レ造。故若レ訥也。

大弁は物に因りて言う。已に造る所無し。故に訥なるが若きなり。

大雄弁は物に因っていう。も早や手を加えた所がなく、ありのままの言い方である。だから訥であるようである。

◇大雄弁は物に順って言うだけで、作為した所がない。だから拙のようである。「物に因る」は、ありのままに順う意。

躁勝レ寒、静勝レ熱。清静為二天下正一。

　躁は寒に勝ち、静は熱に勝つ。清静は天下の正為り。

躁罷然後勝レ寒、静無為以勝レ熱。以レ此推レ之、則清静為二天下正一也。静則全二物之真一、躁則犯二物之性一。故惟清静乃得レ如二上諸大一也。

　躁は罷んで然る後に寒に勝ち、静は無為にして以て熱に勝つ。此れを以て之を推せば、則ち清静は天下の正為るなり。静なれば則ち物の真を全くし、躁なれば則ち物の性を犯す。故に惟れ清静は乃ち上の諸大の如きを得るなり。

躁しいのが止んでそこで初めて寒いのに勝ち、静かなことは無為であって熱いのに勝つ。このことを以て推測すると、清静は世の中の主である。静であると物はありのままを完全にし、躁であると、物の本性を犯す。だからこの清静はかえって上の諸〻の大のようなのを得ることができるのである。

◇五体を運動すると暖かくなり、寒さに勝ち、心を寧らかにして静かにすると、爽かになり、熱さに勝つ。だから清静は世の中の主である。清静は「無為自然の道」の別称であるから、「主」という。したがって上述の五大を得ることができる。

〔全訳〕

　物に　随って　成る　大成は
一つの　形を　しなくて　欠けて　いる　ようで　あるが

その　働きは　尽きない

十分に　満ちている　大盈は
からっぽの　ようで　あるが
その　働きは　窮まりない

物に　随って　真直な　大直は
曲って　いる　ようで　ある

自然に　出来た　器の　大巧は
拙い　ようで　ある

物に　因って　言う　大弁は
訥弁の　ようで　ある

動かすと　寒さに　勝ち
静かに　していると　爽やかに　なる

だから
清静は
世の　中の　主で　ある

☆三段的論法の形式である。
第一段「大成若欠」……「其用不弊」（主題）
　無為自然の道を「大成」で規定。
第二段「大盈若冲」……「大弁若訥」（解説）
　無為自然の道の働きを、大盈、大直、大巧、大弁を挙げて解説した。
第三段「躁勝寒」……「為天下正」（結論）
　無為自然の道を「清静」の別称でいった。

主題で、無為自然の功用を「大成」の語で規定し、解説で、この道を四つの例を挙げて説明し、結論で、この道の別称「清静」を挙げ、天下の正であると結んだ。

　本章で注目すべきことは、「大成」の王注「物に随って成り、一象を為さず。」の語である。一般の諸書の「大いなる製作品、本当に完成しているもの、本当に完全なもの」のような意ではなく、「物に随って成るもの」すなわち「水は方円の器に従う。」ことをいっている。無為自然の道の別称で、この形は欠けているようであるが、その働きは無限であるというのである。

「大盈」「大道」「大巧」「大弁」も、無為自然の道の別称であり、「清静」もそうであるが、結論に「清静」を置いたのは、王注に「惟れ清静にして乃ち上の諸大の如きを得るなり。」といって、「清静」が基底となり、初めて五つの大を得られるからである。

「大成」を主題としたのは、無為自然の道の本体をいったからである。それを具体的にいったのが解説で、結論の「清静」は本体の本性をいったのである。

「天下の正」の「正」は、主（おさ）（長）の意に解するのがよい。蔣錫昌は「模範」の義に解し、諸橋本は「標準」と解している。

四十六章　知足(2)（天下に道有らば…）

天下有レ道、却二走馬一以糞。

天下に道有れば、走馬を却（しりぞ）けて以て糞（たづくり）す。

天下有レ道、知レ足知レ止、無レ求二於外一、各修二其内一而已。故却二走馬一以治二田糞一也。

天下に道有れば、足ることを知り止（とど）まることを知りて、外に求むること無く、各〻其の内を修むるのみ。故に走馬を却（しりぞ）けて以て田糞（ふん）を治むるなり。

○走馬—軍馬。○糞（ふん）—肥料を与えて作物を作る。

世の中に無為自然の道が行われている時は、足ることを知り止（とど）まることを知って、他に何も求めないで、各々自身の内を修める。だから走馬は必要なく、農耕に従事させる。

◇世の中が無為自然の道に順って行われていると、平和であるから、軍馬を農耕に使う。

天下無ㇾ道、戎馬生㆓於郊㆒。

天下に道無ければ、戎馬郊に生ず。

貪欲無ㇾ厭、不ㇾ修㆓其内㆒。各求㆓於外㆒。故戎馬生㆓於郊㆒也。

貪欲厭くこと無く、其の内を修めず。各々外を求む。故に戎馬郊に生ずるなり。

○戎馬―軍馬。戎は武器の総称。

貪欲が限りなく、身の内を修めないで、各自外のことを求める。だから軍馬が郊外に起こる。

◇無為自然の道が行われないと、貪欲が限りないから、わが身を修めることをせず、外のことを求める。だから戦争が郊外に起きる。

禍莫ㇾ大㆓於不ㇾ知ㇾ足、咎莫ㇾ大㆓於欲ㇾ得。故知ㇾ足之足、常足矣。

禍は足ることを知らざるより大なるは莫く、咎めは得ることを欲するより大なるは莫し。故に足ることを知るの足るは、常に足る。

〔全訳〕

世の　中に　この　道が

行われると
軍馬は　不用で
農耕に　使われる

世の　中に　この　道が
行われないと
軍馬は　郊外で
戦争に　使われる

禍は　足ることを　知らないより
大きい　ものは　なく
咎(とが)めは　得ることを　欲するより
大きい　ものは　ない

だから
足る　ことを　知るの　足るは
いつも　満ち足りて　いるので　ある

☆三段的論法の構成である。
第一段「天下有道」……「以糞」（主題）
無為自然の道が行われると、世の中は平和で、軍馬が農耕に使われる。
第二段「天下無道」……「生於郊」（解説）
無為自然の道が行われないと、戦争になる。
第三段「禍莫大…」……「常足矣」（結論）
禍と咎は、足ることを知らないことから起こる。「知足」とは恒久不変の「足」である。
主題で、無為自然の道の功用を規定し、解説で、用いない場合の弊害をいい、結論で、これは知足のないことから起こると結んだ。

四十七章　道は足下（戸を出でずして…）

不出戸知天下、不窺牖見天道。

戸を出でずして天下を知り、牖（よう）を窺（うかが）わずして天道を見る。

○牖―音ヨウ、まど（窓）。○天道―天の道。天の運行。

事有宗而物有主。途雖殊同而同帰也。慮雖百、而其致一也。道有大常、理有大勢。執古之道可以御今。雖処於今、可以知古始。故不出戸窺牖而可知也。

事には宗有りて、物には主有り。途は殊ると雖も帰を同じくするなり。慮は百と雖も其の一を致すなり。道に大常有り、理に大勢有り。古の道を執りて、以て今を御す可し。今に処すると雖も、以て古始を知る可し。故に戸を出で牖（よう）を窺（うかが）わずして知る可きなり。

○同帰―「天下―而殊レ途、一レ致而百レ慮。」（易経・繫辞）○大常―一定不変の常法。無為自然の道を指す。○大勢―自然のいきおい。自然のなりゆき。○古之道―無為自然の道。

事には宗主があって物には主人がある。途は違っても帰る所は同じくするものである。考えることは百あっても、結局は一つになるものである。人の踏むべき道には大常があり、道理には大勢がある。昔の道を取って、今を御すことができる。今のことに処しても、古始を知ることができる。だから戸を出て窓を伺わなくても、わかるのである。

◇事物には宗主があるが、結局は同じである。昔の道、つまり無為自然の道によって、今の世の中を御すことができ、一方また今のことに処しても古始がわかる。だから、戸を出で窓より外を見ないでも、物事はわかるのである。大常、大勢は共に、無為自然の道を指す。古始も同じ。無為自然の道は昔も今も同じで、恒久不変であることをいう。

其出弥遠、其知弥少。

其の出ずること弥（いよ）〻遠ければ、其の知ること弥〻少なし。

無在於一、而求之於衆也。道視之不可見。聴之不可聞。搏之不可得。如其知之、不須出戸。若其不知、出愈遠愈迷也。

無は一に在るも、之を衆に求むるなり。道は之を視るも、見る可からず。之を聴くも聞く可からず。之を搏えるも得可からず。如し其れ之を知れば、戸を出ずることを須たず。若し其れ知らざれば、出ずること愈ゝ遠く愈ゝ迷うなり。

無は一であっても、これを多いのに求めるのである。無為自然の道は、これを視ても見えない、聴いても聞くことができない。捉えても得ることができない。もしこの無為自然の道のことがわかったら、戸を出るのを待たなくてもわかる。もしこの道がわからなかったら、戸を出ることが遠くなればなる程迷うものである。

◇無は一なのに、これを多いのに求める。だから無為自然の道がわかると、家の中でも物事はわかり、わからないと、家を出ることが遠くなればなる程迷ってわからなくなる。無為自然の道は足下にあることをいっている。

是以聖人、不行而知、不見而名、

是を以て聖人は、行かずして知り、見ずして名づけ、

○名―判断する。

得物之致。故雖不行、而慮可知也。識物之宗。故雖不見、而是非之理、可得而

名ヅク一也。

物の致すを得。故に行かずと雖も、慮（おもんぱか）りて知る可きなり。物の宗を識（し）る。故に見ずと雖も、是非の理は、得て名づく可きなり。

物を極めることができる。だから行かなくても、考えをめぐらしてわかるのである。物の本源がわかる。だから見なくても、是非の道理は、名づけることができるのである。

◇無為自然の道を体得した聖人は、物事を行かなくてもわかり、その是非の理を判断することができる。

不シテレ為サ而成ラシム。

明ラカニスルハ二物之性ヲ一、因ルレ之ニ而已ノミ。故ニ雖モレ不トレ為サ、而使ム三之ヲシテ成ラ二矣。

為さずして成らしむ。

物の性を明らかにするは、之に因るのみ。故に為さずと雖も、之をして成らしむ。

物の本性を明らかにするのは、この無為自然の道に因るだけだ。だからなさなくても、成るようにさせる。

◇物の自然の本性を明らかにするのは、この無為自然の道に因るだけ。何をしなくても物を成長させるのである。宇恵注は「而已」を（シテヤム）と訓じている。

〔全訳〕

室（へや）を　出なくても　世の　中の　ことが

分かり
窓を　開けなくても　天の　運行が
分かる

遠くへ　行けば　行くほど
いよいよ　本当の　ことが　分からなく　なる

だから
聖人は
出歩かなくても　分かり
見なくても　名づけられ
何も　しないでも
成る　ように　させる

☆三段的論法の構成である。
第一段「不出戸」……「見天道」（主題）
　無為自然の道の体得者の功用。
第二段「其出弥遠」……「弥少」（解説）

無為自然の道を体得しない者の行動。

第三段「是以聖人」……「不為而成」（結論）

　無為自然の道を体得した聖人の作用。

主題で、無為自然の道を体得した者の功用を規定し、解説で、この道を体得しない者の行動をいい、結論で、この道の体得者の聖人の作用で結んだ。

　この章の問題は、「出弥遠、其知弥少。」の解で、一般の諸書は、区々で適切でない。王注は「如し其れ之を知らば、戸を出ずることを待たず。若し其れを知らざれば、出ること愈々遠く、愈々迷うなり。」と注し、無為自然の道を離れることが、遠くなればなる程いよいよ迷うと、「戸」を出ることに掛けて暗示している。「無」は一で、「弥遠」はますます無為自然の道から離れること、「弥少」は無為自然の道がますますわからなくなることをいう。要は無為自然の道の体得の肝腎なことをいっている。

四十八章　無為の功用(1)（学を為せば日々に益し…）

為(セバ)レ学(ヲ)日(々ニ)益(シ)。

　学を為せば日々に益(ま)し。

務(メテ)欲(ス)下進(メテ)二其(ノ)所(ヲ)一レ能(クスル)、益(サント)中其(ノ)所(ヲ)上レ習(フ)。

務めて其の能くする所を進めて、其の習う所を益さんと欲す。

務めて出来る所を進めて、習った所を増そうとする。

為レ道日損。

道を為せば日々に損す。

務欲三反二虚無一也。

務めて虚無に反らんと欲するなり。

務めて虚無に反ろうとするのである。

損レ之又損、以至二於無為一。無為而無レ不レ為。

之を損して又た損せば、以て無為に至る。無為にして為さざること無し。

有レ為則有レ所レ失。故無為乃無レ所レ不レ為也。

為す有れば則ち失う所有り。故に無為にして、乃ち為さざる所無きなり。

為す意思がある時は失う所がある。だから無為であって、かえって無さない所がないのである。何でもできる。

◇無為の功用。

取ルハ二天下ヲ一常ニ以テス二無事ヲ一。

天下を取るは、常に無事を以てす。

動ハ常ニ因ル也。

動は常に因るなり。

動くのはいつも無事に因るのである。

◇無事は無為自然の道の別称。

及ビテハ二其ノ有ルニ一レ事、

其の事有るに及びては、

自リレ己レ造ス也。

己れより造(な)すなり。

自分から有為で事をするのである。

不レ足ラ三以テ取ルニ二天下ヲ一。

以て天下を取るに足らず。

失フ二統ベル本ヲ一也。

統べる本を失うなり。

統べる本の無為自然の道を失うのである。

〔全訳〕

学問を　すると
日々に　知識が　増え
この　道を　すると
日々に　知識が　減る

知識を　減らして
更に　減らして　行くと
無為の　境地に　到達　する
無為の　境地に　到達　すると
できない　ものは　何も　ない

天下を　取るのは
いつも　無事が　肝腎（じん）で
有為で　なそうと　すると
天下は　取れない

☆三段的論法の構成である。

第一段「為学日益」……「為道日損」（主題）

無為自然の道の功用。

第二段「損之又損」……「無不為」（解説）

無為の功用。

第三段「取天下」……「以取天下」（結論）

有事の害。

主題で、為学と為道を比較し、その功用を規定し、解説で、無為の功用をいい、結論で、政治は有為では、天下が取れないと結んだ。

無為自然の道を修めると、日々知識が少なくなり、無為になって行き、その境地に到達すると、できないものはなくなる。だから有為を以て国を治めると、天下は取れないと、天下統治の基いを述べた。

四十九章　万物一体観〈歙歙〉（聖人は常の心無く…）

聖人無常心、以百姓心為心。

聖人は常の心無く、百姓の心を以て心と為す。

動常因也。

動は常に因るなり。

動くのはいつも「無為自然の道」に因るのである。

善者吾善之、不善者吾亦善之。

善なる者は吾之を善とし、不善なる者も吾亦た之を善とす。

各因其用、則善不失也。

各〻其の用に因れば、則ち善は失わざるなり。

それぞれ聖人の「無為自然の道」の作用に因るから、善は失わないのである。

◇「其用」の「其」は、「無為自然の道」を指す。

徳善。

徳は善なればなり。

無棄人也。

棄人無きなり。

人を棄てることがないのである。

◇不善者でも棄てることをしない。

信者吾信之。不信者吾亦信之。徳信。

信なる者は吾之を信とし、不信なる者も吾亦た之を信とす。徳は信なればなり。

聖人在天下、歙歙為天下渾其心焉。百姓皆注其耳目、

聖人の天下に在るは、歙歙として天下の為に其の心を渾にす。百姓は皆其の耳目を注ぐも、

○歙歙―☆三五四・三五八頁を参照。

各用聰明。

各〻聰明を用う。

聖人皆孩之。

聖人は皆之を孩にす。

皆使㆔和而無㆑欲、如㆓嬰児㆒也。夫天地設㆑位、聖人成㆓能人謀鬼謀㆒、百姓与㆑能者。能者与㆑之、資者取㆑之。能大則大、資貴則貴。

皆和して欲無きこと、嬰児の如くならしむるなり。夫れ天地は位を設け、聖人は能く人謀鬼謀を成し、百姓には能を与うる者なり。能ある者には之を与え、資ある者には之を取る。能大なれば則ち大なりとし、資貴ければ則ち貴しとす。

聖人は皆百姓を和合して欲が無いことは、嬰児のようにさせるのである。そもそも天地は地位を設けて、聖人は能く人謀鬼謀をし、百姓には才能を与えるものである。才能のある者にはそれに応じた事を与え、資質のある者には、その資質を取るようにする。才能が大きいと、大きいとし、資質が貴いと貴いとする。

☆天地は聖人と百姓の位を設け、それぞれにそれに応じたことをさせる。王注の「聖人成能……与能者」の宇恵訓は意味が不明。「能を成し」と訓じているが、「能く」と訓じ「謀」の副詞とするのが妥当であろう。下の「能」は能力、「資」は資質。

物有㆓其宗㆒、事有㆓其主㆒。如㆑此可㆘則冕旒充㆑目、而不㆑懼㆓於欺㆒、黈纊塞㆑耳、而無㆖戚㆓於慢㆒。又何為労㆓一身之聰明㆒、以察㆓百姓之情㆒哉。

物には其の宗有り、事には其の主有り。此くの如きは則ち冕旒の目を充して、欺くを懼れず、黈纊の耳を塞ぎて、慢るを戚しむこと無かる可し。又た何為れぞ一身の聰明を労して、以て百姓の情を察せんや。

○冕旒―冕の前後にたれ下げる飾りの玉。天子は十二本、諸侯は九本、大夫は七本、下大夫は五本。冕は音べン。かんむり。天子から大夫まで、礼式に用いる。冠の上に織物で覆った板（冕板）を乗せ、その前後の端に旒（ひもでつづった飾り玉）を垂れたもの。○黈纊―黄色の綿で作った玉を冠の両側に垂らして、耳ふさぎにする。黈は音トウ、黄色の綿、纊は音コウ。わた。新しい綿。

物には宗主があり、事には主人がある。このようなのは、聖人は目を覆うて、百姓の欺くことを恐れなく、黈纊（とうこう）が耳を塞いで、怠慢を悲しむことがないのである。又どうして聡（そう）明の一身を労して、百姓の心情を察しようとするのか。そんな必要はない。

◇物事には宗主がある。だから聖人は一身を労して、百姓の心情など察する必要はない。「可冕旒……哉」の主語は聖人。

夫以レ明察レ物、物亦競以二其明一応レ之、以二不信一察レ物、物亦競以二不信一応レ之。夫天下之心不二必同一、其所レ応不二敢異一、則莫三肯用二其情一矣。

夫れ明を以て物を察すれば、物も亦た競って其の明を以て之に応じ、不信を以て物を察すれば、物も亦た競いて不信を以て之に応ず。夫れ天下の心は必ずしも同じからざるも、其の応ずる所の敢て異ならざれば、則ち肯（あえ）て其の情を用うること無し。

そもそも明を以て物を察すると、物もまた競って明を以てこれに応じ、不信を以て物を察すると、物もまた不信を以てこれに応じる。一体、世の中の人の心は必ずしも同じでないが、その応ずる所が強いて違わないならば、進んで百姓の心情を思うことに意を用いる必要はない。

◇明察を以て物を見ると、物も明察を以て競って応じて来る。不信も同じことである。世の中の人の心は同じでないが、応じる所は違わないから、進んで百姓の心情を知ることに努める必要はない。

甚矣、害之大也。莫レ大三於用二其明一矣。夫在レ智則人与レ之訟、在レ力則人与レ之争。智不レ出二於人一、而立二乎訟地一、則窮矣。力不レ出二於人一、而立二乎争地一、則危矣。

甚だしいかな、害の大なるや。其の明を用うるより大なるは莫し。夫れ智に在れば則ち人之と訟し、力に在れば則ち人之と争う。智人より出でずして、訟地に立てば、則ち窮す。力人より出でずして、争地に立てば、則ち危うし。

甚だしいなあ。害の大きいことは、明を用いるより大きい害はない。そもそも智を用いると、人は智と言い争い、力を用いると、人は力と争う。智が人から抜け出ないで、言い争いに出ると、行きづまり、力が人から抜け出ないで、言い争いに出ると、危険である。

◇明を用いるほど大きな害はない。「智不出於人」は智を用いる。「力不出於人」は力を用いる。

未レ有下能使二人無レ用二其智力乎己一者上也。如レ此則己以レ一敵レ人、而人以二千万一敵レ己也。若乃多二其法網一、煩二其刑罰一、塞二其径路一、攻二其幽宅一、則万物失二其自然一、百姓喪二其手足一、鳥乱二於上一、魚乱二於下一。

未だ能く人をして、其の智力を己に用うること無から使むる者は有らざるなり。此くの如きは、則ち己は一を以て人に敵して、人は千万を以て己に敵するなり。若し乃ち其の法網多く、其の刑罰を煩わし、其の径路を塞ぎ、其の幽宅を攻むれば、則ち万物は其の自然を失い、百姓は其の手足を喪い、鳥は上に乱れ、魚は下に乱る。

○径路－小道、筋道。○幽宅－奥深い家。

これまで人に、その智力を自分に用いることがないようにさせることができる者はないのである。このようなのは、自分一人で人に対抗して、人は千万人を以て自分に対抗するのである。若しそこで法網が多く、刑罰を煩わし、その筋道を塞ぎ、幽宅を攻めると、万物は自然を失い、百姓は手足を失い、鳥は空で乱れ、魚は淵で乱れる。

◇智力を自分に用いないようにすることは、何物でもできないから、智力を用いると、害が続出して、世の中が乱れる。径路は無為自然の道、幽宅は、無為自然を指している。

是以聖人之於天下、歙歙焉、心無所主也。為天下渾心焉、意無所適莫也。無所察焉、百姓何避。無所求焉、百姓何応。無避無応、則莫不用其情矣。

是を以て聖人の天下に於けるや、歙歙焉として、心の主とする所無きなり。天下の為に心を渾じて、意に適莫する所無きなり。察する所無ければ、百姓は何ぞ避けん。求むる所無ければ、百姓は何ぞ応ぜん。避くること無く応ずること無ければ、則ち其の情を用いざること莫し。

○歙歙焉－とらわれないさま。（三五八頁参照）。○適莫－人に対して親切であったり、不親切であったりすること。適は厚い。莫は薄い意。又適は可、莫は不可の意。〔論語・里仁〕に「君子之於天下也、無適也、無莫也。義之与比。」とある。

そういうわけで、聖人が天下に於ては、歙歙焉として、心が主人にする所がないのである。世の中のために、心を渾沌として、考えに可不可の所がないのである。心情を察する所がなかったら、百姓は何も避けることができない。求める所がなかったら、何も応じることはできない。避けることがなく、応じることがないと、百姓は心情を用いないことはないのである。

◇聖人は心を主人にしないから、百姓はかえって心情を用いることになる。

人無為舎其所能、而為其所不能、舎其所長、而為其所短。如此則言者言其所知、行者行其所能、百姓各皆注其耳目焉、吾皆孩之而已。

人は其の能くする所を舎てて、其の能くせざる所を為し、其の長ずる所を舎てて、其の短なる所を為すを為すこと無し。此くの如きは則ち言う者は其の知る所を言い、行う者は其の能くする所を行い、百姓は各〻皆其の耳目を注ぐも、吾は皆之を孩にするのみ。

人はその出来るところを捨てて、出来ない所をし、長所を捨てて、短所をすることはない。このようなのは、言う者は知っている所をいい、行う者は出来る所を行い、百姓は各自、耳目を注いで物をよく見ようとするが、無為自然の道を体得しているわたしは、皆明察を用いないで、赤ん坊のような態度にさせるだけである。

◇人は出来ること、長じている所をもって、何事もするから、このようにすると、知っていることをいい、出来ることを行うのに、百姓は皆耳目を注ぐ。しかし無為自然の道を体得しているわたし（老子）は、皆赤ん坊のように無知無欲にさせるだけである。

〔全訳〕

聖人　は　無為自然の　心の　意識が　なく

万民の　心を　自分の　心と　する
善人は　善人として　受け入れ
不善人も　善人として　受け入れる
本来　徳は　善で　あるからだ

信なる　人は　信なる　人と　し
不信なる　人も　信なる　人と　する
本来　徳は　信で　あるからだ

聖人は
世の　中に　臨むと
何事にも　捉れなく
世の　中の　ために
心を　ぼやかす
万民は　皆　目を向け
耳を　傾けても

聖人は

皆　赤子の　ように　する

☆三段的論法の構成である。

第一段「聖人無常心」……「為心」（主題）

聖人は常心なく、百姓の心を心とする。

第二段「善者吾善之」……「徳信」（解説）

第一節「善者吾善之」……「徳善」

聖人は不善者も善とする。

第二節「信者吾信之」……「徳信」

不信者も信とする。

第三段「聖人在天下」……「皆孩之」（結論）

聖人は百姓を嬰児にする。

主題で、聖人は無為自然の心を意識しないで、百姓の心を心とすると規定し、解説で、だから不善人・不信人も、善人・信人とするといい、結論で、百姓は、知る所、能くする所に耳目を注ぐが、聖人は、百姓を嬰児にすると結んだ。「無為自然の道」の功用をいった章である。不善人・不信人も、善人・信人として受け入れる態度は、自然はあらゆるものを抱含し、生み育てる現象から、万物一体をいったもので、後来儒者もいう「万物一体論」の原点が、老子のこの章にあることを察知する。

「聖人無二常心一」の「常心」を、「一定不変の心」（諸橋・福本）、「一つの固定した立場」（金谷）「常心を有為にする」（蔣錫昌）等に解しているが、王注は「動くは常に因るなり。」といって、無為自然の道に因って動くのであると解している。したがって「無為自然の道の心の意識がなくて」と解した。

歙歙の歙は〔説文〕に「鼻を縮むるなり。」とある。息を吸い収める意。したがって歙歙は、心を専一にする。（字通）。おそれるさま（大漢和）、固執しないさま（漢語林）、あやぶみ恐れるさま（漢和中旺）等、さまざまな解があるが、ここは、とらわれないさまと見るのが適切であろう。☆王注は「歙歙焉」と「焉」があって、状態の形容を表わしているから、本文はこれに改めた。（素注）

「聖人は皆之を孩にす。」の王注は、極めて懇切で、王弼が全精力を傾倒して解釈している実感を受けるだけでなく、精密な思考が理路整然と述べられている。「百姓皆其の耳目を注ぐ。」の王注は、「焉」の助字を終わりに置いている。

これは、才能・長所に注ぐ意を明示したもので、人民はこういう方面に意を注ぐが、聖人の政治は、嬰児のように無知無欲にして、無為の政治にすることにあるという。

五十章　摂生法（生を出でて死に入る…）

出デテレ生ヲ入ルレ死ニ。

生を出でて死に入る。

出デテ二生地ヲ一、入ル二死地ニ一。

生地を出でて、死地に入る。

生まれた所を出て、死ぬ所へ入る。

生之徒ハ十ニ有リレ三、死之徒ハ十ニ有リレ三。人之生ジテレ動ヲ之クモ二死地ニ一、（亦タ）十ニ有リレ三。

生の徒は十に三有り、死の徒は十に三有り。人の動を生じて死地に之（ゆ）くも、亦た十に三有り。

☆死地の下に（亦）を補う。（素注）今本に拠る。〇動いて死地に行くは、自ら死地へ行く者。

十ニ有リトハレ三、猶ホ（ゴトシ）レ云フガ三十分ノ有リト二三分一。取リテ二其ノ生ノ道ヲ一、全クスルモノ二生之極ヲ一、十分ノ有ルレ三耳（のみ）。取リテ二死之道ヲ一、全クスルモノノ二死之極ヲ一、十分亦タ有ルレ三耳（のみ）。

十に三有りとは、猶お十分の三分有りと云うがごとし。其の生の道を取りて、生の極を全くするもの、十分の三有るのみ。死の道を取りて、死の極を全くするもの、十分の亦た三有るのみ。

十に三あるというのは、なお十分の三分あるというようなものである。生きる方法を取って、長寿したものが、十分の三あるに過ぎない。死ぬ方法を取って、死に果てたものが、十分のまた三あるのだ。

◇十に三あるというのは、十分の三のことで、「生の道」は、無為自然の道の柔弱、「死の道」は、無為自然の道に反する堅強を指す。

夫何故。以其生生之厚。

夫れ何の故ぞ。其の生生の厚きを以てなり。

而民生生之厚、更之無生之地焉。

而して民の生生の厚きは、更に生無きの地に之く。

そうして民が生きることを懸命に生きようと執着するのは、一そう死の所へ行くのである。

◇生きようと執着すればする程、一そう死へ行くことをいう。

蓋聞、善摂生者、陸行不遇兕虎。入軍不被甲兵。兕無所投其角、虎無所措其爪、兵無所容其刃。

蓋し聞く、善く生を摂する者は、陸行しても兕虎に遇わず。軍に入りても甲兵を被らず。兕も其の角を投ずる所無く、虎も其の爪を措く所無く、兵も其の刃を容るる所無し。

善摂生者、無以生為生。故無死地也。器之害者、莫甚乎戈兵、獣之害者、莫甚乎兕虎。而令兵戈無所容其鋒刃、虎兕無所措其爪角、斯誠不以欲累其身者也。何死地之有乎。

善く生を摂する者は、生を以て生と為すこと無し。故に死地無きなり。器の害する者は、戈兵より甚だしきは莫く、獣の害する者は、兕虎より甚だしきは無し。而るに兵戈をして其の鋒刃を容るる所無く、虎兕をして其の爪角を措く所無から令むるは、斯れ誠に欲を以て其の身を累わさざる者なればなり。何の死地か之有らんや。

○戈兵―戈は音カ。ほこ。兵は武器。○兕―音ジ、水牛に似た一角獣。☆「次主為生」の「主」は「生」に改める。（素注）

善く摂生する者は、生きることを無理に生きようとすることがない。だから死の所へ行かないのである。道具の害するのは、矛や兵器より大きいものはなく、獣の害するのは、兕や虎より大きいものはない。然しながら、武器や矛にその鋒刃を入れる所がなく、虎や兕にその爪角を置く所がないようにさせるのは、これは誠に欲がその身を累わさせないものであるからである。どうして死の所へ行くことがあろうか。ない。

◇「善摂生者」とは、無為自然の道に順って生きる者をいう。こういう者には、どんなものでも害を受けることがない。それは欲が無いからである。

夫蚖蟺以レ淵為レ浅、而鑿二穴其中一、鷹鸇以レ山為レ卑、而増二巣其上一。矰繳不レ能レ及、網罟不レ能レ到。可レ謂レ処二於無一死地一矣。然而卒以二甘餌一、乃入二於無レ生之地一。豈非二生生之厚一乎。

夫れ蚖蟺は淵を以て浅しと為して、穴を其の中に鑿ち、鷹鸇は山を以て卑きと為して、巣を其の上に増す。矰繳も及ぶ能わず、網罟も到る能わず。死地無きに処ると謂う可し。然り而して卒に甘餌を以て、乃ち生無きの地に入る。豈に生生の厚きに非ざらんや。

○蚖蟺―蚖は、とかげ、また、いもり。蟺は、みみず。○鸇―はやぶさ。○矰繳―矰は、いぐるみの矢。繳は、いぐるみの糸。いぐるみ。矰弋と同じ。○網罟―あみ。罟も、あみ。罟と同じ。

一体、いもりやみみずは、淵を浅いとして、穴を淵の中に穿ち、たかやはやぶさは山を低いとして、巣を山の上に作って高くする。いぐるみも及ぶことができず、あみも届くことができない。これを死ぬ所がない処にいるということができる。しかしながら遂に甘い餌を以てすると、生きる所がない地へ行く。これはどうして生きることを懸命に生きようとする執着ではないだろうか。

◇蚖蟺や鷹鸇は、絶対に死なない地と思う所にいても、甘い餌をやると、それにつられて死地へ行く。こういうことを「生生之厚」というのである。懸命に生きることに執着することに例えている。

故物苟不以求離其本、不以欲渝其真、雖入軍而不害、陸行而不可犯也。赤子之可則而貴、信矣。

故に物は苟くも求むるを以て其の本を離れず、欲を以て其の真を渝えざれば、軍に入ると雖も害せられず、陸行すれども犯さるべからざるなり。赤子の則りて貴ぶ可きは、信なり。

だから物は、かりそめにも求めることをしないで、その根本を離れなく、欲を持たないでそのありのままを変えなかったならば、軍の中に入っても害せられなく、陸を行っても犯されることはない。赤ん坊の柔弱に則って貴ぶべきことは、信実である。

◇万物は、自ら求めたり欲したりしなければ、何物にも害を受けたり犯されたりしない。それは赤子の柔弱無欲の生き方に則って、それを貴んで生きるのが、信実であることをいったもので、無為自然の道を柔弱無欲の赤子に例えたものである。

〔全訳〕

生まれた　地を　出て

死の　地に　行く

その　中で
長生き　する　者　十分の　三
若死に　する　者　十分の　三
動いて　死地に
行く　者　十分の　三

それは　何故(なぜ)か
生きる　ことに
執着　しすぎるからだ
思うに　聞く
善く　摂生　する　者は
陸を　行っても
野牛や　虎に　出会わない
軍に　入っても
武具を　被(かぶ)らない

野牛も
角を　向け　ようが　なく
虎も　爪で
ひっかき　ようが　なく
武器も　刃（やいば）を
打ち込み　ようが　ない
それは　何故か
死の　危険が　ないからだ

☆三段的論法の構文である。

第一段「出生入死」（主題）

　人間には生死がある。

第二段「生之徒」……「無所容其刃」（解説）

　第一節「生之徒」……「十有三」

　　生死の割合。

　第二節「夫何故」……「生生之厚」

その理由。

第三節「蓋聞善摂生者」……「無所容其刃」

善く摂生する者について。

第三段「夫何故」……「無死地」（結論）

善く摂生する者には死地がない。

主題で、人間の生死を規定し、解説で、その割合と理由を述べ、結論で、更に善い摂生者の死地のないことを説明して結んだ。

善く摂生する者は、「生を以て生と為すこと無く。」と王注はいっている。これは生きることを無理に生きようとしない。つまり、無為自然の道に順って生きることをいったものである。そうするとかえって「死地無きなり」といって、長寿できるという。

五十一章　道と徳〈玄徳〉（道之を生じ…）

道生レ之、徳畜レ之、物形レ之、勢成レ之。

道之を生じ、徳之を畜（やしな）い、物之を形し、勢之を成す。

物生而後畜、畜而後形、形而後成。何由而生レ道也。何得而畜レ徳也。何由而形レ物也。

何使而成レ勢也。唯因也。故能無二物一不レ形。唯勢也。故能無二物一而不レ成。

物は生じて而る後に畜(やしな)い、畜いて而る後に形し、形して而る後に成る。何に由りて道に生ずるや。何に得て徳に畜わるるや。何に由りて物に形するや。何に使われて勢に成すや。唯だ因るなり。故に能く物として形せざること無し。唯だ勢なり。故に能く物として成らざること無し。

○畜―養う。○而後―そうして後。シテ後と訓んでもよい。

万物は生じてから後に養い、養ってから後に形を造り、形を造ってから後に成長する、それでは、何に由って無為自然の道に生じるのか。何に得て無為自然の徳に養われるのか。何に由って万物に形するのか、何に使われて勢に成すのか。それはただ無為自然の道に因るのである。だから物として形づけられるのである。ただ無為自然の道の勢である。だから物として成長するのである。

◇万物が生じ養い、形づくられ成長するのは、皆無為自然の道に因ることをいう。

凡物之所二以生一、功之所二以成一、皆有レ所レ由。有レ所レ由焉、則莫レ不レ由二乎道一也。故推而極レ之、亦至レ道也。随二其所一レ因。故各有レ称焉。

○称―名。

凡て物の生ずる所以(ゆえん)、功の成る所以は、皆由る所有るなり。由る所有れば、則ち道に由らざること莫きなり。故に推して之を極むれば、亦(ま)た道に至るなり。其の因る所に随う。故に各々称有り。

総べて万物が生じる理由、功が成る理由は、由る所があるのである。由る所があるならば、それは無為自然の道に由るのである。だからこの無為自然の道を推し極めると亦た、その道に到達するのである。その因る所の無為自然の道に随う。だからそれぞれ万物は呼び名があるのである。
◇万物が生じて成長するのは、無為自然の道に由るからである。だからこの道を推し極めると無為自然の道に到達するのである。この道に随うから万物の呼び名がある。

是以万物、莫不尊道而貴徳。

是を以て万物は、道を尊びて徳を貴ばざること莫し。

道者、物之所由也。徳者、物之所得也。由之乃得。故曰、不得不失尊之、則害不得不貴也。

道は、物の由る所なり。徳は、物の得る所なり。之に由りて乃ち得。故に曰く、之を尊ぶことを失わざるを得ざれば、則ち害あるも貴ばざるを得ざるなり。

道は、万物が由る所である。徳は、万物が得た所である。これは無為自然の道に由って、そこで得るのである。だからいう、無為自然の道を尊ぶことを失わないわけにはいかないならば、害があってもこれを貴ばないわけにはいかない。
◇「不得不」は、……しないわけにはいかない。……しなければならない。（中国語）。無為自然の道を失うならば、害があっても無為自然の道を尊ぶことである。

道之尊、徳之貴、夫莫之命、常自然。

道の尊く、徳の貴きは、夫れ之に命ずること莫くして、常に自然なればなり。

命並作レ爵。

命は並びに爵に作る。　　命は皆爵にしている。

☆この注は、本文の意に適っていない。恐らく後人が異同を傍記して、遂に混入したのであるとする説がある。（『王注老子』「永楽大典校改」）。「命」を「爵」にすると爵位となる。「莫二之命一」の「之」は万物。「命」は無為自然の道が命じる。（素注）

故道生レ之、徳畜レ之、長レ之育レ之、亭レ之毒レ之、養レ之覆レ之。

故に道之を生じ、徳之を畜えば、之を長じ之を育し、之を亭し之を毒し、之を養い之を覆う。

謂下成二其実一、各得二其蔭一、不上傷二其体一矣。

其の実を成せば、各〻其の蔭を得て、其の体を傷つけざるを謂う。

無為自然の道を実際に行うと、万物はそれぞれその恩恵を受けて、本体を傷つけないで生長することをいうのである。

◇万物は無為自然の道を実際に行うと、その恩恵を受け、本体は傷つかないで生長する。「亭」は、定と同じ、定める意。「毒」は成る。生長する。『初学記』「帝王部」には、「老子曰、亭レ之毒レ之、蓋レ之レ覆之。」の王弼注は、「亭謂レ品二其形一、毒謂レ成二其質一。」（亭は其の形を品するを謂い、毒は其の質を成すを謂う。」とある。亭は形を定め、毒は本質を生長させるといっている。

生ズルモ而不レ有セ。為スモ而不レ恃マ。

　生ずるも有せず。為すも恃(たの)まず。

　為スモ而不レ有セ。

　　為すも有せず。

　為しても自分の物としない。
◇無為自然の道は、万物の成長をなしても、それを自分がしたと自分の物にしない。

長ズルモ而不レ宰セ。是レヲ謂フ二玄徳ト一。

　長ずるも宰せず。是れを玄徳と謂う。
○宰―主宰。
有リテモレ徳而不レ知ラ二其ノ主ヲ一也。出ヅ二乎幽冥ニ一。故ニ謂フ二之ヲ玄徳ト一也。

　徳有りても其の主を知らざるなり。幽冥に出ず。故に之を玄徳と謂うなり。

　徳があってもその主宰がわからないのである。奥深い暗い所から出る。だからこれを玄徳というのである。
◇無為自然の道は、徳があってもその主宰者がわからない。幽冥から出ているので、玄徳というのである。

〔全訳〕

道が　万物を　生み
徳が　これを　養うと
万物が　形を　現し
道と　徳が　育てる

だから
万物は
この　道を　尊び
この　徳を　貴ぶ

この　道が　尊く
この　徳が　貴いのは
万物に　命じないで
いつも　自然で
あるからだ

だから

この　道が　万物を　生み
この　徳が　万物を　養う　時は
万物を　伸長し　育て
安定し　生長させ
養って　保護する

この　道は
万物を　生み　出しても
わが　ものに　しない
養育しても　誇らない
成長させても
主宰者と　ならない
これを
玄徳と　いう

☆三段的論法の構成を取っている

第一段「道生之」……「勢成之」（主題）

無為自然の道と徳の功用。

第二段「是以万物」……「養之覆之」（解説）

第一節「是以万物」……「常自然」

万物はこの道と徳を貴ぶ。

第二節「故道生之」……「養之覆之」

この道と徳が万物を生育させる。

第三段「生而不有」……「謂玄徳」（結論）

無為自然の道の本性。

主題で、無為自然の道の功用を規定し、解説で、万物はこの道と徳を尊ぶこと、道と徳は万物を生育させることをいい、結論で、無為自然の道の本性を、玄徳で結んだ。

本章は、道の創造性は糸毫も占有性がなく、万物に自発性を与えている。しかもその自発性は、「道」が含有している特有の精神だけでなく、老子哲学の基本精神である。馮友蘭は、「道の万物の形成と変化は、超自然の意志の支配を受けないもので、又予定の目的があるのでもない。道は一種の唯物主義と無神論の思想である。上帝の創世説と目的論を否定するだけでなく、実に道は精神性の実体でないことを表明したものである。」といっている。

五十二章　天下の母〈習常〉（天下に始有り…）

天下有レ始。以為二天下母一。

天下に始め有り。以て天下の母と為す。

善始レ之、則善養二畜之一矣。故天下有レ始、則可三以為二天下母一矣。

善く之を始むれば、則ち善く之を養畜す。故に天下に始め有れば、則ち以て天下の母と為す可し。

道は善くこの世を始めたから、善く万物を養う。だから世の中に始めの「道」があるから、天下の母とすることができる。

◇「始」は、本始。「道」を指す。この「道」は世の中の始めであり、万物を生み出すから、「天下の母」と呼ぶことができる。「始レ之」の「之」は、世の中、「養二畜之一」の「之」は万物を指す。

既得二其母一、以知二其子一、既知二其子一、復守二其母一、没其不レ殆。

既に其の母を得て、以て其の子を知り、既に其の子を知りて、復た其の母を守れば、没するまで其れ殆うからず。

☆王注に「得レ本以知レ末。」とあるので、「知二其母一、復」を本文のように改めた。（素注）

母、本也。子、末也。得レ本以知レ末、不レ舎レ本、以逐レ末也。

母は、本なり。子は、末なり。本を得て以て末を知るは、本を舎てずして、以て末を逐(お)うなり。

母は本で、子は末である。本の母を得て末の子を知るのは、本を捨てないで、末を追うことである。

☆宇恵訓の「不二舎レ本以逐レ末也。」は誤り。（素注）

塞二其兌一、閉二其門一、

其の兌(だ)を塞(ふさ)ぎ、其の門を閉(と)ずれば、

兌、事欲之所二由生一、門、事欲之所二由従一也。

兌(だ)は、事欲の由って生ずる所、門は、事欲の由って従う所なり。

兌というのは、事物の欲の生じる所であり、門というのは、それが由って従う所である。

◇兌は物欲の生じる所、すなわち感覚器官、門はそれが出る所。元来「兌」は穴の意。

終身不レ勤。

終身勤(つか)れず。

無レ事永逸。故終身不レ勤也。

事無く永く逸(やす)んず。故に終身勤(つか)れざるなり。

何事もなく永く安らかで楽しむ。だから一生疲れることがないのである。

◇何事もないから、永遠に安らかで楽しい。だから疲れない。永逸は永く安逸なこと。

開其兌、済其事、終身不救。

其の兌を開き、其の事を済せば、終身救われず。

不閉其原、而済其事。故雖終身不救。

其の原を閉ざさずして、其の事を済す。故に身を終ると雖も救われず。

原である感覚器官を閉じないで、欲望を成し遂げる。だから一生救われない。

◇欲望のままに、何事でもすると、一生救われない。

見小曰明、守柔曰強。

小を見るを明と曰い、柔を守るを強と曰う。

為治之功、不在大。見大不明、見小乃明。守強不強、守柔乃強也。

治を為すの功は、大に在らず、大を見るは明ならず、小を見るは乃ち明なり。強を守るは強ならず、柔を守るは乃ち強なり。

世の中を治める功績は、大きいことではない。大きいことを見るのは明でなく、小さいことを見るのが、かえって明なのである。強いのを守るのは強いのではなく、かえって柔らかいのを守るのが強いのである。

◇世の中を治めるのは、大きな功績ではない。微細なことを見抜くのが明であり、柔らかいものを守るのが強なのである。

用ヒテ二其ノ光ヲ一、

其の光を用いて、

顕ラカニシテレ道ヲ、以テ去ル二民ノ迷ヲ一。

道を顕(あき)らかにして、以て民の迷いを去る。

無為自然の道を明らかにして、それを以て民の迷いを取り去るのである。

◇無為自然の道の光を用いて、民の迷いを取り去ること。

復帰スレバ二其ノ明ニ一、

其の明に復帰すれば、

不ル二明察セ一也。

明察せざるなり。

明察しないことである。

◇明察は明らかに見抜く意であるが、これをしないということは、本来の「明」すなわち明知を指す。

無シレ遺スコト二身ノ殃ヒヲ一。

身の殃(わざわ)いを遺(のこ)すこと無し。

◇「明」に復帰しないと、欲望に囚われて身に禍が生じる。「殃」は音オウ。災難。禍。『易』「文言」に、「積㆓不善㆒之家、必有㆓余殃㆒。」（不善を積むの家には、必ず余殃有り。）とある。

是(レ)謂(フ)㆓習常(ト)㆒。

是れを習常と謂う。

道之常也。

道の常なり。

常の道、すなわち無為自然の道である。

◇無為自然の道をいう、今本は「襲常」になっている。意味は同じ。

〔全訳〕

この　世の　中には　始めが　ある
それを　天下の　母と　する
も早や　その　母を　得て
その　子が　わかり
その　子が　わかって

復た　その　母を　守ると
死ぬまで　危ない　ことは　ない

五体の　器官を　塞ぎ
その　出る　門を　閉じると
終生　安んじ　疲れる　ことが　ない

五体の　器官を　開け
欲望を　出すと
終生　救われない

小なる　ものを　見抜く　力を
明と　いい
柔なる　ものを　守り抜くのを
強と　いう

この　道の　光を　用いて

本来の　明知に
復帰　すると
身に　禍いを　残さない
これを
習常と　いう

☆三段的論法の構成である。
　第一段「天下有始」……「天下母」（主題）
　　無為自然の道は「天下の母」である。
　第二段「既得其母」……「復帰其明」（解説）
　　第一節「既得其母」……「没其不殆」
　　　母を得、子を知ると、死ぬまで心配がない。
　　第二節「塞其兌」……「終身不救」
　　　兌を塞ぐことと開くことの利害。
　　第三節「見小曰明」……「守柔曰強」
　　　本来の「明・柔」の意味。
　第三段「用其光」……「是謂習常」（結論）
　　無為自然の道の別称、習常。

主題で、無為自然の道を「天下の母」と規定し、解説で、その功用を述べ、結論で、無為自然の道を「習常」で結んだ。「天下の母」「習常」は、無為自然の道の別称である。

「始」が無為自然の道を指すことについて、張岱年は「老子以前には、人が宇宙の始終問題について注意しなかったようである。老子になって、宇宙に始めがあり、一切の本であると認めた。」（『中国哲学大綱』）という。

「兌」は『易』「説卦」に、「兌為ㇾ口。」とある。これを引用して、人間の七竅（きょう）、顔にある七つの穴。目・耳・鼻・口を指すようになった。「塞ㇾ兌」「閉ㇾ口」は、民を無知無欲にすることである（奚侗）。「兌」を口とするのは、口は言葉の出る所、門は行の由る所で、多言を貴ばず、異行をしないことである（高延第）という。

「用二其光一」、「復二帰其明一。」の「光」は、外に向かって照輝するのであり、「明」は内に向かって透明することである。水鏡が物を照らすのは「光」であり、光の本体が「明」である（呉澄）。

「習常」を「襲常」とした書は、傅奕本、蘇轍本、林希逸本、呉澄本、焦竑本及び帛書甲本などがある。

本章の要点は、人は物の根源を追求し、原則を把握し、外に走らないで内に向かって観照し、私欲・妄見を除き、本来の明の英知の光を以て、外物を照覧し、事理を明察することである。一言にしていえば、「外に走らず、内に向かって観照せよ。」ということである。

五十三章　大道闊歩〈盗夸〉（我をして介然たる…）

使二我介然有レ知、行二於大道一、唯施是畏。

我をして介然たる知有らしめば、大道を行うに、唯だ施すこと是れ畏れん。

言、若使四我可三介然有レ知、行二大道於天下一、唯施二為之一是畏也。

言うこころは、若し我をして介然たる知有りて、大道を天下に行う可からしめば、唯だ之を施為することを是れ畏るるなり。

その意味は、わたしに少しでも知があり、無為自然の大道を世の中に行うことができるようにさせるならば、ただこの大道を施し行うことを心配するのである。

◇大道は暗に無為自然の道をいう、介然は微小。『列子』「楊朱篇」に、「無二介然之慮一者」の「介」は、『釈文』で、「介微也」といっている。「施」は迤の仮借で、斜・邪の意。横道、邪道と多くは解しているが、王注は「施為」（ほどこしなす）と解していることに注意。

大道甚夷。而民好レ径。

大道は甚だ夷かなり。而るに民は径を好む。

言、大道蕩然正平。而民猶尚舎之而不由、好従邪径。況復施為以塞大道之中乎。故曰大道甚夷、而民好径。

言うこころは、大道は蕩然として正に平らかなり。而るに民は猶お尚お之を舎てて由らず、邪径に従うを好むがごとし。況んや復た施為して以て大道の中を塞ぐをや。故に大道は甚だ夷かなるも、民は径を好む、と曰う。

○蕩然―あとかたのないさま。○径―小道

その意味は、無為自然の大道は、あとかたがなく正しく平らかである。それなのに民はやはりこれを捨てて由らないで、邪の小径を行くことを好むようである。まして再び施すことを行って、大道の中を塞いでは、なお更である。だから「大道は甚だ夷かなり。而るに民は径を好む。」という。

◇無為自然の大道は、跡形がなく平らであるが、人々はこれに由らないで、邪の小径を好む。ましてまた施してこの大道の中を塞いでは、邪径を行くのはなお更である。だから「大道は甚だ夷なるも、民は径を好む。」という。

朝甚除、

朝甚だ除すれば、

朝、宮室也。除、絜好也。

朝は、宮室なり。除は、絜好なり。

○絜好－好くきよめる。「絜」はきよめる。
朝は、宮室であり、除は、よく清めることである。

田甚蕪、倉甚虚。


田は甚だ蕪れ、倉は甚だ虚し。

朝甚除、則田甚蕪、倉甚虚。設一衆害生也。

朝甚だ除すれば、則ち田は甚だ蕪れ、倉は甚だ虚し。一を設けて衆の害生ずるなり。

宮室をよく清めると、田は甚だ荒れ、倉は甚だからっぽになる。一つのことをやって、多くの害が生じるのである。
◇宮室を立派にすると、反対に田畑が荒れ、収穫が無くなる。税を取り立て労役の徴用が激しくなるからである。

服文綵、帯利剣、厭飲食、財貨有余。是謂盗夸。非道也。


文綵を服し、利剣を帯び、飲食に厭き、財貨余り有り。是れを盗夸と謂う。道に非ざるなり。

凡物不以其道得之、則皆邪也。邪則盗也。夸而不以其道得之、窃位也。故挙非道、以明非道則皆盗夸也。

凡て物は其の道を以て之を得ざれば、則ち皆邪なり。邪は則ち盗なり。夸にして其の道を以て之を得ざるは、位を窃むなり。故に非道を挙げて、以て非道は則ち皆盗夸なるを明らかにするなり。

〇夸―おごる（奢）。

すべて、物は無為自然の道を以て得ないと、皆邪である。邪は盗である。奢って無為自然の道を以て得ないのは、位を盗むのである。だから非道を挙げて、非道は皆盗夸であるのを明らかにしたのである。

◇道は無為自然の道をいう。邪や夸は非道で、皆盗夸である。

〔全訳〕

わたしに　少しでも　知恵が　あり
この　道を　行わせたら
ただ　施す　ことを　心配　する

この　道の　大道は
甚だ　平らかで　あるのに
人は　邪径を　好む

宮殿が　清められると
田畑は　大へん　荒れ
倉庫は　すっかり　からぽに　なる

綺麗な　服を　着
名剣を　腰に　下げ
たらふく　食べ
財貨が　有り　余る

これを
贅沢泥棒と　いう
この　道ではない

☆三段的論法の構成である。
第一段「使我介然」……「是畏」（主題）
無為自然の大道を行う場合の配慮。
第二段「大道甚夷」……「財貨有余」（解説）
第一節「大道甚大」……「民好径。」
民は大道を好まなく邪径を好む。
第二節「朝甚除」……「倉甚虚。」
大道にはずれた朝廷の状態。

第三節「服文綵」……「財貨有余」

大道にはずれた人民の状態。

第三段「是謂盗夸」……「非道也」（結論）

非道を盗夸という。

主題で、無為自然の大道を行う場合の配慮を規定し、解説でこの大道にはずれた朝廷・民の行為をいい、結論で、大道をはずれたこの行為を盗夸といって結んだ。「盗夸」は朝廷と民の両方の、大道にはずれた行為を指している。

「民好レ径。」の「民」を「人」とし、人民を指しているとして、奚侗や蔣錫昌は、「人」に改めているが、王注は「民」にしている。それは第二節は朝廷のことをいっているから、民とした方が適当である。無為自然の大道を朝野で行わないことを説明したのである。

「朝甚除」の「除」は幾つかの解釈がある。王注は「絜好」とし、河上公本は「高台榭、宮室修。」とし、土木工事としている。又「廃也」として、朝政が廃弛（し）している（厳霊峯）とし、馬叙倫は、「汚」の借字としている。福永老子も、この意に取っている。

「盗夸」の「夸」は、「竽（う）也」といい（『韓非子』）、笙（しょう）の類の大形の楽器にしているが、従い難い。

本章は、当時の政治の腐敗を、痛烈に攻撃し、為政者が権威と武力を以て、民から物資を搾取し、私欲を肥し、奢侈（しゃし）を極め、民衆を窮乏に陥れていることを、忿懣（ふんまん）やる方なく、「盗夸」の語を用いて結んだのである。偶々（たま）この章を考究中、野村証券の大不祥事が世を騒がした。何たる偶然であろう。

福永『老子』が、「為政者に対する不信と政治の現実に対する憤りとを、最も直截的な言葉で表現しているこの章の論述の中に、我々は老荘の無為の思想の根底にひそむ、激しいパトス的内面性の一端を最もよくうかがうことができるであろう。」といっている。同感である。

五十四章　道の体得(2)〈観天下〉（善く建つるは…）

善建不レ抜。

善く建つるは抜けず。

固二其根一、而後営二其末一。故不レ抜也。

其の根を固めて、而る後に其の末を営む。故に抜けざるなり。

根を固めてから、その後で枝葉を作る。だから抜けないのである。

◇根をしっかりと固めてから、枝葉を作るように、根本をしっかりさせてから、物事はする。根本は無為自然の道を指す。

善抱者不レ脱。

善く抱く者は脱せず。

不レ貪二於多一、斉二其所一レ能。故不レ脱也。

多くを貪(むさぼ)らず、其の能くする所を斉(ととの)う。故に脱せざるなり。

多く欲張らないで、出来る所をまとめる。だから脱けることがない。

◇無為自然の道に順って、多く欲張らないで、出来る所をしっかりまとめる。すると抜けることはない。

子孫以祭祀不レ輟。

子孫は以て祭祀して輟(や)めず。

子孫伝二此道一以祭祀、則不レ輟也。

子孫の此の道を伝えて以て祭祀すれば、則ち輟(や)めざるなり。

子孫がこの無為自然の道を伝えて祭祀をすると、長く止めないで続くのである。

脩二之於身一、其徳乃真。脩二之於家一、其徳乃余。

之を身に脩(おさ)むれば、其の徳は乃ち真なり。之を家に脩むれば、其の徳は乃ち余りあり。

以レ身及レ人也。修二之身一則真。修二之家一則有レ余。修レ之不レ廃、所レ施転大。

身を以て人に及ぼすなり。之を身に修むれば則ち真なり。之を家に修むれば則ち余り有り。之を修むること廃せざれば、施す所は転(うた)た大なり。

この無為自然の道をわが身を以て、人に及ぼすのである。この道をわが身に修めると、わが身はありのままのものとなる。家に修めると、余裕が出る。この修めることを止めないと、人に施す所はますます大きくなる。

◇無為自然の道を、わが身を以て人に施すのである。わが身に修めると真になり、家に修めると豊かになる。

脩之於郷、其徳乃長。脩之於国、其徳乃豊。脩之於天下、其徳乃普。

之を郷に脩むれば、其の徳は乃ち長じ。之を国に脩むれば、其の徳は乃ち豊かなり。之を天下に脩むれば、其の徳は乃ち普し。

故以身観身、以家観家、以郷観郷、以国観国、

故に身を以て身を観、家を以て家を観、郷を以て郷を観、国を以て国を観、

彼皆然也。

彼皆然るなり。

以上のものは皆そうである。

以天下観天下。

天下を以て天下を観る。

以天下百姓心、観天下之道也。天下之道逆順吉凶、亦皆如人之道也。

天下百姓の心を以て、天下の道を観るなり。天下の道の逆順吉凶も、亦た皆人の道の如きなり。

世の中の庶民の心を以て、世の中を観ることである。世の中の道の逆境順境、吉凶も、また皆人の道のようであるのである。

◇世の中の庶民の心に立って、世の中の道を観るのである。世の中の道に順逆吉凶があるのは、人の道と同じようである。この「道」は、無為自然の道である。無為自然の道にも順逆吉凶がある。人の道に順逆吉凶があるのと同じであるとする。無為自然の道が人の道であるからである。

吾何以知天下然哉。以此。

吾何を以て天下の然るを知るや。此を以てなり。

此、上之所云也。言、吾何以得知天下乎。察己以知之、不求於外也。所謂不出戸以知天下者也。

此れは、上の云う所なり。言うこころは、吾何を以て天下を知ることを得んや。己を察して以て之を知り、外に求めざればなり。所謂戸を出でずして以て天下を知る者なり。

「此」は、前にいったところのことである。その意味は、わたしはどうして世の中を知ることができるのであろうか、それは己を察しそれで世の中のことがわかるので、自分以外のことには求めないのである。所謂戸を出ないでそれで世の中がわかるのと同じである。

◇「此」は、上の云う所なりは、「善く建つるは抜けず。」から「天下を以て天下を観る。」の全文である。

この内容は「無為自然の道」について述べている。それを知ると世の中がわかるという。その知る具体的な方法は、王注のいう「己を察する」ことである。したがって、この文は、この「察レ己」の語に尽きる。

〔全訳〕

根を　しっかり　してから
枝葉を　作る
だから　抜けない

多く　欲張らないで
できる　ことを　まとめる
だから　脱けない

子孫が　この　道を　伝えて
祭祀を　すると
長く　続く

この　道を　わが　身に　修めると
その　徳は　ありのままと　なる

この　道を　わが　家に　修めると
その　徳は　ゆとりが　出る
この　道を　わが　村に　修めると
その　徳は　長く　続く
この　道を　わが　国に　修めると
その　徳は　豊かに　なる
この　道を　わが　世の　中に　修めると
その　徳は　普く　広まる

だから
わが　身を　修めて
わが　身を　よく　見
わが　家を　修めて
わが　家を　よく　見
わが　村を　修めて
わが　村を　よく　見
わが　国を　修めて

わが　国を　よく　見
わが　世の　中の　民の　心で
わが　世の　中の　道を　よく　見る

わたしは　どうして
世の中が　わかる
己を　察して
これが　わかる

☆三段的論法の構成である。
第一段「善建不抜」……「善抱者不脱」（主題）
　無為自然の道を体得した功用。
第二段「子孫以祭祀」……「観天下」（解説）
　第一節「子孫以祭祀不輟」
　　この道と子孫。
　第二節「脩之於身」……「其徳乃普」
　　この道の修め方。
　第三節「故以身観身」……「観天下」

　この道を、己れより他に及ぼすこと。

第三段「吾何以」……「以此」（結論）

　この道は、己れを察すること。

主題で、無為自然の道の体得の功用を規定し、解説で、その功用の実際を三つの例を挙げて説明し、結論で、この道は己を察することにあると結んだ。

一般の諸書は、三段に分け、第一段を「祭祀不輟」までとしているが、これは誤りで、ここは無為自然の道を子孫が守ることで、主題の規定の例なのである。

解説の第二節は、王注が「以身及人也。」と注していることが、この節の根底であって、これを行って行くと、世の中の徳が普くなるのである。

第三節の「以天下百姓心、観天下之道也。」の王注は、この節の根幹で、庶民の心を以て世の中を観る。所謂民主主義の政治であることをいう。

「吾」は老子自身。わたし。

本文の「国」は、傅奕本は「邦」に作り、『韓非子』「解老篇」も同じである。これは漢の高祖劉邦の諱を避けて、「国」にした（范応元）。韻の関係から「邦」にした（魏源）。

帛書の甲本は「邦」、乙本は「国」である。これは帛書の甲・乙本の抄写年代が同じでない証拠を示している。甲本には「邦」字が二十二個、乙本は皆「国」字である。それは乙本の写者が劉邦の諱を避け、甲本は避けなかったことを証明している（高亨）。

本文の「修身、脩家、脩郷、脩国、脩天下」は、『大学』の「脩身、斉家、治国、平天下」に対抗して作ったもので、この一章がまとめられた時期は、他の章よりかなり後れていると見られる。

五十五章　道の体得(3)　〈赤子〉（含徳の厚き…）

含徳之厚、比於赤子。蜂蠆虺蛇不螫。猛獸不拠。攫鳥不搏。

含徳の厚きは、赤子に比す。蜂蠆虺蛇も螫さず。猛獣も拠まず。攫鳥も搏たず。

○蠆―音タイ。さそり。毒虫。虺は音キ。まむし。毒蛇。とかげ。○螫―音セキ。さす。○拠―つかむ。つめをかける。○攫―音カク。つかむ。攫鳥はつかみ殺す鳥。○搏―音ハク。うつ（撃）。

赤子無求無欲、不犯衆物。故毒虫之物無犯之人也。含徳之厚者、不犯於物。故無物以損其全也。

赤子は求むる無く欲無く、衆物を犯さず。故に毒虫の物もこの人を犯すこと無きなり。含徳の厚き者は、物を犯さず。故に物は以て其の全きを損すること無きなり。

赤子は何かを求めたり、欲しがったりすることがなく、衆物を犯さない。だから毒虫もこの人を犯すことがないのである。これと同じように、全徳の厚い者は、物を犯すことがない。だから物はそのまま完全になっているのである。

◇含徳を赤子に譬えた。含徳は無為自然の道を身に得ること。厚きは十分にの意。

骨弱筋柔、而握固。

骨弱く筋柔らかくして、握ること固し。

以柔弱之故、故握能周固。

柔弱を以ての故に、故に握ること能く周固なり。

○周固―十分固い。しっかり握る。

柔弱であるので、握ることが十分に固い。

未知牝牡之合、而全作、

未だ牝牡の合を知らずして、全作するは、

作、長也。無物以損其身。故能全長也。言、含徳之厚者、無物可以損其徳、渝其真、柔弱不争、而不摧折、皆若此也。

作は、長なり。物の以て其の身を損すること無し。故に能く全長するなり。言うこころは、含徳の厚き者は、物の以て其の徳を損して、その真を渝える可きこと無く、柔弱にして争わず、而も摧折せざるは、皆此くの如きなり。

作は、長の意味である。物が赤子の身を損することがない。だから完全に成長することができるのである。その意味は、含徳の厚い者は、物がその徳を損し、そのありのままの心を変えることができなく、柔弱で争わなく、しかも摧けて折れないのは、皆赤子のようである。

◇「作」は、長の意で生長すること。物が身を損しないで完全に生長することが「全作」である。「全」は「朘（さい）」の借字とする説が多いが、後述する。

精之至リ也。終日号ビテ而不ルハㇾ嗄レ、

精の至りなり。終日号（さけ）びて嗄（か）れざるは、

無シ二争欲之心一。故ニ終日出ダスモㇾ声ヲ而不ルㇾ嗄レ也。

争欲の心無し。故に終日声を出だすも嗄（か）れざるなり。

争欲の心がない。だから一日中声を出して泣き叫んでも声が嗄れないのである。

和之至リ也。知ルヲㇾ和ヲ曰ヒㇾ常ト、

和の至りなり。和を知るを常と曰い、

物以テㇾ和ヲ為スㇾ常ト。故ニ知レバㇾ和ヲ則チ得ルㇾ常ヲ也。

物は和を以て常と為す。故に和を知れば則ち常を得るなり。

物は和を以て常とする。だから和を知ると常を得るのである。

◇和は陰陽の調和。常は無為自然の道。

知レ常曰レ明。

常を知るを明と曰う。

不レ皦不レ昧、不レ温不レ涼。此常也無レ形、不レ可二得而見一、曰レ明也。

皦らかならず昧からず、温かからず、涼しからず。此の常や形無く、得て見るべからず、明と曰うなり。

はっきりしないし暗くもなく、暖かくもなく涼しくもない、この常はまあ、形なく、見ようとしても見ることもできない。明というのである。

◇ぼんやりしていて暗くなく、無感覚で、いつも形がなく、見られない。これを明、すなわち無為自然の道で、真の英知という。

益レ生曰レ祥、

生を益すを祥といい、

○祥―わざわい。不吉。

生不レ可レ益、益レ之則夭也。

生は益す可からず、之を益せば則ち夭すなり。

○益―増す。

生きることを有為で増してはいけない。これを増すと禍いとなるのである。

◇「夭」は、わざわい。寿命を有為で増すと禍いとなる。

心使レ気曰レ強。

心気を使うを強と曰う。

心宜二無有一。使レ気則強。

心は宜しく無有なるべし。気を使えば則ち強となる。

○強－逞強。強がり。

心というのは形が無いのがよい。気を使うと強がりとなる。

◇心は本来、形がないが、気を使うと、心は意識するから「有」となる。

物壮則老。謂二之不道一。不道早已。

物壮んなれば則ち老ゆ。之れを不道という。不道は早く已む。

◇三十章と殆んど同じ。ただ、「是謂」が「謂之」となっているだけである。「荘」は王注が「武力暴興」といっているから、ここも同意。有為の害をいう。

〔全訳〕

この　道を　体得　した　人は

赤ん坊の　ようで　ある

赤ん坊は
蜂・さそり・まむし・蛇も
刺さない
猛獣も　捕(つか)まえない
攫(かく)鳥も　爪　掛けない

骨が　弱く　筋肉が　柔らかで
握り　拳(こぶし)しは　固い

まだ　男女の　交合を
知らないで
すくすくと　生長　する
これは　精力の　至りで　ある

一日中　泣き　叫んでも

声が　嗄(か)れない
これは　調和の　至りで　ある

調和が　解るのを
常（道）と　いい
常が　解るのを
明（英知）と　いう

生きる　ことを　増すのを
わざわいと　いい
心が　気を　使うのを
強がりと　いう

壮強は　衰える
これを　不道と　いう
不道は　早く　止んで　しまう

☆三段的論法の構成を成している。

第一段「含徳之厚」……「比於赤子」（主題）

含徳者を赤子に比した。

第二段「蜂蠆虺蛇」……「知常曰明」（解説）

第一節「蜂蠆虺蛇」……「攫鳥不搏」

赤子の性質。

第二節「骨弱筋柔」……「握固」

赤子の体質。

第三節「未知牝牡之合」……「和之至也」

無為自然の道の在り方の「常」と別称「明」について。

第三段「益生曰祥」……「不道早已」（結論）

無為自然の道に反した場合の害をいい、「物壮則老」の語で結んだ。

主題で、無為自然の道の体得者を含徳者と規定し、赤子に比し、解説で、赤子の諸現象と、これから「常」と「明」とを説明し、結論で、無為自然の道に反した場合の害を挙げ、「物壮則老」の語で結んだ。

本章で大きな問題は、第二段第三節の「全作」の解釈である。一般の諸書は、「全」を「朘（さい）」の借字とし、性器としているが、王注は「作は長なり。物の以て其の身を損すること無く、能く全長するなり。」といって、物が赤子の身を損うことなく、赤子が完全に生長することで、含徳の厚い者は、物がその徳を損して、そのありのままの姿を変えることが出来なく、柔弱で争うことがなく、摧折することがないのは、皆な赤子のようであると注している。したがって范応元・易順鼎・蔣錫昌等のいう「赤子の陰なり。」「小児の陽物なり。」の意でないことが明らかである。「全」は「朘」の仮借とし、王注は誤りとする易順鼎説には従い難い。

五十六章　知者は自然〈玄同〉（知る者は言わず…）

知ル者ハ不レ言ハ。

　知る者は言わず。

　因レバ二自然ニ一也。

　　自然に因ればなり。

　　無為自然の道に因るからである。

◇自然は無言で、万物を生長させている。これと同様に真に知っている者は何もいわない。

言フ者ハ不レ知ラ。

　言う者は知らず。

　造ル二事ノ端ヲ一也。

　　事の端を造るなり。

事の切っかけを作るのである。

◇何かを口に出していうと、切っかけを作るから、無為自然の道ではなくなるからである。

塞ギ二其ノ兌ヲ一、閉ヂ二其ノ門ヲ一、

其の兌を塞ぎ、其の門を閉じ、

〇兌—音ダ、あな（穴）。

挫キ二其ノ鋭ヲ一、

其の鋭を挫き、

含二守スル質ヲ一也。

質を含守するなり。

〇含守—含み守る。〇質—本質。

無為自然の道の本質を含み守るのである。

◇三章と同句であるが、三章には王注がない。

解キ二其ノ分ヲ一、

其の分を解き、

除ク㆓争原ヲ㆒也。

　争原を除くなり。

争いの原を除くのである。

◇三章には「解其紛」とあって、「分」が「紛」になっている。

和ゲ㆓其ノ光ヲ㆒、

　其の光を和（やわら）げ、

無ケレバ㆑所㆓特顕スル㆒、則チ物ハ無キ㆓偏争スルコト㆒也。

　特顕する所無ければ、則ち物は偏争すること無きなり。

特別に現れている所がないと、物は偏って争をすることがないのである。

◇四章と同句。その王注に「光を和げて其の体を汚さず。」とある。

同ジクス㆓其ノ塵ニ㆒。

　其の塵に同じくす。

無ケレバ㆑所㆓特賤スル㆒、則チ物ハ無キ㆓偏恥スルコト㆒也。

　特賤する所無ければ、則ち物は偏恥すること無きなり。

特別に賤しむ所がないと、物は偏って恥じることはないのである。

◇四章と同句。その王注に「塵に同じくして其の真を渝（か）えず。」とある。内容はこの王注と同じである。

是謂玄同。

是れを玄同と謂う。

○玄同―玄は赤味を帯びた黒い色。四章の「和光同塵」の意と同じ。無為自然の道の別称。

故不可得而親、不可得而疏。

故に得て親しむ可からざれば、得て疎（うと）ず可からず。

可得而親、則可得而疏也。

得て親しむ可ければ、則ち得て疎（うと）ず可きなり。

親しむことが出来る時は、疎じることも出来るのである。

◇本文とは反対の表現であるのは、玄同の人の肯定性をいったものである。

不可得而利、不可得而害。

得て利する可からざれば、得て害す可からず。

可得而利、則可得而害也。

得て利する可ければ、則ち得て害す可きなり。

利用することが出来る時は、害することも出来るのである。

◇玄同の人の絶対性を「利害」で表現した。

不レ可二得而貴一、不レ可二得而賤一。

得て貴ぶ可からざれば、得て賤しむ可からず。

可二得而貴一、則可二得而賤一也。

得て貴ぶ可ければ、則ち得て賤しむ可きなり。

貴ぶことが出来る時は、賤しむことも出来るのである。

故為二天下貴一。

故に天下の貴となる。

無三物可二以加一レ之也。

物の以て之に加うる可きこと無ければなり。

物がこの無為自然の道に、加えることができないからである。

◇何物も無為自然の道に外から力を加えることはできない。無為自然の道の絶対性を具体的に表現した。

〔全訳〕

知る　者は　言わない
言う　者は　知らない

「王注訳」

知る　者は　自然に　従い
言う　者は　切っかけを　作る

穴を　塞ぎ　門を　閉じ
鋭さを　挫(くじ)き　紛(もつ)れを　解き
光を　和らげ　世俗に　同じく　する
これを
玄同と　いう

だから
この　ような　玄同の　人は
親しむ　ことが　できない　時は
疎んずる　ことが　できない
利用　する　ことが　できない　時は
危害を　加える　ことが　できない
貴ぶ　ことが　できない　時は
賤しむ　ことが　できない

だから

穴を　塞ぎ　門を　閉じ
本質を　守り　争原を　除き
特顕　なく　特賤も　ない
これを
玄同と　いう

だから
この　ような　玄同の　人は
親しむ　ことが　できる　時は
疎んじる　ことが　できる
利用する　ことが　できる　時は
危害を　加える　ことが　できる
貴ぶ　ことが　できる　時は
賤しむことが　できる

だから

世の　中で　最も　貴いのだ　　　　　　　　何物も　加える　ことが　できない

☆三段的論法の構成である

第一段「知者不言」……「言者不知」（主題）

自然は無言。

第二段「塞其兌」……「是謂玄同」（解説）

玄同の説明。

第三段「故不可得」……「為天下貴」（結論）

玄同の人は、天下の貴となる。

主題で、自然の実体を規定し、解説で、自然の実体を述べ、これを玄同というと説明し、結論で、玄同の人はこの世の中で最も貴いと結んだ。

「知者不ㇾ言。言者不ㇾ知。」は、一般の諸書は、（本当に分かっている人は言あげしない。言あげする人は分かっていない。）と解しているが、王注は、「自然に因るなり。」といって、自然は物言わなくても、運行し、万物を生育していくことを指して、知者もそれと同じであるといっている。

五十七章　理想の政治(7)〈無事・樸〉（正を以て国を治むれば…）

以レ正治レ国、以レ奇用レ兵、以二無事一取二天下一。

　正を以て国を治むれば、奇を以て兵を用い、無事を以てすれば、天下を取る。

以レ道治レ国、則国平。以レ正治レ国、則奇正起也。以二無事一、則能取二天下一也。

道を以て国を治むれば、則ち国は平らかなり。正を以て国を治むれば、則ち奇正起るなり。無事を以てすれば、則ち能く天下を取るなり。

　○奇正―奇襲と正攻。奇兵と正兵。○無事―無為。

　無為自然の道を以て国を治めると、国は安らかになる。正しいことを以て国を治めると、作為があるから奇襲と正攻法が起こる。作為がないと、天下を取ることができるのである。

◇正しいことで国を治めると、作為があるから戦争が起きる。作為を以てしないと天下を取ることができるというのである。

　上章云、其取二天下一者、常以二無事一。及二其有一レ事、又不レ足三以取二天下一也。故以レ正治レ国、則不レ足三以取二天下一而以レ奇用レ兵也。

　上章に云う、其の天下を取る者は、常に無事を以てす。其の事有るに及びては、又た以て天下を取るに足らざるなり、と。故に正を以て国を治むれば、則ち以て天下を取るに足らずして、奇を以て兵を用うるなり。

四十八章に、「其の天下を取る者は、常に無事を以てす。其の事有るに及びては、又た以て天下を取るに足らざるなり。」とある。だから正を以て国を治めると、天下を取るには不十分なので、奇を以て兵を用いるのである。

◇無事によれば天下を取れるが、作為によっては取れない。無事は無為と同じ。作為をせぬこと。有事はこの反対。

夫以レ道治レ国、崇レ本以息レ末。以レ正治レ国、立レ辟以攻レ末。本不レ立而末浅、民無レ所レ及。故必至二於レ奇用一レ兵也。

夫れ道を以て国を治むれば、本を崇(たっと)びて以て末を息(や)む。正を以て国を治むれば、辟(へき)を立てて以て末を攻(おさ)む。本立たずして末浅く、民は及ぶ所無し。故に必ず奇に於いて兵を用うるに至るなり。

〇辟―かたよる。邪(よこしま)。詐(いつわり)。正当でない。〇本―無為自然の道。〇末―ここは戦争。

そもそも無為自然の道を以て国を治めると、本を尊んで末を止めるのである。正を以て国を治めると、邪を理由にして末を治める。本が立たないで末は浅く、民は従う所がない。だから必ず奇襲で兵を用いるようになるのである。

◇無為自然の道を以て国を治めると、本が立って末がなくなる。正を以て国を治めると、邪を立てて攻めるから民は従わない。だから必ず奇襲で兵を用いるようになる。「正」は有為である。だからこれに対してまた邪が起こるのである。

吾何以知其然哉。以此。

吾何を以て其の然るを知らんや。此を以てなり。

○此を以て……次のことを指す。

天下多忌諱、而民弥貧、民多利器、国家滋昏、

天下忌諱多くして、民弥貧しく、民利器多くして、国家滋昏く、

○忌諱―禁令。

利器、凡所以利己之器也。民強則国家弱。

利器は、凡て己を利する所以の器なり。民強ければ則ち国弱し。

利器は、総べて己を利すためのものである。民が強いと国は弱い。

◇利器は鋭利な武器ではなく、己を利益する道具、つまり文明の利器、便利な道具、己に役立つもの。

人多伎巧、奇物滋起、

人伎巧多くして、奇物滋起り、

○伎巧―わざ、たくみ。＝技巧。

民多智慧、則巧偽生。巧偽生、則邪事起。

民智慧多ければ、則ち巧偽生ず。巧偽生ずれば、則ち邪事起る。

民が知恵が多いと、巧偽が生じる。巧偽が生じると、邪事が起こる。

法令滋彰、盗賊多有。

法令滋〻彰われて、盗賊多く有り。

立正欲以息邪、而奇兵用。多忌諱欲以恥貧、而民弥貧。利器欲以強国者也。而国愈昏。多皆舎本以治末。故以致此也。

正を立て以て邪を息めんと欲して、奇兵用う。忌諱多くして以て貧を恥じることを欲して、民弥〻貧し。利器は以て国を強くせんと欲する者なり。而るに国愈〻昏し。多くは皆本を舎てて以て末を治む。故に以て此を致すなり。

正を立ててそれで邪を止めようと欲して、奇襲で戦争をする。禁令を多くして貧乏を恥じることを欲して、民はいよいよ貧乏になる。利器はそれで国を強くしようと欲するものであるが、国はいよいよ乱れる。多くは皆本を捨てて末を治める。だからこのようになるのである。

◇正を立てて邪を止めようとして奇襲で兵を用い、禁令を多くして、貧乏を恥じようとしたり、利器によって国を強くしようとするのは、皆反対の結果になる。

故聖人云、我無為而民自化、我好静而民自正、我無事而民自富、我無欲而民自樸。

故に聖人は云う、我無為にして民自ら化し、我静を好みて民自ら正しく、我無事にして民自ら富み、我無欲にして民自ら樸なり。

上之所欲、民従之速也。我之所欲、唯無欲、而民亦無欲而自樸也。此四者、崇本以息末也。

上の欲する所は、民の之に従うことの速きなり。我の欲する所は、唯だ無欲にして、民も亦た無欲にして自ら樸なり、此の四つの者は、本を崇びて以て末を息むるなり。

上に挙げた欲する所は、民は従うのが速いのである。わたしの欲する所は、ただ無欲であって、民もまた無欲であって自ら樸となることである。この四つの者は、本を尊んで末を止めるのである。

◇上に挙げた欲する所の忌諱、利器、伎巧、法令は、民は従うのが早い。老子の欲する所は無欲であって、民もまた無欲で自ら樸であることだ。

〔全訳〕

正しい　ことで　国を　治めると
奇襲と　正攻を　以て
戦争が　起こる
何も　しないと

天下を　取れる

わたしは　どうして
そうで　あるのが　わかるか
次の　ことからだ

世の　中は　禁令が　多く　なって
民は　ますます　貧乏に　なり
民は　自分に　役立つ　道具が　多く　なって
国は　ますます　混乱し
民は　技巧が　多く　なって
怪しい　ことが　ますます　起こり
法令が　ますます　五月蠅(うるさ)く　なって
盗賊が　多く　なる

だから
聖人は　いう

わたしは　何も　しないで
民は　自然に　感化し
わたしは　静を　好んで
民は　自然に　正しく　なり
わたしは　何事も　しないで
民は　自然に　裕かに　なり
わたしは　無欲で
民は　自然に　純朴に　なる　と

☆三段的論法の構成である。

第一段「以正治国」……「取天下」（主題）

有事は兵を用い、無事は天下を取る。

第二段「吾何以知」……「盗賊多有」（解説）

第一節「吾何以知」……「以此」

主題のわかるものは何か。

第二節「天下多忌諱」……「盗賊多有」

わかる具体的例。

忌諱、利器、伎巧、法令。

第三段「故聖人云」……「我無欲而民自樸」（結論）

　無為・無事・無欲の功用。

主題で、有事は兵を用い、無事は天下を取ると規定し、解説で、そのわけと、具体的例を挙げ、結論で、無為・無事・無欲の功用で結んだ。

問題は「以正治国、以奇用兵」の解釈である。一般の諸書は、（正道を以て国を治め、奇道を以て戦争をする。）と対句に解しているが、王注は「正を以て国を治むれば、則ち奇正起るなり。」と、この両句を因果関係にし、正道を以て国を治めると、奇襲と正攻法が出て戦争が起こるといっている。「正を以て」は有為つまり作為である。だから奇正が出て戦争になる。故に「道を以て国を治むれば、則ち国は平らかなり。」と注している。「道」は、「無為自然の道」である。

五十八章　理想の政治(8)〈悶悶〉（其の政悶悶たれば…）

其政悶悶、其民淳淳。

　其の政（まつりごと）悶悶（もんもん）たれば、其の民は淳淳（じゅんじゅん）たり。

　言、善治政者、無形無名、無事無正可挙、悶悶然卒至於大治。故曰其政悶悶也。

其民無所争競寛大淳淳。故曰其民淳淳也。

言うこころは、善治の政は、形無く名無く、事無く正の挙ぐべき無く、悶悶然として卒に大治に至る。故に其の政悶悶たれば、と曰うなり。其の民は争競する所無く、寛大にして淳淳たり。故に其の民は淳淳たり、と曰うなり。

その意味は、善く治まっている政治は、形がなく名が無く、事がなく正しいことの挙げるべきものがなく、悶悶然としていて、遂には大治に至る。だから「其の政悶悶たれば」というのである。その民は争って競う所がなく、寛大であって淳淳である。だから「其の民は淳淳たり。」というのである。

◇悶悶は、暗くてはっきりしないさま。昏昏昧昧。二十章に「我独悶悶。」とある。淳淳は、ありのままで飾りけがない。純朴、無為自然の道を、「悶悶」「淳淳」で表したもの。

其政察察、其民欠欠。

其の政察察たれば、其の民は欠欠たり。

立刑名、明賞罰、以検姦偽。故曰察察也。殊類分析、民懐争競。故曰其民欠欠也。

刑名を立て、賞罰を明らかにして、以て姦偽を検す。故に察察たり、と曰うなり。殊類分析して、民は争競を懐う。故に其の民は欠欠たり、と曰うなり。

○察察－細かに調べ明かす。○欠欠－こざかしいさま。

刑名を立て、賞罰を明らかにして、姦偽を調べる。だから「察察たり。」というのである。殊類を分析して、民は争い競うことを思う。だから「其の民は欠欠たり。」というのである。
◇察察は、政治において、刑名賞罰を明らかにして、姦偽を調べる意とし、欠欠は、殊類を分析して、争い競う意としている。

禍兮福之所レ倚、福兮禍之所レ伏、孰知二其極一。其無レ正。

禍は福の倚る所、福は禍の伏する所、孰か其の極を知らんや。其れ正すこと無きのみ。

言、誰知二善治之極一乎。唯無レ可二正挙一、無レ可二形名一、悶悶然而天下大化。是其極也。

言うこころは、誰か善治の極を知らんや。唯だ正挙すべき無く、形名す可き無く、悶悶然として天下は大いに化すのみ。是れ其の極なり。

その意味は、一体誰が善治の極地を知るだろうか。ただ正しいことの挙げることができなく、形名することができなく、悶悶然として、世の中が大いに治まるのだ。これが政治の極地である。
◇無為自然の道の「悶悶」が、世の中を大いに治める。これが政治の極地なのである。「無レ可二正挙一、無レ可二形名一」は、正す基準のないこと。

正復為レ奇。

正は復た奇と為り。

以レ正治レ国、則便復以レ奇用レ兵矣。故曰二正復為一レ奇。

　正を以て国を治むれば、則ち便ち復た奇を以て兵を用う。故に正は復た奇と為る、と曰う。

正しいことを以て国を治めると、そこでまた奇襲を以て戦争が起こる。だから、「正は復た奇と為る。」というのである。
◇正しいことで国を治めるのは、正しいという事を以てするから、「有為」ということになる。だから必ずこれに対して奇襲を以て則ち戦争が起きるというのである。

善復為レ妖。

　善は復た妖と為る。

立レ善、以和二万物一、則便復有二妖之患一也。

　善を立てて、以て万物を和すれば、則ち便ち復た妖の患い有るなり。

善いことを立てて、万物を和合すると、そこでまた妖の患いが出るのである。
◇妖は、妖怪。善という事を以てすると、妖怪の心配が出る。「善」は有為であるからである。

人之迷、其日固久。

　人の迷うこと、其れ日々に固より久し。

言、人之迷惑失レ道、固久矣。不レ可下便正二善治一以責上。

言うこころは、人の迷惑し道を失うこと、固より久し。便ち善治を正して以て責むべからず。

○迷惑—道に迷う。『韓非子』「説林」に「——失道」とある。

その意味は、人が無為自然の道に迷ってこの道を失っていることが、もともと久しい。そこで、善い政治を故意に正して、人を責めてはいけない。

◇無為自然の道に迷って、善治を故意に正して、これを責めてはいけない。☆宇恵訓は「人之迷惑」で句にしているが、「失道」までがよい。（素注）

是以聖人、方而不レ割。

是を以て聖人は、方なるも割かず。

以レ方導レ物、舎二去其邪一、不二以レ方割レ物。所謂大方無レ隅。

方を以て物を導きて、其の邪を舎去するも、方を以て物を割かず。所謂大方は隅無し。

方正を以て物を導いて、その邪を取り去っても、方正を以て物を裁断しない。所謂大方は隅無しである。

◇方は、四角。方正の意。物は、人を含む万物。大方は、大きな四角、大きな方正。「不レ割レ物」「無レ隅」は、裁断（断ち切る）しない意。「大方無レ隅」は四十一章の本文にある。

廉而不レ劌。

廉なるも劌らず。

○劌—音ケイ。きずつける。やぶる。（傷）

廉、清廉也。劌、傷也。以清廉清民、令去其邪、令去其汚、不以清廉劌傷於物也。

廉は、清廉なり。劌は、傷なり。清廉を以て民を清め、其の邪を去ら令め、其の汚を去ら令むるも、清廉を以て物を劌傷せざるなり。

廉は、清廉の意であり、劌は、傷つける意である。その邪を取り去らせ、その汚を取り去らせても、清廉を以て物を傷つけることはしないのである。

◇清廉を以て、邪・汚を取り去っても、清廉を以て、物を害するようなことはしない。

直而不肆。

直なるも肆ならず。

○肆ーまっすぐ。

以直導物、令去其僻、而不以直激沸於物也。所謂直若屈也。

直を以て物を導きて、其の僻を去ら令むるも、直を以て物を激沸せざるなり。所謂直は屈するが若きなり。

真直を以て物を導いて、その片寄りを取り去っても、真直を以て物を激しく怒らせないのである。所謂「直は屈すが若きなり。」である。

◇直は真直。肆も真直。激沸は、激怒の意。真直で片寄りを取り去っても、真直で、物を激怒させるようなことはしない。だから直は屈と同じようである。四十五章に「大直は屈するが若し。」とある。

光而不耀。

光あるも耀かさず。

以光鑒其所以迷、不以光照求其隠匿也。所謂明道若昧也。此皆崇本以息末、不攻而使復之也。

光を以て其の迷う所以を監れども、光照を以て其の隠匿を求めざるなり。所謂明道は昧きが若きなり。此れ皆本を崇びて以て末を息め、攻めずして之に復らしむるなり。

光を以て、迷う理由を照らし考えても、光を照らして隠れているのを求めないのである。所謂「明道は昧きが若きなり。」である。これは皆本を尊んで末を止め、治めないで無為自然の道に復らせるのである。

◇光で、迷っている理由をよく考え、更に光を照らして、隠れているものを求めない。四十一章に「明道は昧きが若し。」とある。

〔全訳〕

ぼんやり　した　政治で　あると
民は　純朴に　なり
刑名　賞罰の　政治で　あると
民は　争い　競う

禍は　福の　より添う　ところ
福は　禍の　隠れて　いる　ところ
一体　誰が　その　極地を　知ろうか
正す　基準が　ないのみだ

正しい　政治は　復た　奇襲と　なり
善なる　ことは　復た　妖怪と　なる
人びとが　この　道に　迷って
道を　失って　いるのは
久しい　間で　ある

そういう　わけで
聖人は
方正で　導いても
方正で　断ち切らない
清廉で　導いても

清廉で　傷つけない
真直で　導いても
真直で　激怒させない
光で　迷いを　照らしても
光で　隠れを　照らさない

☆三段的論法の構成である。
第一段「其政悶悶」……「其民欠欠」(主題)
　無為自然の道による政治。
第二段「禍兮福之」……「其日固久」(解説)
　第一節「禍兮福之」……「其無正」
　　無為自然の道に則る政治は、天下を大化する。
　第二節「正復為奇」……「其日固久」
　　有為の政治・善治は、害となる。
第三段「是以聖人」……「光而不燿」(結論)
　聖人の政治は無為自然の道に因る。
主題で、無為自然の道に因る政治を規定し、解説で、無為自然の道に則る政治は、相対社会を大化するが、一方これに反して有為の政治や善治をすると、戦争や妖怪を引き起こすと説明し、結論で、無為自然の道を体得した聖人の政治の仕方で結んでいる。

「廉而不レ劌」の「廉」は、「稜利」の仮借で、『荘子』「山木篇」に「廉則挫」とある。「稜利」は「挫」である。かどの鋭いものは、物をくじくといい、鄭註に「劌は傷るなり。」とある。「廉而不レ劌」は、「鋭利であるが傷らないことをいう。」と蒋錫昌はいい、又『荀子』「不句篇」に、楊倞注は「廉は稜なり。」とある。〔説文〕は「劌は利の傷るなり。」というから、「廉而不レ劌」は、「廉隅があっても刉傷には至らないのである。」と張松如はいうが、王注のように、「廉は清廉」の意に取った方が、「無為自然の道」に合致している。「直而不レ肆」を呉澄は、「直者は容隠する能わず、其の言を縦肆して、以て人の短を訐く。聖人は則ち肆ならず。」といい、又「光而不レ耀」を、「光は韜晦すること能わず、其の行いを炫耀して、以て己の長を暴す。聖人は則ち耀かさず。」と解している。

五十九章　長生久視の道〈嗇〉（人を治めて天に事うるは…）

治レ人事レ天、莫レ若レ嗇。

人を治めて天に事うるは、嗇に若くは莫し。

莫如、猶二莫過一也。嗇、農夫。農夫之治レ田、務去二其殊類一、帰二於斉一一也。全二其自然一、不レ急二其荒病一、除三其所二以荒病一、上承二天命一、下綏二百姓一、莫レ過二於此一。

莫如（ぼ）は、猶お莫過のごときなり。嗇（しょく）は、農夫なり。農夫の田を治むるは、務めて其の殊類を去りて、斉一に帰するなり。其の自然を全くして、其の荒病を急にせず、其の荒病する所以を除き、上は天命を承け、下は百姓を綏（やすん）ずるは、此れに過ぐるは莫し。

莫如は、莫過と同じ意である。嗇は、農夫である。農夫が田を治めるのは、務めて作物と違った種類のものを取り去って、作物だけにするのである。作物の自然の生長を完全にして、作物を荒す病気を急に取り去らない。その病気の出る理由を除いて、上は天命を受け、下は庶民を安んじるのは、これに過ぎるものはない。

☆嗇は農夫。諸書はものおしみと解しているが、王注は農夫としていることに注目すべきである。農夫は作物の自然の生長を完全にするために、除草し荒病を除き、その後は天の自然のなりゆきにまかせ、庶民を安らかにする。☆「莫如」は「莫若」の誤り。（素注）

夫（レ）唯（ダ）嗇。是（レ）謂（フ）二早服（ト）一。

　夫れ唯だ嗇（しょく）。是（こ）れを早服と謂う。

　早二服（スル）常（ニ）一也。

　　常に早服するなり。

　無為自然の道に早く従うのである。

◇常は、常道、すなわち無為自然の道。

早服謂㆓之重積徳㆒。

早服之を重積徳と謂う。

唯重積徳、不㆑欲㆓鋭速㆒。然後乃能使㆔早㆓服其常㆒。故曰㆔早服謂㆓之重積徳㆒者也。

唯だ重積徳は、鋭速を欲せず。然る後に乃ち能く其の常に早服せしむ。故に早服之を重積徳と謂う、と曰う者なり。

ただ重積徳は、す早いことを欲しない。そこではじめて、かえって無為自然の道に早く従わせることができる。だから「早服之を重積徳と謂う。」というものである。

◇重積徳は急がない。自然に任せる。するとかえって無為自然の道に早く従うことができることをいう。

「乃」は逆説の接続詞。

重積徳、則無㆑不㆑克。無㆑不㆑克、則莫㆑知㆓其極㆒。

重積徳は、則ち克くせざること無し。克くせざること無ければ、則ち其の極を知ること莫し。

道無㆑窮也。

道は窮まり無きなり。

無為自然の道は窮まりがないのである。

莫レ知二其極一、可二以有一レ国。

其の極を知ること莫きは、以て国を有つべし。

以レ有レ窮　而莅レ国、非二能有一レ国也。

窮むること有るを以て国に莅むは、能く国を有つに非ざるなり。

窮めることがあるのを以て国を治めるのは、国を保つことができるのではない。

◇窮めようという有為を以て国政に臨むのは、かえって国を保つことができない。

有レ国之母、可二以長久一。

国を有つの母は、以て長久なる可し。

国之所二以安一、謂二之母一。重積徳是。唯図二其根一、然後営レ末、乃得二其終一也。

国の以て安ずる所は、之を母と謂う。重積徳是れなり。唯だ其の根を図り、然る後に末を営みて、乃ち其の終りを得るなり。

国が安らかになるところのものは、これを母という。重積徳がこれである。ただ根本を図って、それから後に末を営んで、そこで終わりを得るのである。

◇国を安じるものは母である。だから根本の母を図って、末の国を営むと、終わりを得る。

是謂二深レ根、固レ柢。長生久視之道。

是を根を深くし柢(てい)を固くすと謂う。長生久視の道なり。

○柢―ね(根)。本。根本。基礎。

〔全訳〕

人を　治め　天に　事(つか)える　ことは

農夫に　こした　ことは　ない

ただ　農夫のみ

これを　早服と　いう

早服は

これを　重積徳と　いう

重積徳は

できない　ことが　ない

できない　ことが　ない時は

この　道の　極まりが　分からない

この　道の　極まりが　分からないのは

国を　保つ　ことが　できる

国を　保つ　母は
長久　できる
これを　根を　深く　して
本を　固く　すると　いう
長生久視の　道で　ある

☆三段的論法の構成である。
第一段「治人事天」……「莫若嗇」（主題）
　無為自然の道と嗇。
第二段「夫唯嗇」……「可以有国」（解説）
　嗇から早服・重積徳をいい、無為自然の道に従う政治に及ぶ。
第三段「有国之母」……「長生久視之道」（結論）
　無為自然の道の母の政治は、長生久視の道である。
主題で、無為自然の道に従う「嗇」について規定し、解説で、その「嗇」から、早服・重積徳をいい、更に政治に及び、結論で国を有つ母、すなわち無為自然の道の母は、長生久視の道であると結んだ。
解説の、嗇から早服、重積徳の説明は、理路整然としており、国を有つ母の結論に無理なく結んでいる。
その論述の巧妙さに、今更の感を覚える。

「嗇」を一般の諸書は、ものおしみ、つつましやか、として解しているが、王注は、農夫として、農作の作り方を無為自然の道に準えて早服といっている。この方が自然の解し方ではあるまいか。早服、重積徳は、熟さない語であるが、無為自然の道の別称である。

六十章　理想の政治(9)〈小鮮〉（大国を治むるは…）

治大国、若烹小鮮。

大国を治むるは、小鮮を烹るが若し。

不擾也。躁則多害、静則全真。故其国弥大、而其主弥静。然後乃広得衆心矣。

擾ならざるなり。躁なれば則ち害多く、静なれば則ち真を全くす。故に其の国弥ゝ大にして、其の主弥ゝ静かなり。然る後に乃ち広く衆心を得。

みださないことである。騒ぐと害が多く、静かであると、ありのままをそのままにする。だからその国はますます大きくなって、その主君はますます静かになる。そこで初めて、かえって広く民衆の心を得るのである。

◇擾は音ジョウ。みだす意。真はありのまま、すなわち無為自然の道をいう。主は主君。主君が民衆の心を得るには、小鮮を煮るようにそうっとしている。つまり無為自然の道の「真」を完全にすることである。

以レ道莅二天下一、其鬼不レ神。

道を以て天下に莅めば、其の鬼、神ならず。

治二大国一、則若レ烹二小鮮一、以レ道莅二天下一、則其鬼不レ神也。

大国を治むるは、則ち小鮮を烹るが若くし、道を以て天下に莅めば、則ち其の鬼、神ならざるなり。

大国を治めるのは、小魚を煮るようにし、無為自然の道で天下に臨むと、その鬼が神のたたりを起こさない。

◇「其鬼不レ神」は、鬼が鬼としての祟りを起こさない。「神」は「魖」シンの借字で、『説文』に「魖は神なり。鬼に従い、申声。」とある。「魖」は「神」の初文で鬼霊。「鬼不レ霊」というのと同じ。鬼がたたりをしない意。「以レ道」の「道」は「治二大国一則若レ烹二小鮮一」を指し、これが無為自然の道である。

非二其鬼不一レ神。其神不レ傷レ人。

其の鬼、神ならざるのみに非ず。其の神、人を傷つけず。

神不レ害二自然一也。物守二自然一、則神無レ所レ加、神無レ所レ加、則不レ知二神之為一レ神也。

神は自然を害せざるなり。物の自然を守れば、則ち神は加うる所無く、神の加うる所無ければ、則ち神の神為ることを知らざるなり。

鬼神は自然を害さないのである。物が自然を守ると、鬼神はたたりを加える所がなく、鬼神がたたりを加える所がないと、鬼神が鬼神としての働きを知らなくなるのである。○物は万物。

◇万物が無為自然の道を守ると、鬼神は神霊を加える所がないから、鬼神として作用をしないことをいう。

非其神不傷人。聖人亦不傷人。

其の神、人を傷つけざるのみに非ず。聖人も亦た人を傷つけず。

道洽則神不傷人。神不傷人、則不知神之為神。道洽則聖人亦不傷人。聖人不傷人、則亦不知聖人之為聖也。猶云非独不知神之為神、亦不知聖人之為聖也。

道洽ければ則ち神は人を傷つけず。神の人を傷つけざれば、則ち神の神為ることを知らず。道洽ければ則ち聖人も亦た人を傷つけず。聖人の人を傷つけざれば、則ち亦た聖人の聖為ることを知らざるなり。猶お独だに神の神為ることを知らざるのみに非ず、亦た聖人の聖為ることを知らざると云うがごときなり。

無為自然の道が広くゆきわたると鬼神は人を傷つけない。鬼神が人を傷つけないと、鬼神が鬼神としての働きを知らない。無為自然の道が広くゆきわたると聖人もまた人を傷つけない。聖人が人を傷つけないと、また聖人が聖人としての働きを知らないのである。これはちょうど、ただ鬼神が鬼神としての働きを知らないだけでなく、また聖人が聖人としての働きを知らないことを云うようなものである。

◇無為自然の道が行われると、鬼神は鬼神としてのたたりの働きを忘れ、聖人は聖人としての働きを忘れるので、鬼神と聖人も同じようであるという。

　夫恃威綱以使物者、治之衰也。使不知神聖之為神聖、道之極也。

　夫れ威綱を恃みて以て物を使う者は、治の衰うるなり。神聖の神聖為ることを知らざらしむるは、道の極みなり。

　そもそも恐れる綱紀をたのんで物を使うのは、政治の衰えなのである。神聖が神聖としての働きを知らないようにさせるのが、無為自然の道の極地である。

◇威綱を用いてする政治は、衰える。無為自然の道に従ってする政治、それは神聖が神聖として働きを忘れた政治で、その時、無為自然の道の極地なのである。この場合の「神聖」は、鬼神と聖人の意。

夫両不相傷。故徳交帰焉。

　夫れ両つながら相傷つけず。故に徳交ごも帰す。

　神不傷人。聖人亦不傷人。聖人不傷人、神亦不傷人。故曰両不相傷也。神聖合道、交帰之也。

　神は人を傷つけず。聖人も亦た人を傷つけず。聖人は人を傷つけず、神も亦た人を傷つけず、故に両つながら相傷つけず、と曰うなり。神聖の道を合して、交ごも之に帰するなり。

　鬼神は人を傷つけない。聖人もまた人を傷つけない。聖人は人を傷つけない。鬼神もまた人を傷つけない。だから両方とも相傷つけないというのである。神聖が無為自然の道を合せて、それぞれ無為自然の道に帰るのである。

◇鬼神も聖人も、無為自然の道に従ってするから、無為自然の道に帰ったのである。

〔全訳〕

大国を　治めるのは
小魚を　煮る　ように　小細工　しない

この　道で　世の　中に　臨むと
鬼神は　鬼神の　働きを　しない
鬼神が　鬼神の　働きを　しないだけで　なく
その　働きは　人を　傷つけない
その　働きが　人を　傷つけないだけで　なく
聖人も　また　人を　傷つけない

そもそも
両方とも　互いに　傷つけない
だから

「王注訳」

乱さない　こと　である
騒ぐと　害が　多く
静かだと　ありのままに　なる

この　道で　世の　中に　臨むと
鬼神は　鬼神の　働きを　しない
物が　自然を　守る　時は
鬼神は　鬼神の　働きを　しない
鬼神が　鬼神の　働きを　知らないだけで　なく
聖人も　また　聖人の　働きを　知らない

そもそも
両方とも　傷つけない
だから

その　徳は　こもごも
この　道に　帰る

神聖は　こもごも
この　道に　帰る

☆三段的論法の構成を成している。

第一段「治大国」……「若烹小鮮」（主題）

　無為自然の道の政治を小鮮に準えた。

第二段「以道蒞天下」……「亦不傷人」（解説）

　この道で天下を治めた場合の鬼神と聖人のこと。

第三段「夫両不相傷」……「徳交帰焉」（結論）

　鬼神と聖人と、倶に無為自然の道に帰る。

主題で、小鮮の煮方を以て、無為自然の道に準え、解説で、無為自然の道を以て天下を治めると、鬼神が鬼神としての働きを失うだけでなく、人を傷つけない。それだけでなく、聖人も人を傷つけないといい、結論で、だから鬼神も聖人も共に、無為自然の道に帰ると結んでいる。まことに論旨の通徹した文章である。老子の明晰（せき）な理論家の証左である。「傷」をやぶる（宇）そこなわずなど読んでいるが不可。

「大国を治むるは、小鮮を烹るが若し。」は、よく引用される言葉であるが、これを主題として、鬼神も聖人も、共に無為自然の道に帰ると結論していることは、余り知られていない。

六十一章　大国は謙下〈下流〉（大国は下流なり…）

大国者下流。

大国は下流なり。

江海居大而処下、則百川流之。大国居大而処下、則天下流之。故曰大国下流也。

江海の大に居りて下に処れば、則ち百川之に流る。大国の大に居りて下に処れば、則ち天下は之に流る。故に大国は下流なり、と曰うなり。

江海が大きくて下にいるから、百川がこれに流れ込む。大国が大きくて下にいるから、世の中がこれに靡く。だから「大国は下流なり。」と曰うのである。

◇江海は低い所にいるから、百川が流れ込む。これと同じように、大国が下にいるから、天下の諸国が靡いて来る。☆宇恵訓の「下流す」は「下流なり」がよい。（素注）

天下之交、

天下の交にて、

天下所帰会也。

天下の帰会する所なり。

世の中の万物が帰り会う所である。

☆宇恵訓は「交」を（こもごもす）と読んでいるが誤りである。（素注）

天下之牝。

天下の牝なり。

静而不レ求、物自帰レ之也。

静にして求めざれば、物自ら之に帰するなり。

静であって求めないから、物が自然にここへ帰るのである。

◇下流は静かで、物が自然に帰って来る。「下流」を牝に譬えた。宇恵訓は「牝なればなり。」と読んでいる。

牝常以レ静勝レ牡。以二静為一レ下。

牝は常に静を以て牡に勝つ。静にして下るを為すを以てなり。

以二其静一故、能為レ下也。牝雌也。雄躁動貪欲、雌常以レ静故、能勝レ雄也。以二其静一復能為レ下故、帰レ之也。

其の静を以ての故に、能く下るを為すなり。牝は雌なり。雄は躁動貪欲、雌は常に静を以ての故に、能く雄に勝つなり。其の静にして復た能く下るを為すを以ての故に、之に帰するなり。

その静を以ているから、下ることができるのである。牝は雌である。雄は騒がしく動き欲張りで、雌はいつも静を以ているので、雄に勝つことができるのである。その静であってまた下ることをなすのができるから、万物はこれに帰るのである。

◇雌は静であるから、騒がしい雄に勝つことができる。これは静であって、また下るから、物が無為自然の道の静に帰るのである。宇恵訓は「以……故」を「以て、故に」と読んでいる。両用がある。

故大国以下小国、

故に大国の以て小国に下れば、

大国以下、猶云下以大国下中小国上。

大国の以て下るは、猶お大国を以て小国に下ると云うがごとし。

◇大国が小国に下ること。

大国が下ることを以てするのは、やはり大国を以て小国に下ると云うようなものである。

則取小国、

則ち小国を取り、

小国則付之。

小国は則ち之に付す。

小国は大国に付く。

小国以下二大国一、則取二大国一。

小国の以て大国に下れば、則ち大国に取らる。

大国納レ之也。

大国の之を納るるなり。

大国が小国を入れるのである。

故或下以取、或下而取。

故に或いは下りて以て取り、或いは下りて取らる。

言、唯修二卑下一、然後乃各得二其所一。

言うこころは、唯だ卑下するを修めて、然る後に乃ち各〻其の所を得。

その意味は、ただ卑下することを修めて、そこで初めてかえってその所を得るのである。

◇卑下すなわちへり下ることができて、はじめて所を得るのである。「然後」はそこで初めて、「乃」は逆接。

大国不レ過レ欲三兼二畜人一、小国不レ過レ欲二入事一レ人。

大国は人を兼畜せんと欲するに過ぎず、小国は入りて人に事えんと欲するに過ぎず。

○兼畜―かね養う。

夫両者各得其所欲、大者宜為下。

夫れ両者の各〻其の欲する所を得んとすれば、大なる者は宜しく下るを為すべし。

小国修下、自全而已、不能令天下帰之。大国修下、則天下帰之。故曰各得其所欲、則大者宜為下也。

小国の下ることを修むるは、自ら全くするのみにして、天下をして之に帰せしむること能わず。大国下ることを修むれば、則ち天下之に帰す。故に各〻其の欲する所を得れば、則ち大なる者は宜しく下るを為すべし、と曰うなり。

小国が下ることを修めるのは、自らを全くするだけで、世の中をこれに帰らせることはできない。大国が下ることを修めると、世の中は大国に帰着す。だからそれぞれ欲する所を得るから、大きいものが下ることをなした方がよいというのである。

◇小国も大国も下ることをすると、それぞれ欲する所は得られるが、大国が下る方がいいという。

〔全訳〕

大国は　大河の　下流で
世の　中の　万物が　帰会する
世の　中の　静所で　ある

静所は　いつも　静かで
躁（そう）動に　勝つ
静かで　下るからで　ある

だから
大国が　小国に　下る　時は
小国は　大国に　付き
小国が　大国に　下る　時は
大国は　小国を　取り入れる

だから
下って　取るのも　あり
下って　取られるのも　ある

これは
大国は　民を　合せ養おうと

するに　過ぎなく
小国は　大国の　傘下に　なり
主に　仕えて　身を　全うするに　過ぎない

そもそも
両者が　それぞれ
望む　所を　得る　時は
大国が　下る　ほうが　よい

☆三段的論法の構成である。
第一段「大国者下流」……「天下之牝」（主題）
　大国は下流で静かな所。
第二段「牝常以静」……「欲入事人」（解説）
　第一節「牝常以静」……「以静為下」
　　静所が躁動に勝つ理由。
　第二節「故大国以下」……「則取大国」
　　大国・小国の下り方。
　第三節「故或下以」……「欲入事人」

下る理由。

第三段「夫両者各」……「宜為下」（結論）

大国が遜る方がよい。

主題で、大国を大河の下流、静所であると規定し、解説で、静所は躁動に勝ち、大国・小国も下る時は、それぞれ所を得ることをいい、結論で、大国が下る方がよいと結んだ。

この章も政治論で、「無為自然の道」を静と下るを以てすることが大事であることを、「牝牡」を以て論述したが、王注は「牝牡」を静下と躁動で表わし大国が下る方がいいと説く。実に理路明晰な文である。

六十二章　道は奥〈天下貴〉（道は万物の奥なり…）

道者、万物之奥。

道は、万物の奥なり。

奥、猶曖也。可得庇蔭之辞。

奥は、猶お曖のごときなり。庇蔭を得べきの辞なり。

○曖―音アイ、おおう。ほの暗い。○庇蔭―おおいかばう。助け守る。おかげ。

奥は、曖と同じような意である。庇蔭を得ることができる言葉である。

◇奥を曖の意とし、曖を庇蔭と解している。一般の諸書は「奥」を（奥深い、究極、根源、蔵）などと訳している。

善人之宝。

善人の宝。

宝以為用也。

宝は以て用を為すなり。

宝は役に立つものである。

◇無為自然の道は、善人の役に立つものであることをいう。

不善人之所保。

不善人の保んぜらるる所なり。

保以全也。

保んじて以て全くするなり。

不善人が無為自然の道に安んじて、身を全うするものである。

◇不善人は無為自然の道に安んじて、自らの生命を全うすること。

美言可以市、尊行可以加人。

美言すれば以て市う可く、尊行すれば以て人に加う可し。

言、道無所不先、物無有貴於此也。雖有珍宝璧馬、無以匹之。美言之、則可以奪衆貨之賈。故曰美言可以市也。尊行之、則千里之外応之。故曰可以加於人。

言うこころは、道は先んぜざる所無く、物は此より貴きこと有ること無きなり。珍宝璧馬有りと雖も、以て之に匹すること無し。之を美言すれば、則ち以て衆貨の賈を奪う可し。故に美言すれば以て市う可し、と曰うなり。之を尊行すれば、則ち千里の外も之に応ぜん。故に以て人に加うる可し、と曰う。

○璧馬―玉のように美しい馬。○賈―音コ、うる。かう。○尊行―貴い行。

その意味は、無為自然の道は先んじない所がなく、物はこの道より貴いものはない。珍宝美馬があっても、この道には比べものにならない。この道を美言すると、多くの品物を買うのを奪い合うであろう。だから「美言すれば以て市う可し。」というのである。この道を貴んで行うと、千里も遠い所でも、この道に応じて来るだろう。だから「以て人に加うる可し。」というのである。

◇無為自然の道は、これより先んじるものがない。つまり究極のものであり、これより貴いものはない。だから美言を以ていいふらすと、衆貨を買うのも奪い合うことをし、尊行すると、千里の外の人も応じて来る。

人之不善ナルモ、何ゾ棄ツルコト之有ラン。

人の不善なるも、何ぞ棄つること之有らん。

不善モ当ニ保ンゼラレテレ道ニ、以テ免放ス一。

不善も当に道に保んぜられて、以て免放すべし。

○免放―まぬかれ放たれる。放免。

不善の者も、当然無為自然の道に心が安んじられて、不善を放免することができる。

故ニ立テ二天子ヲ一、置クニ二三公ヲ一、

故に天子を立てて、三公を置くに、

言ハ、以テ尊二行スル道ヲ一也。

言うこころは、以て道を尊行するなり。

その意味は、無為自然の道を貴んで行うのである。

雖モレ有リト三拱璧ノ以テ先ダツコト二駟馬ニ一、不レ如カ三坐シテ進ムルニ二此ノ道ヲ一。

拱璧（きょうへき）の以て駟馬に先だつこと有りと雖も、坐（ざ）して此の道を進むるに如（し）かず。

此ノ道ハ、上之所レ云フ也。言ハ、故ニ立テ二天子ヲ一、置キ二三公ヲ一、尊ビテ二其ノ位ヲ一、重ンズルハ二其ノ人ヲ一、所ニ二以為スレ道ヲ一也。物ハ無シレ有ルコト下貴ブ二於此ヨリ一者上。故ニ雖モレ有リト下拱ニ抱シテ宝璧ヲ一、以テ先ダチテ二駟馬ニ一而進ムルコト上レ之、不レ如カ三坐シテ而進ムルニ二此ノ道ヲ一也。

此の道は、上の云う所なり。言うこころは、故に天子を立て、三公を置き、其の位を尊びて、其の人を重んずるは、道を為す所以なり。物は此れより貴ぶ者有ること無し。故に宝璧を拱抱して、以て駟馬に先だって之を進むること有りと雖も、坐して此の道を進むるに如かざるなり。

この道は、上に述べていった所のものである。その意味は、「故に天子を立てて三公を置き、」、その位を尊んで、その人を重んじるのは、この道を実行するためである。物はこの道より貴いものはない。だから宝璧を抱き持って、四頭立ての馬車を献上するより先きに、この宝璧を進上することがあっても、いながらこの道を進めるのにこしたことはない。

◇この道は、無為自然の道の「万物の奥」を指す。「三公」は太師・太傅・太保（周の制度）、「拱璧」は両手で抱きかかえるほどの大きな璧。璧は円形で平たく、中央に円い穴のある玉器。「拱抱」は両手でだきかかえる。「駟馬」は四頭立ての馬車。『論語』「顔淵篇」に「駟も舌に及ばず。」とある。中国では、贈物は二回に分け、小さいのを先きに、大きいのを後にする風習があった。ここは物質的な贈物よりも、無為自然の道を贈る方がよいと述べている。

古之所㆔以貴㆓此道㆒者何。不㆑曰㆓以求得、有㆑罪以免㆒耶。故為㆓天下貴㆒。

古の此の道を貴ぶ所以の者は何ぞ。以て求むれば得、罪有るも以て免かると曰わずや。故に天下の貴と為る。

以求則得㆑求、以免則得㆑免。無㆑所㆓（而）不㆑施。故為㆓天下貴㆒也。

以て求むれば則ち求むるを得、以て免るれば則ち免るるを得。施さざる所無し。故に天下の貴と為るなり。

この道は求めようとすれば求められ、罪を免れようとすれば免れる。施さない所がない。だから天下の貴いものとするのである。

◇無為自然の道は、求めることも罪を免れることもできる。だから天下の貴いものとする。☆「而」は衍字。（素注）

〔全訳〕

この　道は
万物を　助け守る
善人の　宝で
不善人の　安らぐ　所

この　道を　美言　すると
衆貨を　買うのを　奪い合う
貴んで　行うと
千里も　遠い　所から　遣（や）って　来る
不善の　人も

どうして　見捨てよう

だから
天子を　立て
三公を　置くに
拱璧を　四頭立ての　馬より
先に　献上　しても
いながら　この　道を
進めるのに　及ばない

昔の　人が　この　道を
尊ぶ　わけは　どうしてか
この　道は　求めると　求められ
罪が　あっても　免れる
だから
この　世の　中で
貴ばれるのだ

☆三段的論法の構成である。

第一段「道者万物之奥」……「不善人之所保」(主題)

無為自然の道の価値。

第二段「美言可以市」……「坐進此道」(解説)

第一節「善言可以市」……「何棄之有」

美言と尊行、及び不善人の態度。

第二節「故立天子」……「坐進此道」

この道は、天子に献上する拱璧・駟馬より尊い。

第三段「古之所以貴」……「為天下貴」(結論)

この無為自然の道は、天下の貴である。

主題で、無為自然の道は万物の奥で、その価値を規定し、解説で、この道を美言・尊行・不善人の態度で説明し、天子に献上する拱璧より尊いといい、結論で、天下の貴であると結んだ。

本章は無為自然の道の重要性を闡(せん)揚した。

六十三章　無為の功用(2)〈無難〉(無為を為し…)

為無為、事無事、味無味。

無為を為し、無事を事とし、無味を味とす。

以無為為居、以不言為教、以恬淡為味、治之極也。

無為を以て居と為し、不言を以て教えと為し、恬淡を以て味と為すは、治の極なり。

無為を以て住居とし、不言を以て教えとし、恬淡を以て味とするのは、政治の極地である。

◇最上の政治は、無為・不言・恬淡を以てする政治である。

大小多少、報怨以徳。

大小多小、怨に報ゆるに徳を以てす。

小怨則不足以報、大怨則天下之所欲誅。順天下所同者徳也。

小怨は則ち以て報ゆるに足らず、大怨は則ち天下の誅せんと欲する所なり。天下の同じくする所に順う者は徳なり。

小さい怨みは、報いるに足りない。大きな怨みは、世の中の人が殺そうとする所である。世の中の人と同じくする所に順うのが徳である。

◇小怨は報いることはないが、大怨は世間が殺そうとする。それに順うのが徳である。

図難於其易、為大於其細。天下難事、必作於易、天下大事、必作於細。

難きを其の易きに図り、大を其の細に為す。天下の難事は、必ず易きより作(お)こり、天下の大事は、必ず細より作こる。

是ヲ以テ聖人ハ、終ニ不レ為サレ大ヲ。故ニ能ク成ス二其ノ大ヲ一。

是(ここ)を以て聖人は、終に大を為さず。故に能く其の大を成す。

夫レ軽諾ハ、必ズ寡ナクレ信、多ケレバレ易シトスルコト必ズ多シレ難キコト。是ヲ以テ聖人ハ、猶ホ難シトスレ之ヲ。

夫れ軽諾は、必ず信寡(すく)なく、易(やす)しとすること多ければ、必ず難きこと多し。是(ここ)を以て聖人は、猶お之を難しとす。

以テスラ二聖人之才ヲ一、猶ホ尚ホ難シトス二於細易ヲ一。況ンヤ非ズシテ二聖人之才ニ一而欲スルレ忽ニスルコトヲ二於此レヲ一乎ヤ。故ニ曰フ二猶ホ難シトレ之ヲ一也。

聖人の才を以てすら、猶(な)お尚(な)お細易を難しとす。況(いわ)んや聖人の才に非ずして、此(こ)れを忽にすることを欲するをや。故に猶お之を難し、と曰うなり。

聖人の才能を以てさえも、一そう細易を難しいとする。まして聖人の才能がなくて、この細易をいいかげんにしようとするにおいては、なお更である。だから「猶お之を難しとす。」というのである。

◇況……乎は抑揚形、前を抑え、後を揚げる。聖人の才能を以てしても、細易は難しいのだから、聖人の才能がない者は、なお更難しいことであるという。「猶尚」は強意。一そう。☆宇恵訓の「欲セシヤレ忽ニスルコトヲ」の訓みは誤り。（素注）

故ニ終ニ無シレ難キコト矣。

故に終に難きこと無し。

〔全訳〕

無為を　生活の　寄り所と　し
無事を　不言の　教えと　し
無味を　恬淡（てんたん）の　味と　する

大は　小より　生じ
多いは　少ないより　生じる
大怨には　徳を　以て　する

難しい　ことは　易しい　中に
工夫し
大きな　仕事は　小さな　中に
始末　する
世の　中の　難事は　きまって

容易な　ことから　起こり
世の　中の　大事は　きまって
些細な　ことから　起こる

そういう　わけで
聖人は
決して　大きい　ことを　しない
だから
大きい　ことを　成し遂げられる

そもそも
安受け合いは　きまって　当てに　ならない
易しく　考え過ぎると　きまって
ひどい　目に　会う
そういう　わけで
聖人は
一そう　細易な　ことでも

難しいと　取り組む
だから
決して　難しい　ことが　ない

☆三段的論法の構成である。
第一段「為無為」……「無味」(主題)

　無為自然の道の別称、無為・無事・無味は、治世の極地。

第二段「大小多少」……「能成其大」(解説)

　第一節「大小多少」……「報怨以徳」

　　治世の仕方。

　第二節「図難於其易」……「必作於細」

　　治世の在り方。

　第三節「是以聖人」……「成其大」

　　聖人の治世の仕方。

第三段「夫軽諾必寡信」……「終無難矣」(結論)

　聖人の治世の仕方。

主題で、無為自然の道の別称、無為・無事・無味は、治世の極地であると規定し、解説で、その治め方を説明し、結論で、聖人の治世の仕方で結んだ。

本章で問題点が二つある。一つは、「為㆓無為㆒、事㆓無事㆒、味㆓無味㆒」を、一般の諸書は、人生、処世、処事などの態度に取っているが、王注は、「治の極なり。」として、治世の仕方に取っている。もう一つは「大小多少、報㆑怨以㆑徳」の解釈である。「大小多少」については王注はないが、「報㆑怨以㆑徳」は、小怨は報いなくてもよいが、大怨は天下が誅(ちゅう)を欲す所は、それに順うことで、これが徳であるといっている。「大小多少」の解釈には異説が多い。この下に脱字があるという説（姚鼎・奚侗）、誤文であるという説（蔣錫昌）、「小を以て大と為し、少を以て多と為す。」と解し、小を謹み微を慎む意とする説（高亨）、「大を能くする者は必ず小を能くし、多を能くする者は必ず少を能くす。」とする説（林希逸）、〔韓非子・喩老〕の「大は小より生じ、多は少より起る。」を補成し、下句の「図㆓難於其易㆒、為㆓大於其細㆒」の文義と関連する説（厳霊峰〔老子達解〕）等がある。本章の全訳は、厳霊峰説に従った。

六十四章　無為の功用(3)〈学不学〉（其れ安ければ持し易く…）

其安易㆑持、其未㆑兆易㆑謀、

其れ安ければ持し易(やす)く、其れ未だ兆さざれば謀り易く、

以㆘其安不㆑忘㆑危、持㆑之不㆑忘㆑亡、謀㆗之無㆑功之勢㆖、故曰㆑易也。

其の安きに危きを忘れず、之を持して亡うを忘れず、之を功無きの勢に謀るを以て、故に易しと曰

うなり。

安定している時には危いことを忘れなく、安定を維持して失うことを忘れなく、これを功がない中に謀るから、易し、というのである。

◇王注の「其安不レ忘レ危、持レ之不レ忘レ亡」は、「其安易レ持」を説明し、「謀二之無レ功之勢一」は「其未レ兆易レ謀。」を説明している。

其脆易レ泮、其微易レ散。

其の脆きは泮け易く、其の微なるは散じ易し。

雖三失レ無入二レ有、以二其微脆一之故、未レ足三以興二大功一。故易也。

無を失い有に入ると雖も、其の微脆を以ての故に、未だ以て大功を興すに足らず。故に易きなり。

○微脆―かすかでもろい。

無を失い有に入っても、微脆のために、まだ大功を立てるに十分でない。だから「易」というのである。

此四者、皆説レ慎レ終也。不レ可下以二無之故一而不上レ持。不レ可下以二微之故一而弗上レ散也。無而弗レ持、則生レ有焉、微而不レ散、則生レ大焉。故慮二終之患一、如二始之禍一、則無二敗事一。

此の四つの者は、皆終りを慎むことを説うなり。無の故を以て持せざる可からず。微の故を以て散ぜざる可からざるなり。無にして持せざれば、則ち有を生じ、微にして散ぜざれば、則ち大を生ず。故に、終りの患いを慮ること、始めの禍の如ければ、則ち敗事無し。

○不可…不ー肯定。

この四つのものは、皆終わりを慎むことをいっているのである。無であるから、維持することができる。微であるから、散らすことができるのである。無であって維持しないと、有を生じ、微であって散らさないと、大きくなる。だから終わりの患を考えることが、始めに禍を考えるようにしたら、敗れる事はない。

◇以上の四つのものは、皆物事の終わりを慎むことをいっている。無であるから、維持されるのであり、微であるから散らされるのである。無であって無を維持しないと有が生まれ、微であって微を散らさないと、次第に大きくなる。だから終わりの患いが起こるのを考えるのは、始めに禍の起こるのを考えるようにすることで、こうすれば失敗することはない。

為シ二之ヲ於未ダ一レ有ラザルニ、

之を未だ有らざるに為し、

謂フ二其ノ安ト未兆ヲ一也。

其の安と未兆を謂うなり。

その安定と未兆のことをいうのである。

治ム二之ヲ於未ダ一レ乱レザルニ。

之を未だ乱れざるに治む。

謂二微脆一也。

微と脆を謂うなり。

微と脆をいうのである。

合抱之木、生二於毫末一、九層之台、起二於累土一、千里之行、始二於足下一。為者敗レ之、執者失レ之。

合抱の木は、毫末より生じ、九層の台は、累土より起こり、千里の行は、足下より始まる。為す者は之を敗り、執る者は之を失う。

○合抱ー一かかい。○毫末ー毛のさき。ごく小さく、わずかなもののたとえ。

当二以慎レ終除レ微、慎レ微除レ乱。而以二施為一治レ之、形名執レ之、反生二事原一、巧辟滋作。故為レ失也。

当に以て終わりを慎みて微を除き、微を慎みて乱を除くべし。而るに施為を以て之を治め、形名もて之を執れば、反って事原を生じ、巧辟滋〻作る。故に失うを為すなり。

○巧辟ーたくらみいつわる。

当然終わりを慎んで微を取り去り、微を慎んで乱を除くことである。それなのに施為を以てこれを治め、形名を以てこれをすると、却って事を起こす原が生じて、巧辟がますます起こって来る。だから失敗するのである。

◇微や乱を、終わりを慎んですれば失敗しないが、施為や形名を以てすると失敗する。「治之」「執之」の「之」は微と乱を指す。

是以聖人、無為。故無敗。無執。故無失。民之従事、常於幾成而敗之。

是を以て聖人は、為すこと無し。故に敗るること無し。執ること無し。故に失うこと無し。民の事に従うことは、常に幾んど成るに於て之を敗る。

不慎終也。

終りを慎まざればなり。

終わりを慎まないからである。

慎終如始、則無敗事。是以聖人、欲不欲、不貴難得之貨。

終りを慎むこと始めの如くすれば、則ち敗事無し。是を以て聖人は、欲せざるを欲して、得難きの貨を貴ばず。

好欲雖微、争尚為之興。難得之貨雖細、貪盗為之起也。

好欲微なりと雖も、争いは尚お之が為に興る。得難きの貨は細と雖も、貪盗之が為に起るなり。

欲を好むことが微かであっても、争いはやはりこの為に興る。得難い貨は少しでも、貪盗はこの為に起きるのである。

学レ不レ学、復二衆人之所レ過、

学ばざるを学びて、衆人の過つ所を復し、

不レ学而能者自然也。喩二於不レ学者一過也。故学レ不レ学、以復二衆人之所レ過。

学ばずして能くする者は自然なり。学ばざる者に喩すは過りなり。故に学ばざるを学びて、以て衆人の過つ所を復す。

学ばないでできるものは、無為自然の道である。この学ばない無為自然の道の者に喩すのは、過りである。だから無為自然の道を学んで、それで衆人が過っている所を返すのである。

◇学ばずしてできるのは、生まれながら自然である。これは無為自然の道である。だから学ばないで能くする者に喩すのは過りである。「学ばざるを学ぶ。」ということは、「無為自然の道」を学ぶことである。この「無為自然の道」を学んで、衆人が過っている所の「学ぶ」という考えを改めるのである。

以輔二万物之自然一、而不二敢為一。

以て万物の自然を輔けて、敢て為さず。

〔全訳〕

安定　して　いる　中は　持ち堪え　易く

まだ　兆候が　現われない　中は　謀り　易く

脆(もろ)い　中は　溶(とか)し　易く
微細な　中は　散らし　易い
安定と　未兆は　まだ　生じない　中に
手を　打ち
微と　脆(もろ)いのは　乱れない　中に　治める

一かかえの　大木は
毛先き　ほどの　芽から　生まれ
九層の　高台は
一盛りの　土から　積み上げ
千里の　道は
足下(もと)の　一歩から　始まる

こと更に　やろうと　すると　失敗し
無理に　摑(つか)まえようと　すると
取り逃がす
そういう　わけで

聖人は
何も　しない
だから　失敗　しない
摑まえようと　しない
だから　取り逃がさない
民が　仕事を　する　時は
いつも　出来上がり　かけて　失敗　する
始めの　時の　ように　仕上げを　慎むと
そんな　ことは　ない

そういう　わけで
聖人は
欲望の　ないのを　欲望と　し
得難い　財貨（たから）を　貴ばなく
自然の　道を　学んで
人々の　間違って　いる　所を
気づかせ

万物の　あるがままを　助けて

無理して　物事を　しない

☆三段的論法の構成である。

第一段「其安易持」……「治之於未乱」（主題）

　安定と未兆の処理について。

第二段「合抱之木」……「故無失」（解説）

　第一節「合抱之木」……「始於足下」

　　物は微細なことから始まる。合抱の木、九層の台、千里の行で説明。

　第二節「為者敗之」……「無敗事」

　　聖人は無為、無敗。だから失敗しない。

第三段「是以聖人」……「不敢為」（結論）

　聖人は無為自然の道を学んで、万物の自然を助ける。

主題で、安・未兆・脆・微の四つを挙げて、「慎レ終」のことを規定し、解説で、合抱の木、九層の台、千里の行で、微細の大事なことと、聖人は無為・無敗であるから、失敗はないが、民は有為で終わりを慎まないから、失敗するといい、結論で、聖人は無為自然の道を学んで、万物の自然を助けると結んだ。

　本章で注目すべきことは、初めの「其安易持」の王注である。安定を維持するのには、危うきを忘れなく、亡うを忘れないようにする時は、維持し易いのであるといい、これが「慎レ終」のことであるという。

一般の諸書は、「安定している中は、維持し易い。」と解しているだけで、どうしてそうなのかの理由の説明がない。これを王注は「慎レ終」で規定している。未兆・脆微もそうであるという。更に「為レ之」の「之」は、安・未兆、「治レ之」の「之」は、微・脆を指すといっている。こう規定している書は外にない。

次に「為者敗レ之、執者失レ之」の句は、二十九章に既に出ているので、奚侗・馬叙倫は錯簡であるというが、三段的論法の構成からすると、解説の第二節に、聖人の「無為」をいう前提条件であるから、錯簡ではなく、意識的に再度述べたものと解すべきである。

「学レ不レ学」の解は、一般の諸書とは全く王注は違う。「学ばずして能くする者は自然なり。学ばざる者を喩すは過りなり。」といって、人々に生まれながらに持っている無為自然の道を自覚させること。これが「学」であるという。

六十五章　愚民政治〈玄徳〉（古の善く道を為す者は…）

古之善為レ道者、非二以明一レ民、将二以愚一レ之。

古の善く道を為す者は、以て民を明らかにするに非ず、将に以て之を愚にせんとす。

明、謂下多見二攷（巧）詐一、蔽中其樸上也。愚、謂下無レ知守レ真、順中自然上也。

明は、多く攷（巧）詐を見して、其の樸を蔽うを謂うなり。愚は、知ること無く真を守りて、自然に順うを謂うなり。

明は、多く攷詐（こうさ）を示して、樸を覆うことをいうのである。愚は、知ることがなく、ありのままを守って、自然に順うことをいうのである。

☆攷詐は、巧詐の誤り。たくらみ、いつわり。（素注）◇明は、巧詐を民に示して、ありのままの樸を覆うことをいい、愚とは、無知でありのままを守って、自然に順う。つまり無為自然の道をいう。

民之難治、以其智多。

民の治め難きは、其の智多きを以てなり。

多智巧詐。故難治也。

智多ければ巧詐す。故に治め難きなり。

智が多いと巧詐する。だから治め難いのである。

故以智治国、国之賊。

故に智を以て国を治むるは、国の賊なり。

智猶治也。以智而治国、所以謂之賊者、故謂之智也。民之難治、以其多智也。当務塞兌閉門、令無知無欲而以智術動民、邪心既動。復以巧術防民之偽、民知其術防、随而避之、思惟密巧、奸偽益滋。故以智治国、国之賊也。

智は猶お治のごときなり。智を以て国を治むること、之を賊と謂う所以の者は、故より之を智と謂えばなり。民の治め難きは、其の智多きを以てなり。当に務めて兌を塞ぎ門を閉じ、無知無欲ならしめて、智術を以て民を動かせば、邪心既に動く。復た巧術を以て民の偽りを防げば、民は其の術防を知りて、随いて之を避け、思惟密巧して、奸偽益々滋し。故に智を以て国を治むるは、国の賊なり。

智は治と同じ意味である。智を以て国を治めるのを、賊というわけは、もともと治めることを智と思っているからである。民の治め難いのは、智が多いためである。当然務めて穴を塞ぎ門を閉じて、民を無知無欲にさせ、智術で民を動かすと、民はすべて邪心が出る。また巧術を以て民の偽りを防ぐと、民はその術防を知って、それにつれてこれを避け、思惟が密巧して、奸偽がますます多くなる。だから「智を以て国を治むるは、国の賊なり。」というのである。

◇智を治というのは、治めることは智を以てするからである。だから民を無知無欲にするのには智は必要ない。智術で治めると、民も術防を知って、思惟密巧する。だからますます奸偽が多くなるので、「智を以て国を治むるは、国の賊なり。」という。

不以智治国、国之福。

知を以て国を治めざるは、国の福なり。

知此両者、亦稽式。常知稽式。是謂玄徳。玄徳深矣、遠矣。

此の両つの者を知るは、亦た稽式なり。常に稽式を知る。是れを玄徳と謂う。玄徳は深し、遠し。

稽同也。今古之所レ同、則而不レ可レ廃。能知二稽式一、是謂二玄徳一。玄徳深矣。遠矣。

稽は同なり。今古の同じくする所は、則りて廃すべからず。能く稽式を知る、是れを玄徳と謂う。

玄徳は深し。遠し。

○稽式―稽は同なり。（広雅・釈詁四）法則、法式。○両者―「以レ智治レ国」…「国之福」

稽は、同の意味である。今古同じくする所は、則って廃してはいけない。稽式を知ることができるのを、玄徳という。玄徳は深遠である。

◇稽は同の意味で、今も昔も変わらないことは則るべきである。だから稽式は同じ法則であり、これを知るのが、無為自然の道である。したがって稽式を知るのを玄徳といい、無為自然の道の別称となる。河上公本は、楷式。

与レ物反矣、

物と与に反り、

反二其真一也。

其の真に反るなり。

そのありのままに返るのである。

◇無為自然の道に返る。

然ル後ニ乃チ至ル二大順ニ一。

然る後に乃ち大順に至る。

〔全訳〕

昔の　善く　この　道を　修めた
人は
民を　巧詐に　しないで
無知で　ありのままを　守る　愚者に　する

民を　治める　ことが　難しいのは
巧詐が　多いからだ
だから
巧詐を　以て　国を　治めるのは
国の　賊
巧詐を　以て　国を　治めないのが
国の　幸せ

この　二つの　ものを　知るのは
亦た　政治の　掟（おきて）
常に　この　掟を　知るのを
玄徳と　いう
玄徳は　深遠で　ある

万物と　共に　根源に　返って
そこで　初めて
この　道に
大順　する

☆明晰な三段的論法である。
第一段「古之善為道者」……「将以愚之」（主題）
無為自然の道を以て政治をする為政者の政治の仕方。
第二段「民之難治」……「深矣遠矣」（解説）
第一節「民之難治」……「国之福」
政治の在り方。
第二節「知此両者」……「深矣遠矣」

稽式と玄徳の説明。

第三段「与物反矣」……「乃至大順」（結論）

無為自然の道に返る大順の政治。

主題で、善い為政者は、無為自然の道を以て政治をすると規定し、解説で、政治の在り方をいい、結論で、無為自然の道の政治に返る大順で結んだ。

本章で注目すべき所は、王注が、「明」を巧詐と解していることである。一般の諸書は、賢明、聰明と解している。また「愚」を「知ること無く真を守り、自然に順う。」と解し、愚民政治ではなく、あくまでも無為自然の道に順うようにする政治であるといっている。老子の政治の仕方を「愚民政治」というのは誤りであることを、明確に断言している言葉である。

又「稽式」の「稽」を「同なり。」と解している王注は、『広雅・釈詁四』に拠ったのである。想うに、この両者は恒久不変のことであるから、昔も今も同じく変らない法則と同じということで、「同なり」といったのであろう。したがって「稽式」は法則ということになる。河上公本は「楷式」になっている。「楷」は、のり（範）、手本の意があるから、「稽式」と同じ意となる。

「与レ物反矣」は「物と反す。」と訓じ、世間とは反対であると解している書もあるが、王注が「其の真に反るなり。」と注していることから、無為自然の道に返ることとするのが自然である。「玄徳」は玄妙な徳で、無為自然の道の別称。「大順」はこの道に大いに順うことで、「復帰」と同意である。

六十六章　謙下不争の徳(3)〈江海〉（江海の能く百谷の王為る…）

江海所以能為百谷王者、以其善下之、故能為百谷王。

江海の能く百谷の王と為る所以の者は、其の善く之に下るを以て、故に能く百谷の王と為る。

○江海―大河や海。

是以、欲上民、必以言下之、欲先民、必以身後之。

是を以て、民に上たらんと欲すれば、必ず言を以て之に下り、民に先んぜんと欲すれば、必ず身を以て之に後る。

是以聖人、処上而民不重、処前而民不害。

是を以て聖人は、上に処りても民は重んぜず、前に処りても民は害せず。

是以、天下楽推而不厭、以其不争故、天下莫能与之争。

是を以て、天下は推すことを楽しみて厭わず、其の争わざるの故を以て、天下能く之と争うこと莫し。

〔全訳〕

大河や　海が　百谷の　王と　なれるのは
善く　低い　所に　いて　遜(へりくだ)るから
百谷の　王と　なれるのだ

だから
民の　上に　なろうと　する　時は
必ず　言葉を　遜り
民に　先んじようと　する　時は
必ず　わが　身を　後に　する

そういう　わけで
聖人は
上に　いても　重んじられなく
前に　いても　邪魔に　ならない

だから
世の　中の　人は　推し戴くを
楽しんで　いやがらなく
争わないので
世の　中の　人は
聖人と　争う　ことが　ない

☆三段的論法の構成である。
第一段「江海所以」……「百谷王」（主題）
　謙下の徳を江海に例えた。
第二段「是以、欲上民」……「以身後之」（解説）
　為政者の謙下の実際。
第三段「是以、聖人」……「莫能与之争」（結論）
第一節「是以、聖人」……「民不害」
　聖人の謙下の徳。
第二節「是以、天下楽推」……「莫能与之争」
　聖人の不争の徳。
主題で、謙下の徳を規定し、解説で、謙下の実際をいい、結論で、聖人の謙下の徳を不争の徳で結んだ。

この章は、三十一章と同じく、全く王注がない。語句内容に問題点がなく、趣旨が明瞭であるためであろう。ただ宇恵訓は、「不重」を「重んぜず」と訓読し、一般の諸本の「重い」と解していない。この方が寧ろ無為自然の道に適っているので、これを採った。

六十七章　三宝の徳〈不肖〉（天下は皆我が道は…）

天下皆謂我道大似不肖。

天下は皆我が道は大なるも不肖に似たり、と謂う。

夫唯大。故似不肖。若肖、久矣、其細也夫。

夫れ唯だ大なり。故に不肖に似たり、若し肖なれば、久しいかな、其れ細なるかな。

○不肖ーおろかもの。肖は小さい。にる。

久矣其細（也夫）、猶曰其細久矣。肖則失其所以為大矣。故夫曰若肖久矣、其細也（夫）。

久しいかな其れ細なるかなは、猶お其れ細久なるかな、と曰うがごとし。肖なれば則ち其の大と為る所以を失う。故に夫れ若し肖なれば久しいかな、其れ細なるかな、と曰う。

「久しいかな。其れ細なるかな。」は、やはり「それ細久なるかな。」というのと同じようである。小である時は、無為自然の道の大となるわけを失う。だから「若し肖なれば久しいかな、其れ細なるかな。」というのである。

◇「肖」は無為自然の道に似ること。「久矣其細也夫」は、昔から小さいものであるなあという意。

☆「其細」の下に「也夫」を、「其細也」の下に「夫」を補う。(素注)

我有三宝、持而保之。一曰慈、二曰倹、三曰不敢為天下先。

我に三宝有り、持して之を保つ。一に曰く、慈、二に曰く、倹、三に曰く、敢て天下の先とならず。

慈。故能勇。

慈なり。故に能く勇なり。

夫慈、以陳則勝、以守則固。故能勇也。

夫れ慈は、以て陳すれば則ち勝ち、以て守れば則ち固し。故に能く勇なり。

そもそも慈は、陣立すると勝ち、守ると堅固である。だから勇気ができるのである。

◇「陳」は音ジン、陣と同じ。陣立する。戦闘隊形を作ること。慈を持ってするので、戦うと勝ち、守ると堅固になる。

倹。故能広。

倹なり。故に能く広し。

節レ倹愛レ費、天下不レ匱。故能広也。

倹を節し費を愛めば、天下匱しからず。故に能く広きなり。

つつましさをほどよくし費用を惜しむと、世の中は貧乏にならない。だから広くゆったりするのである。

◇節はほどよくする。「匱」は音キ、乏しい。

不三敢為二天下先一。故能成器長。

敢て天下の先と為らず。故に能く成器の長たり。

唯後二外其身一、為二物所一レ帰。然後乃能立二成器一、為二天下利一、為二物之長一也。

唯だ其の身を後外にすれば、物の帰する所と為る。然る後に乃ち能く成器を立てて、天下の利を為し、物の長と為すなり。

ただ自分の身を後外にする時は、物が自分の所へ帰って来る。そうして後にそこで器量の者を立て、世の中に利益を与え、その長とさせることができる。

◇「成器」は一つの器量を持ったもの。無為自然の道の体得者は、器量のある人を長として、世の中に利益を与えさせる。「成二器長一」とも読める。意味は同じ。

今舎レ慈且レ勇、

今、慈を舎て勇を且り、

且猶レ取也。

且は猶お取のごときなり。

且は取の意と同じようである。

舎レ倹且レ広、舎レ後且レ先死矣。

倹を舎てて広きを且り、後るるを捨てて先んずるを且れば、死せん。

夫慈以戦則勝、

夫れ慈は以て戦えば則ち勝ち、

相愍而不レ避ニ於難一。故勝也。

相愍して難を避けず。故に勝つなり。

○愍―音ビン、さとい（聰）。

さとくして難を避けない。だから勝つのである。

☆王注、「故正也」とある。「正」は「勝」の誤りである。（素注）

以守則固。

以て守れば則ち固し。

天将救之。以慈衛之。

天将に之を救わんとす。慈を以て之を衛ればなり。

〔全訳〕

世の　中の　人は　皆
わたしの　道は　大きいが
道らしく　ないと　いう

そもそも
ただ　大きい
だから
道らしく　ない
もし　道らしかったら
とっくの　昔から
小さな　ものと

なって　いた　なあ

わたしに
三つの　宝が　あり
身に　持つて　守って　いる
一つは　慈
二つは　倹
三つは　進んで　世の　中の
先に　ならない

慈　だから　勇者に　なれ
倹　だから　豊かに　なれ
進んで　世の　中の
先に　ならない
だから　物の　長と　なれる

今　慈を　捨てて　勇気を　取り

倹を　捨てて、豊かさを　取り
後に　なるのを　捨てて
先に　なるのを　取ると
死ぬで　あろう

一たい　慈は
戦うと　勝ち
守ると　堅固に　なる

天は　慈を　救おうと　する
慈を　以て　守る　からである

☆明瞭な三段的論法の構成である。
第一段「天下皆謂」……「其細也夫」（主題）
無為自然の道と不肖。
第二段「我有三宝」……「以守則国」（解説）
第一節「我有三宝」……「為天下先」
無為自然の道の三宝の内容。

第二節「慈故能勇」……「能成器長」

三宝の功用。

第三節「今舎慈且勇」……「且先死矣」

三宝を捨てた場合の結果。

第三段「夫慈」……「以慈衛之」（結論）

慈の性格と無為自然の道。

主題で、無為自然の道は不肖であると規定し、解説で、無為自然の道の三宝を挙げ、結論で、慈を以て結んだ。

本章は二十章と同様に「我」の立場を宣言した。「我」は老子の道の「無為自然の道」を指す。「我」を不肖といい、三宝の慈、倹、敢て天下の先と為らずを挙げ、慈を以て結んでいるのは、孔子が「仁」を以て最高の徳目としたのに対し、老子は「慈」を無為自然の道の最高徳目としたのである。「倹」は五十九章の「嗇」と通じ、「敢て天下の先と為らず。」は、七章の「聖人は、其の身を後にし身先んじ、其の身を外にして身存す。」に通じているが、「慈」だけは『老子』中、他の章にない。この「慈」を天の道が守ってくれるといったのは、「慈」の重要性を強調しただけではなく、孔子の「仁」に対する意識からであろう。

「慈」を王注は、「相愍（びん）にして難を避けず。」といっているが、「愍」は、〔広韻〕で、「聰なり」と解し、「愍（みん）」が雑じっているといっているから、聰明な中に、憐み傷む気持がある意としている。したがって「慈」の意味に通じる。

「且」を王注は「取る」と解し、一般の諸書の「且ニ……べし」にしていない。王雲五本もこれにしている。

六十八章　不争の兵法(1)〈不武〉（善く士為る者は…）

善クルレ士タル者ハ不レ武ナラ。

善く士為る者は武ならず。

士ハ、卒之帥也。武ハ、尚ブ二先ンジテ陵グヲレ人ヲ也。

士は、卒の帥なり。武は先んじて人を陵ぐを尚ぶなり。

士は、兵士の帥である。武は先んじて人を凌ぐのを尚ふのである。

◇「帥」は、ひきいる意から、軍の最高の将官、元帥。「陵」は「凌」と意同じ。しのぐ。「尚ニ先陵レ人」は、無為自然の道と相反する行為。☆「尚レ先陵レ人也。」の宇恵訓も可。（素注）

善ク戦フ者ハ不レ怒ラ。

善く戦う者は怒らず。

後レテ而不レ先ンゼ。応ジテ而不レ唱ヘ。故ニ不レ在ラレ怒ニ。

後れて先んぜず。応じて唱えず。故に怒に在らず。

後れて先とならず、応じて自分から唱えない。だから怒ることはない。

◇後から行って先には行かず、戦に応じて、自ら唱えない。だから怒ることはない。

善勝レ敵者不レ与。

善く敵に勝つ者は与にせず。

不二与争一也。

与に争わざるなり。

一緒に争わないのである。

善用レ人者為二之下一。是謂二不争之徳一。是謂レ用二人之力一。

善く人を用うる者はこれが下と為る。是れを不争の徳と謂う。是れを人の力を用うと謂う。

用レ人而不レ為二之下一、則力不レ為レ用也。

人を用いて之が下と為らざれば、則ち力は用と為らざるなり。

人を用いてその人の下にならない時は、力は役にならないのである。

◇人を用いて上に立つと、力は役に立たないこと。

是謂レ配レ天。古之極。

是れを天に配すと謂(い)う。古の極なり。

○極―無為自然の道を指す。

〔全訳〕

善い　最高指揮官は
先んじない　凌(しの)がない

善く　戦う　者は
怒らない
善く　敵に　勝つ　者は
争わない
善く　人を　用いる　者は
遜(へりくだ)る
これを
不争の　徳と　いう
人の　力を　用いると　いう
これを　天に　配すと　いう

古の　道で　ある

☆三段的論法の構成である。

第一段「善為士者」……「不武」（主題）

善士は武でない。

第二段「善戦者不怒」……「用人之力」（解説）

善士の具体的行為。

第三段「是謂配天」……「古之極」（結論）

無為自然の道。

主題で、善士は武でないと規定し、解説で具体的に行為を挙げ、結論で、無為自然の道で結んだ。

「武」を王注は「先を尚び人を陵ぐ。」と注している。武は止十戈（か）の会意。止は趾（し）の形で、歩の略形。戈（ほこ）を執って進む、歩武の堂々たることをいう。『説文』には「楚の荘王曰く、夫れ武は功を定め、兵を戢（おさ）む。故に止戈を武と為す。」とある。戦争を止める意に解している。

「配レ天」は、天地自然の理に配している。つまり無為自然の道を指す。この道は「古之極」といい、「不争の徳」であるとした。

六十九章　守勢の兵法(2)〈用兵〉（兵を用うるに言えること有り…）

用㆑兵有㆑言。吾不㆓敢為㆑主而為㆑客。不㆓敢進㆑寸而退㆑尺。是謂㆓行無㆑行、
兵を用うるに言えること有り。吾敢て主と為らずして客と為る。敢て寸を進まずして尺を退く。是れを行けども行く無く、

彼遂不㆑止。
彼は遂に止めず。
彼は全く止めない。

◇「用兵有言……退尺」のことを老子は止めない。○「謂㆓」は次行の「扱無㆑敵」までかかる。

攘無㆑臂、執無㆑兵、扔無㆑敵。
攘えども臂無く、執れども兵無く、扔けども敵無しと。
○臂―うで（腕）○扔―音ジョウ、つく（就）。
行謂㆓行陳㆒也。言、以㆓謙退哀慈㆒、不㆔敢為㆓物先㆒（也）。用㆑戦猶㆘行無㆑行、攘無㆑臂、執無㆑兵、扔無㆖敵也。言㆑無㆑有㆓与㆑之抗㆒也。

行くは行陣を謂うなり。言うこころは、謙退哀慈を以て、敢て物の先と為らず。戦を用うれば猶お行けども行く無く、攘えども臂無く、執れども兵無く、扔けども敵無きがごときなり。之と抗すること有ること無きを言うなり。

○行陣—行陣、軍列。

行くは行陣をいうのである。その意味は、謙退哀慈を以てして、敢て物の先にならないことである。戦をすると、なお行軍しても軍列が無く、攘っても臂が無く、執っても兵が無く、扔いても敵が無いようである。これは、敵と手向かうことがないことをいうのである。

☆「為物先」の下に也字を補う。「執無兵」を「攘無臂」の次に置く。王注にその順になっているからである。（素注）この四句は、敵に手向かわないことを示している。

禍莫大於軽敵。軽敵幾喪吾宝。

禍は敵を軽んずるより大なるは莫し。敵を軽んずれば、吾が宝を喪うに幾し。

言、吾哀慈謙退、非欲以取強無敵於天下也。不得已而卒至於無敵。斯乃吾之所以無大禍也。宝三宝也。故曰幾亡吾宝。

言うこころは、吾が哀慈謙退は、以て強を取りて天下に敵無からんことを欲するに非ざるなり。已むを得ずして卒に敵無きに至る。斯れ乃ち吾の大禍無き所以なり。宝は三宝なり。故に吾が宝を亡うに幾し、と曰う。

その意味は、わたしの道の哀慈謙退は、強を取って天下に敵がないだろうことを欲するのではないのである。已むなく遂に敵がないのに至る。これがかえってわたしに大禍がない理由である。宝は三宝である。だから吾が宝を亡うに幾し、というのである。

☆「所三以無二大禍一。」は、王注「所三以為二大禍一。」と、「為」になっているが、これでは意味が通らないので、「無」に改めた。（素注）本文の「幾レ喪二吾宝一。」を「幾んど吾が宝を喪わん。」と、一般の諸書は読んでいるが、王注が「故曰レ幾レ亡二吾宝一。」と注している所から、訓読を改めた。（素注）

故抗レ兵相加、哀者勝矣。

故に兵を抗げて相加うるに、哀しむ者は勝つ。

抗、挙也。加、当也。哀者必相惜、而不レ趣レ利避レ害。故必勝。

抗は、挙なり。加は、当なり。哀しむ者は必ず相惜みて、利に趣かず害を避く。故に必ず勝つ。

抗は挙げる意であり、加は当る意である。哀しむ者は、必ず相惜んで、勝利に走らないで害を避ける。だから必ず勝つのである。

☆「不二趣レ利避一レ害。」と宇恵訓は読んでいるが、誤りである。（素注）こう読むと、「不レ趣レ利、不レ避レ害。」ということになり、無為自然の道の意味に相反することになる。

〔全訳〕

兵法に　こんな　言葉が　ある

わたしは　進んで　主と　ならないで
客と　なる
進んで　寸を　進まないで
尺を　退く

これを
行軍　しても
軍列　が　なく
攘（はら）っても　臂（うで）が　なく
武器を　執っても　兵士　なく
突いても　敵が　ないと
いう

禍は　敵を　侮るより
大きい　ものは　ない
敵を　侮るのは
わたしの　三宝を　失うに　近い

だから
兵を　挙げて　敵に　当たるに
戦を　哀れむ　者が
勝利を　収める

☆三段的論法の構成である。
第一段「用兵有言」……「進寸而退尺」（主題）
　用兵の術。
第二段「是謂行無行」……「幾喪吾宝」（解説）
第一節「是謂行無行」……「扔無敵」
　用兵の説明。
第二節「禍莫大於軽敵」……「幾喪吾宝」
　敵を軽んずる勿れ。
第三段「故抗兵相加」……「哀者勝矣」（結論）
　勝利は哀れむ者にある。

主題で、用兵の術の語を引用し、解説でそれを説明し、敵を軽視することは、三宝を失うと戒め、結論で、哀れむ者が勝つと結んだ。

王注の「彼は遂に止めず。」は、用兵の言の「吾不㆓敢為㆑主而為㆑客。不㆓敢進㆑寸而退㆑尺。」の全体の文を指す。このことを老子は終生止めないで守ったという意である。哀者は、三宝の一つの「慈」、すなわち「謙退哀慈」である。

「扔無㆑敵、執無㆑兵」の二句は、王注に「執無㆑兵、扔無㆑敵」とあり、帛書甲・乙本にもこうあるので、順序を改めた。（素注）

本章は、老子の兵法を表わしたもので、この章の外に、三十、三十一、六十八章の三章に、既に述べている。

七十章　褐を被て玉を懐く（吾が言は甚だ知り易く…）

吾言甚易㆑知、甚易㆑行、天下莫㆓能知㆒、莫㆓能行㆒。

吾が言は甚だ知り易く、甚だ行い易きに、天下は能く知ること莫く、能く行うこと莫し。

可㆘不㆓出㆑戸窺㆑牖而知㆖。故曰㆓甚易㆑知也。無為而成。故曰㆓甚易㆑行也。惑㆓於躁欲㆒。故曰㆑莫㆓之能知㆒也。迷㆓於栄利㆒。故曰㆑莫㆓之能行㆒也。

戸を出ずるに牖を窺わずして知る可し。故に甚だ知り易し、と曰うなり。無為にして成る。故に甚だ行い易し、と曰うなり。躁欲に惑う。故に之を能く知ること莫し、と曰うなり。栄利に迷う。故に之を能く行うこと莫し、と曰うなり。

戸を出るのに窓を覗わなくてもわかる。だから大へん知り易いというのである。無為で成し遂げる。だから大変行い易いというのである。騒しい欲望に惑う。だから知ることができないというのである。栄利に迷う。だから行うことができないというのである。

◇無為自然の道は、戸を出るように知り易く、無為で成るように行い易い。しかし躁欲のためにわからなくなり、栄利のために行うことができなくなる。

言有レ宗、事有レ君、

言に宗有り、事に君有るに、

宗、万物之宗也。君、万物之主也。

宗は、万物の宗なり。君は、万物の主なり。

宗は、万物の宗である。君は、万物の主である。

夫唯無レ知。是以不二我知一。

夫れ唯だ知ること無し。是を以て我を知らず。

以二其言有レ宗、事有レ君之故一、故有レ知レ之。人不二得而知一レ之也。

其の言に宗有り。事に君有りの故を以て、故に之を知ること有り。人は得て之を知らざるなり。

わたしの言葉には宗があり、物事には君があるので、だからわたしを知ることができる。ところが人はこのことを知らないのである。

☆「不㆓得而知㆒㆑之」は、王注には「不得不」と「而」が「不」になっているが、宇恵注は、「而」の誤りとしているので、内容上、この方が意味が通るため、宇恵注に従った。無為自然の道には宗・君があるので、誰にもわかるのに、人はこのことを知らない。

知㆑我者希、則我者貴。

我を知る者希(まれ)なれば、則ち我は貴し。

唯深。故知㆑之者希也。知㆑我益希、我亦無㆑匹。故曰㆓知㆑我者希、則我者貴㆒也。

唯だ深し。故に之を知る者希なり。我を知ること益〻希なれば、我は亦た匹(たぐい)無し。故に我を知る者希なれば、則ち我は貴し、と曰うなり。

ただ無為自然の道は奥深い。だからこの道を知る者は希なのである。わたしの道を知ることがますます希であれば、わたしの道もまた匹敵するものがない。だから「我を知る者希なれば、則ち我は貴し。」というのである。

◇無為自然の道は奥深いので、知っている人は希(まれ)である。知ることがますます希になるから、この道は匹敵するものがなく、貴いものとなる。

是以聖人、被褐懐玉。

是を以て聖人は、褐を被て玉を懐く。

被褐者、同其塵、懐玉者、宝其真也。聖人之所以難知、以其同塵而不殊、懐玉而不渝、故難知而為貴也。

褐を被る者は、其の塵に同じくし、玉を懐く者は、其の真を宝とするなり。聖人の知り難き所以は、其の塵に同じくして殊ならず、玉を懐くも渝らざるを以て、故に知り難くして貴しと為すなり。

毛衣を着る者は、世俗と同じくし、玉を懐く者は、そのありのままを宝とする。聖人の知り難い理由は、世俗と同じくして違わなく、玉を懐いても変らない。だから知り難く貴いとするのである。

◇「褐」は毛衣。粗い毛織りの衣服。賤者が着る。「懐玉」は、玉のありのままの姿を宝として抱いている。玉の美しさを外に出さないこと。聖人は賤者の服装をして、世人と同じくし、玉のような無為自然の道を抱いていても、外に出さないで世人と同じくしている。だから世人は知り難く貴いのである。

〔全訳〕

わたしの　言葉は
とても　知り易く
とても　行い易いのに
世の　中の　人は
知る　ことが　出来なく

行う　ことが　出来る　者が　ない

わたしの　言葉には　大本（おおもと）が　あり
物事には　主（あるじ）が　あるのに
そもそも　ただ　わたしを
知らない
それで
わたしを　知らないのだ

わたしを　知る　者は
めったに　ないので
わたしは　貴い

だから　聖人は
粗末な　衣服を　身に　着けて
懐ろに
玉を　抱いて　いるのだ

☆解り易い三段的論法である。

第一段「吾言甚易知」……「莫能行」（主題）

吾が言葉と世人。

第二段「言有宗」……「我者貴」（解説）

第一節「言有宗」……「事有君」

無為自然の道には宗主がある。

第二節「夫唯無知」……「我者貴」

知ることが希だから貴い。

第三段「是以聖人」……「被褐懐玉」（結論）

知らない理由。

主題で、わが言の知行し易いことを規定し、解説で、世人はこれを知らない。知ることが希だから貴いと説明し、結論で、その理由を「褐を被て玉を懐く。」で結んだ。まことに筋の通った論法である。

老子の「無為自然の道」を世人が知らないことを嘆いていった文であるが、それは「褐を被て玉を懐く。」から最もだと、理由を述べながら周知させようとしたのである。この語は、四章の「和光同塵」と同様な意味である。「懐玉」の王注の「その真を宝とするなり。」は、蓋し名訳である。『中庸』の「錦を衣(き)て絅(けい)（ひとえの薄衣）を尚(くわ)う。」と同義の名句である。

七十一章　真知（知りて知らざるは上なり…）

知不レ知上。不レ知知病。

知りて知らざるは上なり。知らずして知るは病なり。

不レ知二知之不レ足レ任　則病也。

知の任するに足らざるを知らざるは則ち病なり。

○任―まかせる。十分に知る。

知っていることが十分でないことを知らないのは、欠点である。

◇物事が分かっていても、まだ十分でないと知ること。これが分からないのは欠点である。「病」は欠点、短所。

夫唯病レ病。是以不レ病。

夫れ唯だ病を病とす。是を以て病あらず。

聖人不レ病。以二其病一レ病、是以不レ病。

聖人は病あらず。其の病を病とするを以て、是を以て病あらず。

〔全訳〕

知って　いても　十分でないと　解るのが

最上

十分に　知らないのを　解らないのは

欠点

そもそも　ただ

欠点を　欠点として　自覚する

だから　欠点が　ない

聖人は　欠点が　ない

欠点を　欠点として　自覚する

だから　欠点が　ない

☆三段的論法の構成である。

第一段「知不知上」……「知病」（主題）

知と不知について。

第二段「夫唯病病」……「是以不病」（解説）
　真知は欠点の自覚。
第三段「聖人不病」……「是以不病」（結論）
　聖人の真知。
主題で、知と不知の本意を規定し、解説で、真知は何かをいい、結論で、聖人の真知で結んだ。
本文の「夫唯病レ病。是以不レ病」の八字は、次の聖人の文と重複しており、帛書の甲・乙本、及び景龍写本、龍興観碑などにないので、後次的の竄入としたり、蔣錫昌のように、「聖人不レ病。以二其病一レ病。夫唯病レ病、是以不レ病。」の誤倒句であるとする説もあるが、三段的論法の構成からすると、王注通りでよい。
なお（論語）の「知レ之為レ知レ之、不レ知為レ不レ知。是知也。」（為政第二）やソクラテスの「汝自身を知れ。」と同意である。

七十二章　権威と無為（民威を畏れざれば…）

民不レ畏レ威、則大威至。無レ狎二其所一レ居、無レ厭二其所一レ生。

　民威を畏れざれば、則ち大威至る。其の居る所を狎んずること無く、其の生くる所を厭うこと無かれ。

〇狎—かろんずる（軽）〔広雅・釈詁〕狎、軽なり。〇所居、所生—共に「無為自然の道」を指す。

清浄無為謂之居、謙後不盈謂之生。離其清浄、行其躁欲、棄其謙後、任其威権、則物擾而民僻。威不能復制民、民不能堪其威、則上下大潰矣。天誅将至。故曰民不畏威、則大威至。無狎其所居、無厭其所生、言威力不可任也。

清浄無為之を居と謂い、謙後不盈之を生と謂う。其の清浄を離れ、其の躁欲を行い、其の謙後を棄て、其の威権に任すれば、則ち物は擾れて民は僻す。威の復た民を制すること能わず、民は其の威に堪うること能わざれば、則ち上下大いに潰ゆ。天誅将に至らんとす。故に民威を畏れざれば、則ち大威至る。其の居る所を狎んずること無く、其の生くる所を厭うこと無しと曰うは、威力は任す可からざるを言うなり。

〇謙後—謙遜に従う。〇不盈—消極。〇威権—権威と同じ。

清浄無為を居といい、謙後不盈を生という。清浄を離れ、躁欲を行い、謙後を棄て、権威に任せると、物は乱れ、民は邪となる。権威が復た民を制することができず、民はその権威に堪えることができないと、上下関係はつぶれる。すると天誅がまさに来るであろう。だから、「民威を畏れざれば、則ち大威至る。其の居る所を狎んずること無く、其の生くる所を厭うこと無しと曰う。」のは、威力は任してはいけないことをいうのである。

◇権威は為政者に任せてはいけないことを具体的に述べた。居は清浄無為、生は謙後不盈。「居生」は無為自然の道の別称。宇恵注は、「所居・所生」と訓んでいるが誤解され易い。

夫唯不レ厭。

夫れ唯だ厭わざるのみ。

不二自厭一也。

自ら厭わざるなり。

自分がいやがらないのである。

◇無為自然の道をいやがらない。

是以不レ厭。

是を以て厭わず。

不二自厭一、是以天下莫二之厭一。

自ら厭わざれば、是を以て天下之を厭うこと莫し。

自分がいやがらない時は、世の中の人はいやがることがない。

◇無為自然の道は自らがいやがらないことが第一。

是以聖人、自知不二自見一。

是を以て聖人は、自ら知るも自ら見わさず。

不下自見二其所レ知、以耀レ光行上威也。

自ら其の知る所を見わして、以て光を耀かして威を行わざるなり。

自分から知っている所を現して、光を耀かし、権威を行わないのである。

◇「不」は全体を打消す。「見二其所レ知」と「耀レ光行レ成」の両句を打消す。不（A+B）＝不A－不B。

自愛不二自貴一。

自ら愛するも自ら貴しとせず。

自貴、則物狎二厭居生一。

自ら貴くすれば、則ち物は居生を狎厭す。

自分から貴いとする時は、物は居生を軽んじいやがる。

◇狎厭－無為自然の道の居生を。軽んじいやがる。

〔全訳〕

民が　この　道の　威力を　恐れないと

天罰が　やって　くる

清浄　無為を　軽んじるな

謙遜　消極を　いやがるな

そもそも
ただ　自分が　この道を　いやがらない
だから
世の　中の　人は　いやがらない

こういう　わけで
聖人は
わが　身を　知っても
権威を　行わない
わが　身を　愛しても
居生を　狎厭(こうえん)　しない

だから
権威を　捨てて　この　道を　取る

☆三段的論法の構成である。
第一段「民不畏威」……「大威至」（主題）

民とこの道。
第二段「無狎」……「自貴」（解説）
第一節「無狎」……「所生」
無為自然の道の別称の「居生」の意。
第二節「夫唯不厭」……「不厭」
「居生」を厭わないこと。
第三節「是以聖人」……「自貴」
聖人と権威。
第三段「故去彼取此」（結論）
権威を捨てて、この道を取る。

主題で、民と権威の関係を規定し、解説で、無為自然の道の別称の「居生」を説明し、ただ「居生」を厭わず、聖人は無為自然の道を守り権威を行わないといい、結論で、権威を捨てて、無為自然の道を取ると結んだ。

「居生」は、無為自然の道の別称、清浄（じょう）無為と、謙後不盈（えい）と解している王注は、卓見である。一般の諸書は、安住と生業と解している。無為自然の道の別称を以て説明している王注の方が妥当である。

「民不レ畏レ威」の「威」を、上の「刑罰」としている書が多いが、王注に拠る限りは、「無為自然の道の威力」と解すべきである。「離二其清浄一……天誅将レ至。」の王注で明らかである。「大威」は天誅、天罰。

「狎」は河上公本、景竜本、敦煌本などは、「狭」になっている。したがって「狭い」と解している書もある。王注は「威力の任す可からざるを言うなり。」と注しているから、かろんずると訓んでいる宇恵訓が妥当である。「厭」は「圧」、圧搾の意と解している王雲五本は、適当ではない。

七十三章　天網は失わず〈天之道〉（敢に勇なれば…）

勇於敢則殺、

敢に勇なれば則ち殺され、

必不得其死也。

必ず其の死を得ざるなり。

必ず無事な死は得られないのである。

勇於不敢則活。

不敢に勇なれば則ち活く。

必斉命也。

必ず命を斉しくするなり。

必ず命を皆ひとしくするのである。

◇皆そろって活きられる意。

此両者、或利或害。

此の両つの者は、或いは利或いは害。

倶勇而所レ施者異。利害不レ同。故曰二或利或害一也。

倶に勇にして施す所の者異なり。利害同じからず。故に或いは利或いは害、と曰うなり。

両方とも勇気ではあっても施す所が違っている。利害は同じでない。だから「或いは利或いは害。」というのである。

天之所レ悪、孰知二其故一。是以聖人、猶難レ之。

天の悪む所は、孰か其の故を知らん。是を以て聖人は、猶お之を難しとす。

孰、誰也。言、誰能知二天（下）之所レ悪意故一邪。其唯聖人。夫聖人之明、猶難二於勇一敢。況無二聖人之明一、而欲レ行レ之也。故曰二猶難一レ之也。

孰は、誰なり。言うこころは、誰か能く天の悪む所の意故を知らんや。其れ唯だ聖人のみの夫の聖人の明すら、猶お敢に勇なるを難しとす。況んや聖人の明無くして、之を行わんと欲するをや。故に猶お之を難しとす、と曰うなり。

☆天下の「下」は衍字。（素注）

孰は誰である。その意味は、一体誰が天の憎む所の理由を分かろうか。それは分からない。ただ聖人だけが、あの聖人の明でさえも、やはり敢に勇なることを難しいとする。まして聖人の明がなくて、これを行おうとするのは、なお更である。だから「猶之を難しとす。」というのである。

◇「況…也」は抑揚形。意故は、考えのわけ。聖人でも難しいのだから、聖人でない人はなお更難しいと無為自然の道を称揚した意。

天之道、不レ争而善勝、

天の道は、争わずして善く勝ち、

天唯不レ争。故天下莫二能与レ之争一。

天は唯だ争わず。故に天下能く之と争うこと莫し。

天はただ争わない。だから世の中は天と争うことはできない。

☆王注は、「天雖」となっているが、「雖」は「唯」の誤り、宇恵注は「惟」とする。（素注）

不レ言而善応、

言わずして善く応じ、

順則吉、逆則凶。不レ言而善応也。

順なれば則ち吉、逆なれば則ち凶なり。言わずして善く応ずるなり。

順であると吉、逆であると凶である。この道は言わないで善く応じるのである。

◇順逆を以て吉凶をいう。このことは不言にして善く応じる。

不召而自来、

召かずして自ら来り、

処下則物自帰。

下に処れば則ち物は自ら帰す。

下におるから物は自然にやって来る。

繟然而善謀。

繟然として善く謀る。

○繟然―ゆったりしたさま。「繟」は音タン、セン。

垂象而見吉凶、先事而設誡。安而不忘危、未召而謀之。故曰繟然而善謀也。

象を垂れて吉凶を見、事に先んじて誡めを設く。安きにして危きを忘れず、未だ召かずして之を謀る。故に繟然として善く謀る、と曰うなり。

天は象を垂れて吉凶を見、物事に先んじて誡めを設ける。安穏に危を忘れず、まだ召かないで謀る。これが天の摂理である。だから、「繟然として善く謀る。」というのである。

◇天の道すなわち、無為自然の道の功用をいっている。

天網恢恢、疎ニシテ而不レ失ハ。

天網恢恢（かいかい）、疎（そ）にして失わず。

○「失」は一に「漏」に作る。○天網―天が張る網。○恢恢―広く大きい。

◇天が悪人を捕えるために張る網の目は大きく粗いが、取り逃がさない。善は栄え、悪は滅びる例。

〔全訳〕

進んで　する　勇気が　あると

殺され

進んで　しない　勇気が　あると

活きられる

この　両つの　者は

利害が　違う

天が　憎む　所は

誰も　その　わけが　わからない
だから
聖人でさえ
やはり　難しいと　する

この　道は
争わないで　善く　勝ち
言わないで　善く　応じ
召かないで　自ら（おのずか）　来
ゆったりと　していて　善く　謀る

天の　網の　目は　広く　粗いが
何でも　見逃さない

☆三段的論法の構成である。

第一段「勇於敢」……「則活」（主題）
　敢と不敢の功罪。
第二段「此両者」……「善謀」（解説）

第一節「此両者」……「或害」

　両者の利害。

第二節「天之所悪」……「猶難之」

　天の悪む所。

第三節「天之道」……「善謀」

　天の道の功用。

第三段「天網恢恢」……「不失」（結論）

　天の理法。

主題で、敢と不敢の勇気を規定し、解説で、両者の利害、天の意志、天の道の功用をいい、結論で、天道の理法で結んだ。敢と不敢を主題としたのは、不敢（消極）が天の道すなわち天の理法であることを認識させるためである。

この「敢・不敢」を裁判官の態度にしている書が多いが、そう限定せず、広く一般の事としたほうが、適切であろう。

七十四章　天の刑罰（民死を畏れざれば…）

民不畏死、奈何以死懼之。若使民常畏死、而為奇者、吾得執而殺之、孰敢。

民死を畏れざれば、奈何ぞ死を以て之を懼れしめん。若し民をして常に死を畏れしめて、奇を為す者は、吾執えて之を殺すことを得んも、孰か敢てせん。

詭異乱群。謂之奇也。

詭異は群を乱す。之を奇と謂うなり。

詭異は群を乱す。これを奇というのである。

◇「詭異」とは、あやしく不思議なこと。詭怪・奇怪と同じ。

常有司殺者殺。夫代司殺者殺。是謂代大匠斲。夫代大匠斲者、希有不傷其手矣。

常に殺を司る者有りて殺す。夫れ殺を司る者に代りて殺す。是れを大匠に代りて斲ると謂う。夫れ大匠に代りて斲る者は、其の手を傷つけざること有ること希なり。

為逆、順者之所悪忿也。不仁者、人之所疾也。故曰常有司殺（者）也。

逆を為すは、順なる者の悪忿する所なり。不仁なる者は、人の疾む所なり。故に常に殺を司る者有り、と曰うなり。

逆をするのは、順なる者の憎み怒る所である。不仁なる者は人の憎む所である。だから「常に殺を司る者有り。」というのである。

☆王注の「司レ殺」の「殺」の下に、「者」を補う。（素注）司殺者は天道を指す。「斲」は音タク、斬る、削る。

〔全訳〕

民が　死を　恐れなく　棄てばちに　なると
どうして　死を　もって　おどす　ことが　できよう

もし　民に　常に　死を　恐れさせて
奇怪な　ことを　する　者を
わたしは　執えて　殺す　ことが　できても
誰が　進んで　殺す　ことを　しよう
いつも　殺す　ことを　司る　者が　いて
殺す

そもそも
殺す　ことを　司る　者に　代って　殺す
これを　大匠に　代って　斬ると　いう
一体　大匠に　代って　斬る　者は

自分の　手を　傷つけない　ことは
めったに　ない

☆三段的論法の構成である。

第一段「民不畏死」……「懼之」（主題）
　民の死について。
第二段「若使民常」……「有司殺者殺」（解説）
　司殺者の天と代殺者。
第三段「夫代司殺者殺」……「傷其手矣」（結論）
　司殺者に代る者は、自ら傷つく。

主題で、民の死について規定し、解説で、司殺者は天であるが代殺者が殺すといい、結論で、代殺者は、自ら傷つくと結んだ。

「司殺者」は天道、つまり自然の理法、無為自然の道に順った者の裁きをいう。「代二司レ殺者一」は、天道に逆らって人為的な刑罰をする者。これを大匠（大工の棟梁）とこれに代って木を切る者に準（なぞら）えた。無為自然の道に順って、民の生殺を司る者が、生殺の権を行使するが、これに逆らってする者は、大工の棟梁に代って木を伐るようなもので、下手な者が代ってすると、かえって自分の手を傷つけることが多いのと、同様だという。

明和本の本文は「夫司レ殺者、是大匠斲。」になっているが、意味が通じないので、河上公本・道蔵本な

どによって、「夫代㆓司㆑殺者㆒殺。是謂㆘代㆓大匠㆒斲㆖」に改めた。（素注）

本章は、老子が当時の厳刑峻法に、民をいやおうなく死途に走らせる状況を、沈痛に抗議した文である。

七十五章　お上の政治〈有為〉（民の饑うるは…）

民之饑、以㆓其上食㆑税之多㆒、是以饑。民之難㆑治、以㆓其上之有㆑為、是以難㆑治。民之軽㆑死、以㆓其求㆑生之厚㆒、是以軽㆑死。夫唯無㆓以㆑生為㆒者、是賢㆓於貴㆑生。

民の饑うるは、其の上の税を食むの多きを以て、是を以て饑う。民の治め難きは、其の上の為すこと有るを以て、是を以て治め難し。民の死を軽んずるは、其の生を求むるの厚きを以て、是を以て死を軽んず。

夫れ唯だ生を以て為すこと無き者は、是れ生を貴ぶより賢れり。

言、民之所㆓以僻㆒、治之所㆓以乱㆒、皆由㆑上、不㆑由㆓其下㆒也。民従㆑上也。

言うこころは、民の僻む所以、治の乱るる所以は、皆上に由り、其の下に由らざるなり。民は上に従えばなり。

その意味は、民がひがむ理由、政治が乱れる理由は、皆為政者に由り、民に由るのではない。民は皆為政者に従うからである。
◇為政者の政治の仕方によって、民はどうにでもなるのである。○僻―ひがむ。
〔全訳〕
民が　饑(う)えるのは
為政者が　税を　多く　取り過ぎるからこそ　饑えるのだ

民が　治めにくいのは
為政者が　作為を　以て　するからこそ　治めにくいのだ
民が　死を　軽んじるのは
ひたすら　生きようと　執着するからこそ
死を　軽んじるのだ

そもそも
ただ　生きる　ことに　作為を　しない　者は
生きる　ことを　貴ぶ　者より
勝(まさ)って　いる
☆三段的論法の構成をなしている。

第一段「民之饑」……「是以饑」（主題）

民は重税によって饑える。

第二段「民之難治」……「是以軽死」（解説）

第一節「民之難治」……「是以難治」

民の治め難い理由。

第二節「民之軽死」……「是以軽死」

民の死を軽んじる理由。

第三段「夫唯無以生為者」……「賢於貴生」（結論）

作為のない生き方の尊さ。

主題で、民は重税によって饑えると規定し、解説で、有為の政治、生を求める生き方の害をいい、結論で、無為の生き方の貴いことで結んだ。

主題と解説の関係は、重税を課すことは有為であるから、解説で、有為の政治、生を求める生き方は、共に害があることをいい、結論で、無為自然の道に適った政治の肝腎（じん）であることを「生を貴ぶより賢（まさ）れり。」と述べたのである。

「饑」は「飢」より甚だしいうえ。「求レ生之厚」は、五十章の「生生之厚」と同意。「貴レ生」の「生」は、生命を大事にし、養生すること。

七十六章　柔弱の徳(2)（人の生まるるや…）

人之生マルルや也柔弱ナリ。其ノ死スルや也堅強ナリ。万物草木之生ズルや也柔脆ナリ。其死スルや也枯槁ス。

人の生まるるや柔弱なり。其の死するや堅強なり。万物草木の生ずるや柔脆（ぜい）なり。其の死するや枯槁す。

○柔脆（ぜい）―やわらかでよわい。○枯槁―共にかれる意。

故ニ堅強ナル者ハ、死之徒ナリ。柔弱ナル者ハ生之徒ナリ。

故に堅強なる者は、死の徒なり。柔弱なる者は、生の徒なり。

是ヲ以テ、兵強ケレバ則チ不レ勝タ、

是（ここ）を以て、兵強ければ則ち勝たず、

強メテレ兵ヲ以テ暴スル二於天下ヲ一者ハ、物之所レ悪ム也。故ニ必ズ不レ得レ勝ツコトヲ。

兵を強めて以て天下を暴する者は、物の悪（にく）む所なり。故に必ず勝つことを得ず。

兵力を強くして、それで世の中を暴害する者は、人が悪む所である。だから必ず勝つことができない。

◇兵力で世の中を荒すものは、天下は取れない。「物」は人を含む。

木強ケレバ則チ共ヘラル。

木強ければ則ち共（くわ）えらる。

○共ー折の字の転写の誤り（兪樾）。しかし王注は、加えられると解している。

物ニ所ルル加ヘ也。物ノ所ル加フル也。

物に加え所（ら）るるなり。物の加うる所なり。

物に外から力を加えられるのである。訓読は受身と自動の二通りあるが、意味は同じ。

◇木が強くなると、外から物に力が加えられる。風当たりが強い。「所」は、…る。…らる。される。（受身）

強大ナルハ処リ下ニ、

強大なるは下に処り、

木之本也。

木の本なり。

木の根本である。

柔弱ナルハ処ルレ上ニ。

柔弱なるは上に処(お)る。

枝条ハ是也。

枝条は是れなり。

枝がこれである。

〔全訳〕

人が　生まれた　時は
柔らかで　弱い
人が　死ぬと
堅く　強(こわ)ばって　しまう
万物や　草木が　芽を　出した　時は
柔らかで　弱い
朽(く)ちると　干涸(ひから)びて　コチコチに　なる

だから
堅くて　こわばって　いる　ものは
死者の　仲間

柔らかで　弱い　ものは
生者の　仲間

そういう　わけで
武力が　強いと
必ず　勝てない
木が　強いと
加えられる

強大な　ものは　本に　おり
柔弱な　ものは　上に　おる

☆三段的論法の構成である。
第一段「人之生也」……「枯槁」（主題）
　人および万物の、柔弱と堅強。
第二段「故堅強者」……「共」（解説）
　第一節「故堅強者」……「生之徒」
　　堅強と柔弱の特質。

第二節「是以」……「共」

その例。

第三段「強大」……「処上」（結論）

強大と柔弱の本質。

主題で、柔弱と堅強を規定し、解説で、その特質と例を説明し、結論で、柔弱の本質で結んだ。

本章は問題が多い。「柔脆」の「脆」は、もろいの意ではなく、弱い、軟い。「兵」は、王注に「強兵」とあるから、兵力と解するのがよい。「不レ勝」は、〔老子〕の原文は「兵強則滅。」であったが、後人の注文である（劉師培）という。王注は「兵力を強くして天下を暴害する者は、人の悪む所であるから、必ず勝つことは出来ない。」といっている。

「木強則共」は、河上公本と同じである。『老子』の原文は「木強則折。」であったが、「折」字が闕壊して、右旁の「斤」だけが残った。又上句に「兵強則不レ勝。」とあるのに関連して、誤って「兵」とした。「共」字は「兵」字の誤りである（兪樾）といい、更に「折」を「共」或いは「兵」とするのは皆正しくない。「折」は残欠を以て誤って「兵」とし、また形が「共」に近いので、誤って「共」とした。『列子』「黄帝篇」、『文子』「道原篇」、『淮南子』「原道篇」に「兵強則滅、木強則折。」に拠って訂正した（奚侗）という。

蔣錫昌が、『列子』の「不レ勝」を「滅」にし、「兵」を「折」としたのは賛成できる。「滅」「折」は同韻である。四十三章の王注に「至柔は折る可からず。」とあるのは、この文に拠っていったので、王本が「折」とした証拠であるといっている。（老子校詁）したがって本来は「折」であったが、王弼の見た『老子』は、既に「共」になっていたので、王注は「物に加えらるなり。」と注したのであろう。

それでは、どうして「共」を（加えられる）と解したのであろうか。『説文』には「共は同なり。廿・廾は凡て共の属なり。皆共に従う。」とあり、『段注』に、廿を二十人と解して、二十人が皆竦手（手に取る）して拝する形とする。廿は捧げるものの形で、礼器である。礼器を奉じて拱手するので、恭の意となる。しかし加えられる意はない。一方『論語』「為政篇」に「子曰く、政を為すに徳を以てするは、譬えば北辰の其の所に居て、衆星之に共うが如し。」とあって、「共」を（向かう）と訓じている。或いはこの意から、（加えられる）と訳したのかも知れない。この解釈は一般の諸書には全く見当たらない。

万物の生長は無為自然の道の恩恵に依ってなされるが、天変地異に災して変化したり、人や動物の有無によって切ったり折ったりされる。この広汎な内容を「折」と断定することは不可能で、「加えられる」としたのではあるまいか。

帛書の甲・乙本の上句は共に「兵強則不レ勝」になっており、王弼本及び諸伝本と同じであるが、下句は、甲本は「木強則恒」、乙本は「木強則競」となっている。そこで高明は、厳遵・傅奕の諸本のいう「木強則共」は誤りでない。「共」と「恒」「競」は、古音では同じで、「烘」の仮借で、『爾雅』「釈言」に烘は燎なりとあるという。「燎」は焼く意であるから、王注とは違う。

結論の「強大」を木の本、柔弱を木の枝としたのも、無為自然の道に順った解釈である。

七十七章　万物平等観〈天之道〉（天の道は、其れ猶お弓を張るがごとき…）

天之道、其猶張弓与。高者抑之、下者挙之、有余者損之、不足者補之。天之道、損有余而補不足。人之道則不然。

天の道は、其れ猶お弓を張るがごときか。高き者は之を抑え、下き者は之を挙げ、余り有る者は之を損し、足らざる者は之を補う。天の道は、余り有るを損して足らざるを補う。人の道は則ち然らず。

与天地合徳、乃能包之、如天之道。如人之量、則各有其身、不得相均。如唯無身無私乎自然。然後乃能与天地合徳。

天地と徳を合して、乃ち能く之を包むこと、天の道の如し。人の量の如きは、則ち各〻其の身有りて、相均しきことを得ず。如し唯だ身無く私無ければ自然なり。然る後に乃ち能く天地と徳を合す。

人の道は、天地と徳を合わせて、物を包むことができるのは、天の道のようである。人の容積は、それぞれ身があって、均しくすることはできない。若しただ身がなく私がないと、自然になる。そこで初めてかえって天地と徳を合わせるのである。

◇「量」は容積。人の道は天地の道と同じであるが、身があるから均しくすることができない。しかし、身がなく私がなかったら、それは自然の状態となるので、天地と徳を合わせることができ、天地と同じくなる。

損レ不レ足以奉レ有レ余。孰能有レ余、以奉二天下一。唯有道者。是以聖人、為而不レ恃、功成而不レ処。其不レ欲レ見レ賢。

足らざるを損して以て余り有るに奉ず。孰か能く余り有りて、以て天下に奉ぜん。唯だ有道者のみなり。是を以て聖人は、為すも恃まず、功成るも処らず。其れ賢を見すことを欲せず。

言、唯能処レ盈而全レ虚、損レ有以補レ無、和レ光同レ塵、蕩而均者、唯其道也。是以聖人、不レ欲レ示二其賢一、以均二天下一。

言うこころは、唯だ能く盈に処りて虚を全くし、有を損して以て無を補い、光を和らげて塵に同じくし、蕩として均しき者は、唯だ其れ道のみなり。是を以て聖人は、其の賢を示すことを欲せずして、以て天下に均しくす。

その意味は、ただ盈にいて虚無を全くし、有を減して無を補い、光を和らげて塵に同じくし、すっかり差別をなくして平等にできるものは、無為自然の道だけである。そこで聖人は、自らの賢しらを示すことを欲しないで、世の中の人と同じくする。

◇「蕩」は音トウ。すっかりなくす。一掃する。無為自然の道は平等に万物に施すから、この道を体得した聖人は、己れの賢を外に示さないで、俗世間と同じようにする。

〔全訳〕

天の　道は
弓を　張る　ような　ものだ　なあ
高い　ところは　抑えつけ
低い　ところは　引き挙げ
余った　ところは　減らし
足りない　ところは　補う

天の道も　同じ　ようだ
余った　ものを　減らし
足りない　ところを　補う
ところが
人の道は　そうでは　ない
足りない　ものを　減らして　取り上げ
余って　いる　ものに　差し上げる

一体　誰が　あり余って
世の　中の　ために　差し出す　ことが

できるだろうか
ただ　できるのは
有道者　だけだ

そういう　わけで
聖人は
大きな　仕事を　しても
それに　頼らず
立派な　成果が　挙っても
そこには　いなく
賢(さか)しらを　示す　ことを
欲しない

☆三段的論法の構成である。
第一段「天之道」……「不足者補之」（主題）
　天の道は弓を張るようなものである。
第二段「天之道」……「有道者」（解説）
第一節「天之道」……「以奉天下」

天の道と人の道の違い。

第二節「孰能有余」……「唯有道者」

有道者のみ可。

第三段「是以聖人」……「其不欲見賢」（結論）

聖人の行為。

主題で、天の道は弓を張ると同じようであると規定し、解説で、天の道と人の道との相違、有道者の行為を説明し、結論で、無為自然の道を体得した聖人の行為で結んだ。有徳者と聖人は同じ概念である。

天の道を弓を張るのに譬え、「高き者は之を抑え、下き者は之を挙げ。」といっているのは、弦を張る場合、弓の真中の高く曲っている部分を抑えつけて、反対に両端の低い部分を上げて張ることをいっている。「余り有る者は之を損し、足らざるは之を補う。」というのは、過不足なく弓を調整する動作をいう。

この章は、老子の「無為自然の道」は、一切平等で、人間万物は皆貴賤の別ないことを力説したもので、福沢諭吉のいう「人の上に人を作らず、人の下に人を作らず。」は、この道と全く意を同じくする。しかし現実の人間社会は、こうでないことを忿怒(ぶん)した、老子の気概を感じさせる。

七十八章　柔弱の徳(3)〈正言〉（天下に水より柔弱なるは莫し…）

天下莫レ柔二弱於水一。而攻二堅強一者、莫二之能勝一。以レ其無二以易一レ之。

天下に水より柔弱なるは莫し。而して堅強を攻むる者は、之に能く勝ること莫し。其れを以うれば、以て之に易わること無し。

以用也。其、謂レ水也。言、用二水之柔弱一、無三物可二以易一レ之也。

以は用なり。其は、水を謂うなり。言うこころは、水の柔弱を用うれば、物として以て之に易うるべき無きなり。

以ては、用いるの意味である。其れは、水をいうのである。その意味は、水の柔弱を用いると、何物も水に易わることができないのである。

◇柔弱な水には、どんな物でも代わることができない。

弱之勝レ強、柔之勝レ剛、天下莫レ不レ知、莫二能行一。

是以聖人云、受二国之垢一、是謂二社稷主一、受二国不祥一、是謂二天下王一。

正言若レ反。

弱の強に勝ち、柔の剛に勝つは、天下知らざること莫きも、能く行うこと莫し。

是(ここ)を以て聖人は云う、国の垢(あか)を受くる、是れを社稷(しゃしょく)の主と謂い、国の不祥を受くる、是れを天下の王と謂う、と。

正言は反するが若(ごと)し。

○社稷—土地の神と五穀の神。国家。○不祥—不吉。よくない。

〔全訳〕

世の　中に　水より　柔弱な　ものは　ない
堅強な　ものを　攻めるのに
水より　勝る　ものは　ない
水を　用いると
どんな　物でも　代えられない

弱い　ものが　強い　ものに　勝ち
柔らかい　ものが　剛(かた)い　ものに　勝つ　ことは
世の　中で　知らない　者が　ないが
実行　できる　者は　ない

そういう　わけで
聖人は　いう
国の　汚辱を　引き受ける　者を
社稷（しょく）の　主と　いい
国の　不幸を　引き受ける　者を
天下の　王と　いう

正しい　言葉は　反対の　ように　聞こえる

☆分かり易い三段的論法である。
第一段「天下」……「易之」（主題）
　水の柔弱は、何物にも勝る。
第二段「弱之勝強」……「謂天下王」（解説）
　第一節「弱之勝強」……「莫能行」
　　柔弱が剛強に勝つのは、知っているが、実行できる者はいない。
　第二節「是以聖人」……「謂天下王」
　　聖人の言。
第三段「正言若反」（結論）

正言は反対に思え。

主題で、水の柔弱は、何物にも勝ると規定し、解説で、柔弱と剛強との関係を説明し、聖人の言を挙げ、結論で、水の柔弱のように、正言は反対と思えと結んだ。

本章で、最も問題となるのは、本文の「以其無以易之。」の訓読である。一般の諸書は、「其の以て之を易うる無きを以てなり。」と訓んでいるが、王注に「以ては用なり。其れは、水を謂うなり。」といっていることからすると、「其れを以(もち)うれば、以て之に易わる無し。」と訓むべきである。水の柔弱を用いると、水に代わる物はないという意となる。

「正言若反。」は、「曲則全、枉則直。窪則盈、敝則新。」（二十二章）、「柔弱勝二剛強一。」（三十六章）、「無為而無レ不レ為。」三十七章、「損レ之而益、益レ之而損。」（四十二章）、「知者不レ言。言者不レ知。」（五十六章）などは、この類である。

「垢」は、けがれ、よごれ。柔弱な姿勢で、この汚辱を甘んじて受ける人物こそ、無為自然の道の実践者である。だから「正言は反するが若し。」と、本当の正しい言葉は、真実とは反対のように聞こえると、結んだのである。

七十九章　天道は親無し（大怨を和するも…）

和大怨、必有余怨。

大怨を和するも、必ず余怨有り。

不明理其契、以致大怨已至、而徳以和之、其傷不復。故必有余怨也。

其の契りを明理せず、以て大怨已に至るを致して、徳以て之を和するも、其の傷は復せず。故に必ず余怨有るなり。

約束を明らかに処理しないで、大きな怨みが既に起こって、徳を以てそれを和解しようとしても、その傷は戻らない。だから余怨があるのである。

◇約束をはっきり処理しないので、大怨を受け、それを徳を以て和解しようとしても、元に戻らないで、余怨が残っている。

安可以為善。

安んぞ以て善と為すべけんや。

是以聖人、執二左契一、

是（ここ）を以て聖人は、左契を執りて、

左契、防三怨之所二由生一也。

左契（けい）は、怨の由りて生ずる所を防ぐなり。

○左契―二分した割符の左半分。契約を書いた木の札を二つに割って、左右一片ずつ、約束した者がそれぞれ持って、後日の証拠とする。手形。

約束の割符の左半分を取って、怨の生ずるのを防ぐのである。

而不レ責二於人一。有徳司レ契、

而して人に責（もと）めず。有徳は契を司（つかさど）り、

有徳之人、念二思其契一、不レ令二怨生一、而後、責二於人一也。

有徳の人は、其の契を念思して、怨みをして生ぜしめずして、後に人に責（もと）むるなり。

有徳の人は、その割符をよく考え思って、怨を生じさせないで後に、人に求めるのである。

◇有徳者は、割符のことをよく考えて、怨みを生じさせないで求める。

無徳司レ徹。

無徳は徹（てつ）を司る。

徹ハ、司ル二人之過チヲ一也。

徹は、人の過ちを司るなり。

徹は、人の過ちを司るのである。

◇徹は周代の税法、井田法により、十分の一を税として現物を取り立てる。王注は、井田法を守らないことを「過ち」といっているのであろうか。

天道ハ無シレ親。常ニ与ス二善人ニ一。

天道は親無し。常に善人に与（くみ）す。

○親―偏愛。えこひいき（依怙贔屓）。

〔全訳〕

大きな　怨みを　和解　させても
必ず　しこりが　残る
どうして　善処したと
されよう

だから　聖人は
割符の　左半分を　握って

人に　求めない

有徳者は　割符を　思って
人に　怨みを　起こさせないで　求める
無徳者は　税の　過ちを
攻め立てる

天の道は　えこひいきが　ない
いつも　善人に　味方する

☆明瞭な三段的論法である。
第一段「和大怨」……「可以為善」（主題）
　大怨は和解させても、余怨が残る。
第二段「是以聖人」……「司徹」（解説）
　第一節「是以聖人」……「不責於人」
　　聖人の左契について。
　第二節「有徳」……「司徹」
　　有徳と無徳者の司り方。

第三段「天道」……「与善人」（結論）

　天の道は善人に与する。

主題で、大怨について規定し、解説で、聖人と有徳者の契の扱い方、無徳者の徹の取り方を説明し、結論で、天道は善人に与すると結んだ。天道は天の理法であり、無為自然の道を暗にいっている。

「左契」は、手形として用いた割符の左半分で、証文を木の机に書いて、二つに割り、左の半分は債権者、右の半分は債務者が持ち、左契を持つ者の請求で、右契を持つ者が手形を合わせて、現物を渡すのである。聖人が「左契を執る」のは、取り持って請求しない意であり、有徳者は怨まれないで求めるが、無徳者は税を取り立てる。天道は公平であるから、常に善人に与しているという。

　人間社会で大怨が生じ和解しても、なお余怨が残るのは、この「契」の処理を明らかにしないことから起こるので、道の体得者の聖人や有徳者のような態度を取ることが、肝要なことであると、「天道は親無し。常に善人に与す。」といったのである。☆「不下令二怨生一而後責上人也。」の宇恵訓は誤り。（素注）

八十章　理想郷（小国寡民）

小国寡民。

小国寡民（かみん）。

国既小、民又寡。尚可使反古。況国大、民衆乎。故挙小国而言也。

国既に小、民又た寡し。尚お古に反らしむ可し。況んや国大、民衆きをや。故に小国を挙げて言うなり。

国がすでに小さく、民もまた少ない。それでも古に返らせることができる。まして国が大きく民が多いのでは、なお更できる。だから小国を挙げて言うのである。

◇小国寡民は、古の理想社会の状態で、これにまだ返させることができる。国が大きく民が多いのを、古に返させるのは、なお更できる。だから小国寡民を挙げたのである。小国寡民のよいことをいう。

二　使有什佰之器、而不用。

什佰の器有れども、用いざらしめ。

○什佰―十百。いろいろ多くの。☆王注本は「伯」であるが「佰」に改める。（素注）

言、使民雖有什佰之器、而無所用、何患不足也。

言うこころは、民をして什佰の器有りと雖も、而も用うる所無からしめば、何ぞ足らざるを患えんや。

その意味は、民にいろいろ多くの道具があっても、それを用いる所がないようにさせたら、どうして足りないのを心配することがあろうか。

◇いろいろ沢山の道具があっても、用いる所がないようにすると、足りないことなど心配する必要はない。

使三民重レ死、而不二遠徙一、

民をして死を重んじて、遠くへ、徙らざらしめば、

使二民不レ用、惟身是宝、不レ貪二貨賂一。故各安二其居一、重レ死而不二遠徙一也。

民をして用いざらしめば、惟だ身を是れ宝として、貨賂を貪らず。故に各々其の居に安んじ、死を重んじて遠くへ徙らざるなり。

○貨賂―まいない。賄賂。金品を贈る。

民に用いないようにさせると、ただ自分の身だけを宝として大事にし、賄賂を貪らない。だから各自、その居に安んじ、生命を大切にして、遠くへ移って行かないのである。

◇民に用いないようにさせると、民は自分の体だけを宝とし、安心して住み、生命を大切にして、遠くへは移ろうとしない。

雖レ有二舟輿一、無レ所レ乗レ之、雖レ有二甲兵一、無レ所レ陳レ之。

舟輿有りと雖も、之に乗る所無く、甲兵有りと雖も、之を陳ぬる所無し。

使下人復結縄而用レ之、甘二其食一、美二其服一、安二其居一、楽中其俗上。

人をして復た結縄して之を用い、其の食を甘しとし、其の服を美とし、其の居に安んじて、其の俗

を楽しましむ。

鄰国相望、鶏犬之声相聞、民至老死、不相往来。

鄰国相望み、鶏犬の声相聞こえ、民は老死に至るまで、相往来せず。

無所欲求。

求むるを欲する所無し。

求めることを望む所がない。

◇何も欲しがらない。

〔全訳〕

小さい　国に　少ない　民は　理想郷

さまざまな　道具が　あっても
用いる　所が　ない　ように　させ
民に　体を　宝として　生命を　大切に　し
遠くへ　移らない　ように　させる

舟や　車が　あっても

乗る　所が　なく
武器が　あっても
列べる　所が　ない

民に　復(ま)た　縄を　結んで　用いさせ
食べ物を　甘いと　し
着物を　立派だと　し
住居(すまい)に　安んじて
風習を　楽しませる

鄰りの　国が　向こうに　見え
鶏や　犬の　声が　聞こえても
民は　年　老いて　死ぬまで
他の　国へは　往き来　しない

☆三段的論法の構成が明瞭である。

第一段「小国寡民」（主題）

　小国寡民は理想郷。

第二段「使有什佰之器」……「楽其俗」（解説）

第一節「使有什佰之器」……「不遠徙」

道具は不必要、生命が大切。

第二節「雖有舟輿」……「無所陳之」

舟輿・武器は不用。

第三節「使人結縄」……「楽其俗」

太古の生活。

第三段「鄰国相望」……「不相往来」（結論）

理想郷の具現。

主題で、「小国寡民」を規定し、解説で、道具は不必用、生命が大切。舟輿（よ）・武器は不用と、太古の生活を説明し、結論で、理想郷の具現で結んだ。

『老子』の本文中、ただこの一章だけが、叙事文形式の表現である。しかも三段的論法を以て述べている。一体これは、どういうことであろうか。叙事文においても、この形式を取れるという証左ではなかろうか。

「小国寡民は、中国の古代農村社会の理想的民間生活の情景を述べたものである。しかし一方、古代公社の形式を保持している。したがってある人は、老子は、原始社会の回復を企図しながら、この説法は妥当でない。それは国があり、統治があり、なお甲兵があり、更に甘食、美服が出来るので、原始社会の現象にふさわしくないというが、老子はただ安定した小農経済を企図しただけで、統治者は民に干渉せず、小農経済を自由に発展させることを求めたので、老子の目的は達成している。」と童書業はいう。

なお、本章を読んで、もう一つ問題を生じたのは、この内容が、プラトン（前四二七－前三四六）の「対話篇」（法律篇）と、ほとんどそっくりであることである。ただ老子のこの理想社会と違う点は、法律制度以前の原始社会についてである。

老子の生没については、異説があって、一定していないが、「西紀前五七一年、周の霊王元年、二月十五日生。」と明記されている。（『老子伝』秦新成・劉升元著）に拠れば、プラトンより一四四年前に生まれたことになる。するとこのプラトンの「対話篇」は、二百年後ぐらいに書かれたことになる。

この時代に東西の文化交流が、あったのだろうか。これはどうも肯定し難い。だとすれば、当時の生活環境は、洋の東西を問わず、相似ていた原始社会であった事実の表現ではなかろうか。プラトンの法律篇は、岡田正三訳に明示されているが、その概略は『福永老子』に述べられている。

馮友蘭（ひょうゆうらん）は、本章を次のように評している。

『老子』の八十章は、彼の理想社会の情況を描写した。表面上から見ると、これは一個の甚だ原始社会のようであるが、実はそうではない。それはその社会の中に、『雖レ有二舟輿一、無レ所レ乗レ之。雖レ有二甲兵一、無レ所レ陳レ之。使二人復結縄而用一レ之。』の語のあることによってわかる。この社会の中では、舟輿がないわけではない。用いる所がないだけである。甲兵がないわけではない。戦争する必要がないだけである。文字がないわけでない。文字を必要としないだけである。だから結縄に復したのである。老子は、これは『至治の極』であるとした。一個の原始社会ではなく、老子の表現方式を用いて、文明を知り、素朴を守ることを説くのは当然である。老子は一般の所謂文明に対して、彼の理想社会は、為して出来ないのではなく、出来て為さないのであると認めた。

ある人はいう。この理解から、『老子』の八十章の説く所は、一個の社会ではなく、一種の精神の境地であると。もっともである。これは精神の境地である。老子が要求した所は、この精神の境地に外ならない。」と（『中国哲学史新編』）。

馮友蘭のいうように、この八十章は、原始社会を述べたのではなく、精神の境地を述べたものとする見解も、否定されない。

本章は、当時の現実生活に不満の余り、分散している農村生活の基礎に立って、幻想的な桃花源的ユートピア（烏托邦）を表現したものである。この小天地にあって、社会秩序は自然に維持され、民の素朴な本能によって、平穏無事に過ごされた、その古代農村生活の理想化の描写である。中国古代の農村社会は自治自衛の村落の形式であり、交通の不便から、自給自足を求めた。したがって当時の封建経済生活の反映である。

八十一章　不傷の徳（信言は美ならず…）

信言ハ不レ美ナラ。

信言は美ならず。

実ハ在ルレ質ニ也。

実は質にあるなり。

真実は実質にあるのである。

◇言葉の表現ではなく、実質にある。

美言ハ不レ信ナラ。

美言は信ならず。

本ハ在ルレ樸ニ也。

本は樸に在るなり。

根源は素朴にあるのである。

◇本性は素朴である。

善ナル者ハ不レ弁ゼ。弁ズル者ハ不レ善ナラ。

善なる者は弁ぜず。弁ずる者は善ならず。

知ル者ハ不レ博カラ。博キ者ハ不レ知ラ。

知る者は博からず。博き者は知らず。

極在レ一也。

極は一に在るなり。

極は一であるのである。

◇極は一であるから、無為自然の道である。だから博くない。

聖人不レ積。

聖人は積まず。

無レ私二自有一、唯善是与。任レ物而已。

自ら有を私すること無く、唯だ善に是れ与す。物に任するのみ。

自分から有るものを私のものとしなく、ただ善にだけ味方する。物の自然に任せるだけである。

◇聖人は、自分から物を私有しない。善に従い、物の無為自然に任せるだけである。

既以為レ人、己愈有。

既く以て人の為にして、己は愈々有り。

○既―ことごとくと訓じる。

物所レ尊也。　　物所レ尊也。

物の尊ぶ所なり。　物に尊ばるるなり。

物が尊ぶ所である。　物に尊ばれるのである。

◇「愈有。」は、いよいよ尊ばれる意味である。「物」は人を含めた物。

既以与レ人、己愈多。

既く以て人に与えて、己は愈ミ多し。

物所レ帰也。　物所レ帰也。

物の帰す所なり。　物に帰せらるるなり。

物が帰って来るのである。　物に帰られるのである。

◇与えると、かえって物が与えられる。

天之道、利而不レ害。

天の道は、利して害せず。

動常生二成之一也。

動いて常に之を生成するなり。

◇天道は運行して、万物を生成するのである。

聖人之道、為而不争。

聖人の道は、為して争わず。

順天之利、不相傷也。

天の利に順いて、相傷つけざるなり。

天の恵に順って、互いに傷つけることをしないのである。

◇天の利は、無為自然の道の恵に順って、互いに傷つけることをしない。

〔全訳〕

真実の　言葉には　飾りが　なく
美しい　言葉には　真実味が　ない
善人は　しゃべり　立てなく
しゃべり　立てる　人は
善人では　ない
本当に　分かって　いる　人は
物識りでは　なく
物識りは
本当には　分かって　いない

聖人は
自分から　物を　私有　しない
何もかも　人の　為に　して
自分は　ますます　人に　尊ばれ
何もかも　人に　与えて
自分に　ますます　戻って　来る

天の　道は
万物に　恵を　与えて　成長　させる
聖人の　道は
天の　恵に　順って　傷つけない

☆三段的論法である。

第一段「信言不美」……「博者不知」（主題）
　信言と美言、善者と弁者、知者と博者の逆説のこと。
第二段「聖人不積」……「己愈多」（解説）
　聖人の行為。
第三段「天之道」……「為而不争」（結論）

天の道と聖人の道の対応。

主題で、信言と美言、善者と弁者、知者と博者は逆であると規定し、解説で、聖人の行為をいい、結論で、天の道と聖人の道の対応を述べ、不傷の徳で結んだ。

本章で問題とする第一は、「不博」の王注「極は一に在るなり。」である。一は極であることは、三十九章の「昔の一を得たる者は」の王注に「一は数の始めにして、物の極なり。」とあり、又四十二章に「道は一を生ず」とあるによって、既に説明されている。だから「不㆑博」と数の始めをいうのである。

第二は、「不㆑積」の王注の「唯だ善に是れ与（くみ）す。物に任すのみ。」の解である。物に任せるということは、万物の自然に成長するのに任せることである。だから物を私有しない意となる。

第三は、「愈有」の王注の「物に尊ばるるなり。」の解である。一般の諸書は、ますます増すとか、ますます持つとかに解されているが、王注は、尊ばれると解している。この方が妥当性がある。

第四は、「為而不㆑争」の「為」を、王注は「天の利に順う。」と解し、行うと解していない。

本章は、老子全章の「締め括り」をいった章であると、いわれる向きがあるが、若しそうだとすると、帛書甲乙本との関係が問題になる。一九七三年（昭和48）に発見された帛書には、本章が甲乙本とも、上篇（徳経）に、八十章「小国多寡民」と本章は、六十六章「江海所以」の次に置かれている。これからすると、「締め括り」の章とはならない。

そこで、更に疑問が残る。それは、この明和本の「上徳不㆑徳」が何故下篇の最初にあるかということである。帛書の甲本は、漢の高祖時代、西暦前二〇六－前一九五年に、乙本は恵帝の前一九四－前一八〇年に抄写されたものであるとされているから、王注本を作った王弼（二二六－二四九）とは、約四五〇年の隔りがある。するとこの間に、三十八章が下篇に変えられたことになる。誰の手によって変えられたか、この解明は今のところ明らかにされていない。韓非子（？－前二三三）の「解老篇」も「上徳不㆑徳」から始まっている。「解老篇」は現存の『老子』の解釈では、最古のものである。

帛書は、甲乙本とも徳経・道経となっているが、これを逆に道経・徳経としたのは、『老子』の書を以て、「道徳」の書とするためでは、なかったろうか。これは『論語』に対し、意識的に「道徳経」であると認識させる為であったと、推測せざるを得ない。先にこの書は「道徳の意味もある。」といったが、これは従来の一般の見解からで、改めて読んで見ると、寧ろこの感が強く心を突くようになって来た。『老子真経道徳経』といわれる所以も、此処にあるのではなかろうか。この観点から『王注老子』を解読すると、ますますこの書は、人生如何に生きるべきかの指針を与える哲学書であり、道徳経である認識を深くし、王弼の人間性が切実に五体に伝わって来る。

八十一章を「不傷の徳」と題したのは、「聖人之道、為而不㆑争」の王注「順㆓天之利㆒、不㆓相傷㆒。」の「不㆓相傷㆒」に拠る。無為自然の道は相傷つけないことを「聖人之道」でいったのである。なお「傷」を（そこなう）、（やぶる）などと訓んでいる書が多いが、（傷つける）とした方がふさわしい。それは精神的に苦痛を与えることが「傷つける」であるからである。

主なる資料

1　老子の研究（竹内義雄）
2　老子の講義（諸橋轍次）
3　老子（福永光司）
4　老子（金谷　治）
5　老子校正（島　邦男）
6　老子訳注（坂出祥伸）
7　老子校詁（蔣錫昌）
8　老子今註今訳（王雲五主編）
9　老子義疏註（呉静宇）
10　老子河上公註斠理（鄭成海）
11　老子伝（秦新成・劉升元）
12　老子与道教（李申）
13　馬王堆老子（鈴木喜一）

参考

★帛書

一九七三年十二月（昭和48）、湖南省長沙馬王堆三号漢墓中から、『帛書老子甲乙本』が出土された。甲本は篆(てん)書体に近く、書中は漢の高祖劉邦の諱を避けていないことから、抄写年代を推算すると、最も遅くとも、漢の高祖の時代で、西暦前約二〇六―前一九五年の間であり、乙本は隷書体で、書中は劉邦の諱を避け、恵帝劉盈の諱を避けていないことから、やや遅く、恵帝（前一九五―前一八八）の西暦前約一九四―前一八〇年の間であって、今より二千年以上前のもので、『老子』の最古の本である。『老子甲乙本』の釈本は、一九七四年、馬王堆漢墓帛書整理小組が整理して、文物出版社が出版した『馬王堆漢墓帛書（壱）』、一九七六年出版した『馬王堆漢墓帛書老子』があり、一九八〇年国家文物局文献研究室が出版した『馬王堆漢墓帛書（壱）』がある。

この甲乙本は、両書共、「徳経」「道経」が通行本と逆になっているし、その上、残欠が多く、意味の通じない部分がかなりある。これを諸伝本に因って補塡したのが、『老子今註今訳』中にある「老子甲乙本釈文」である。

跋

この齢になって、やっと分かって来たような気がする。しかし総てが分かったわけではない。洵(まこと)に苦渋の連続の到達点であった。

王弼注に拠って、『老子』を解明しようと志て、既に二十年ぐらいになる。学生に教える度ごとに、解明出来ないものが残った。どんな参考書を繙(ひもと)いても、心に満足するものはなかった。そこで、兎も角王弼注一本で、解明しようと意を決したのである。かくして、昨秋の九月、秋分の節に漸く脱稿した。

何時の間にか、桜の花が空を蔽う時期になった。この間、稿を繰り返すこと三度、その度に、王注の訓読、解読に、新しい発見と教えを受けた。この事に就いては、後日纏(まと)めて公にする心算であるが、ただ一つここで述べて置きたいことがある。それは、一章の「無名天地始。有名万物之母。」の訓読である。一般の諸書は、「無名は天地の始め。有名は万物の母。」と訓んでいるが、王雲五本は「無は天地の始めに名づけ、有は万物の母に名づく。」と読んでいる。更にこう読むことに拠って、四十章の「天下万物生二於有一。有生二於無一。」（天下の万物は有より生じ、有は無より生ず。）の「有」の意味が、初めて理解出来るという。紙面の都合上、私見は後に譲るが、読者の御高説を賜りたい。

次に是非付言して置きたいことがある。それは、「序」で三段的論法のことを強調したが、『老子』八十一章を、この手法で遣って来て、改めて三段論法を考えて見た。三段論法はアリストテレス（前三八四―前三二二）の創案であるという。アリストテレスは十七歳のとき、アテナイに遊学し、プラトンのアカデメイア学園に入り、前三四七年プラトンが八十歳で没するまで、二十年間、学園にいた。したがってプラトンから受けた影響は大きいが、一方プラトン批判も辛辣であった。三段論法はプラトンからの影響である。三段論法は大前提・小前提・結論の三つの判断から成っている推論で、総ての人は死ぬ（大前提）、彼は人である（小前提）、故に人は死ぬ（結論）の形式を執る。『老子』の経文には、「故」字が五十九個用いられている。このことが、三段論法に着目させた動因であった。コロンブスの卵ではないが、『王注老子』に活眼を開いた文字である。ただ東西の交流の可否が、問題に残る課題である。

志賀　一朗

稿成三度顧　　稿成りて　三度顧みる
紅葉作桜花　　紅葉は　桜花と作る
王注多開耄　　王注は　耄を開くこと多し
上顔煙景賒　　顔を上ぐれば　煙景賒かなり

平成十年戊寅四月三日

追　記

本書を、脱稿して一年余、ここに出版の運びと成ったが、この間、『老子』の文体が「三段的論法」であることを、折りに触れ思考して来た。ここに至ってこの論法は、アリストテレスの三段論法の先駆をなすものであると、確信するようになった。老子は正に原姿的三段論法の創始者である。『老子』の文体を「三段的論法」と名づけたのもここにある。

終わりに、本書の出版を慫慂して下さった、畏友駒沢大学名誉教授中村璋八博士、並びに印刷校正に誠心誠意勤められた汲古書院坂本健彦相談役及び三井裕子さんに、深甚なる敬意と感謝を表する次第である。

偶成

老子校正漸終迎　　老子の校正　漸く終りを迎う
辛苦多年懐故郷　　辛苦多年　故郷を懐う
老子真解冠宇宙　　老子真解は　宇宙に冠たり
所生在腑聖魂傾　　所生腑（ふ）に在り　聖魂傾く

私事でありますが、今年十一月、私どもは金婚式を迎えます。この期に当たり、料らずも本書が公刊されますことは、因縁の深きを覚え、『老子真解』の生命（いのち）の、長久であるこを願う者であります。

平成十一年十一月二十七日

索　引

ア　行

愛矜　331
哀慈謙退　490
愛するに身を以て天下を為むれば、若ち天下を托すべし　79
哀悲を以て之に泣き、喪礼を以て之に処る　227
相憖して難を避けず　480
敢て寸を進まずして尺を退く　489
敢て天下の先と為らず。故に能く成器の長たり　479
敢て以て強を取らず　220
敢て物の先と為らず　490
皦らかならず昧からず　398
字は以て称えて言う可し　175
与うるは善く仁　47
兌を塞ぎ門を閉じ　469
余り有る者は之を損し　527
或いは挫き或いは隳つ　213
或いは強く或いは羸く　213
或いは歔き或いは吹き　213
或いは行き或いは随い　213
或いは利或いは害　509
安にして危きを忘れず　511
唯阿美悪　126
言う可きの称の最大なり　175
言う者は知らず、事の端を造るなり　403
言う者は其の知る所を言い　355
家に修むれば則ち余り有り　388
家を以て家を観　389
域中に四大有り　178
域中に四大なる者　178
生くる所を厭うこと無かれ　502
威権に頼るなり　111
威綱　435
遺失　130
出ずること弥〻遠ければ、知ること弥〻少なし　341
致詰　84
一玄　7
一象を為さず　330
一は、数の始めにして、物の極なり　294
一は、少の極なり　152

一は二を生じ、二は三を生じ　315
一は、人の真なり　56
一は無と謂う可し　316
一を抱き　55
一を抱きて天下の式と為る　152
一を得る者、王侯は主たり　317
一を設けて衆の害生ずるなり　383
一轂を共にす　68
一逝に偏らず　177
唯と阿と　125
夷道は纇の若く　307
古の極なり　487
古の道を執りて、以て今の有を御す　86
古の善く士為る者は　90
古の善く道を為す者は　467
未だ召かずして之を謀る　511
愈〻多く愈〻遠し　317
衣養するも主と為らず　248
容るれば乃ち公なり　102
言わずして善く応じ　510
況んや人主の道を躬らする者をや　218
況んや身存して道卒らざるをや　243
隠匿　423
上に処りても民は重んぜず、前に処りても民は害せず　474
上に従えばなり　112
魚の江湖の道を相忘るれば、相濡の徳生ずるなり　119
動いて死地に之くも、亦た十に三有り　359
動くは善く時　47
器は、合成なり　212
臂を攘いて之を扔く　280
怨に報ゆるに徳を以てす　453
芸芸たる　100
盈溢　130
大怨を和するも必ず余怨有り　536
栄観有りと雖も、燕処して超然たり　189
嬰児　56・204・351
嬰児の未だ孩せざるが如し　128
嬰児の未だ能く孩せざるが如きなり　129
鋭速　428
盈に処りて虚を全くし　528
営魄　56
営魄に載りて　55
栄利に迷う　494
得難きの貨は　73
得難きの貨を貴ばざれば　196
得難きの貨を貴ばざれば、民をして盗を為さざらしむ　21
得て親しむ可からざれば、得て疎ず可からず　406

得て親しむ可ければ、則ち得て疎ず可きなり　406
得て貴ぶべからざれば、得て賤しむべからず　407
得て貴ぶ可ければ、則ち得て賤しむ可きなり　407
得て利する可からざれば、得て害す可からず　406
得て利する可ければ、則ち得て害す可きなり　406
得ると亡うとは孰か病なる　327
円在りて円に法る　180
遠は極なり　177
遠は反と曰う　177
王公　317
鷹鸇　361
王なれば乃ち天なり　103
王は是れ人の主なり　177
王は其の一に居る　179
奥は、猶お暖のごときなり　445
王も亦た大　177・178
大いに之を笑う　306
多く蔵すれば必ず厚く亡う　328
多ければ則ち其の真に遠ざかる　152
多ければ則ち惑う　151
後れて先んぜず、応じて唱えず　485
行う者は其の能くする所を行い　355
作るも辞せず　15
教えの父と為す可きなり　320
悪疾　14
雄は躁動貪欲　439
自ら均る　233
己を察して以て之を知り　390
以為　121・122
重きは必ず軽きの根為り　188
重きは軽きの根為り　188
重きを以て本と為す　189
徐ろに清ません　92
終りの患いを慮ること、始の禍の如ければ、則ち敗事無し　459
終りを慎みて　461
終りを慎むこと始めの如くすれば　462
音声相和し　14
温涼の象　101

カ　行

介然たる知有らしめば、唯だ施すこと是れ畏れん　381
幘然として偏ならず　232
過客　254
廓然として　129・130
攫鳥　395
楽籥　35
学を絶てば憂無し　125
学を為す者は日〻に益し、道を

為す者は日〻に損す　125
学を為せば日〻に益し　344
果済　221
下士　306
難きを其の易きに図り、大を其の細に為す　454
勝つも美とせず　227
褐を被て玉を懐く　497
褐を被る者は、其の塵に同じくし　497
下徳　277
下徳の倫なり　284
下徳は之を為して、以て為すこと有り　273
下徳は之を為して、以て為ること有るなり　276
下徳は下の量にて、上仁は是れなり　277
下徳は徳を失わず　273
下徳は求めて之を得、為して之を成す　276
哀しむ者は勝つ　491
必ず命を斉しくするなり　508
必ず固く之を与う　259
必ず固く之を興す　259
必ず固く之を強くす　258
必ず固く之を張る　258
必ず分有り　175
必ず無に反るなり　304
加は、当なり　491
果は猶お済のごときなり　220
戈兵　360
佳兵は、不祥の器なり　226
神の神為ることを知らず　434
神は一を得て以て霊に　295
軽きは重きを鎮めざるなり　190
軽ければ則ち本を失い　190
貨賂を貪らず　542
姦偽　118・418
奸偽　469
姦巧　284
寒郷の民　126
官長　207・234
含徳の厚きは赤子に比す　395
含徳の厚き者は　395・396
渙として　92
頑にして鄙に似たり　134
敢に勇なれば則ち殺され　508
甘露　233
義　287
詭異　515
忌諱　412・413
煕煕として　128
希言は自然なり　158
貴高　296
伎巧　412

機匠の裁　312
棄人無きなり　350
棄人無し　195·196
危殆　104
揣えて之を鋭くするは、長く保つべからず　52
吉事は左を尚び、凶事は右を尚ぶ　227
木強ければ則ち共えらる　522
喜怒　14
気に専せ柔を致めて　56
棄物無し　197
君は、万物の主なり　495
却至の行　168
逆順反覆　213
歙歙焉として　354
歙歙として　350
鳩鴿　126
九層の台は、累土より起こり　461
宮ならざれば商　311
徼　5
行義正しく　286
強大なるは下に処り　522
徼は帰終なり　6
拱璧　448
拱抱　449
曒昧の状　101
強梁　259
強梁は其の死を得ず　319
強を守るは強ならず、柔を守るは乃ち強なり　375
極篤　99
極は一に在るなり　549
虚言　153·318
挙動　159
虚にして屈きず、動いて愈ゝ出ず　35
居に安んじ　542
居は善く地　47
虚無　103·104·345
虚無柔弱　324
虚を極に致し、静を篤きに守れば　98
虚を以て主と為す　274
義を失いて而る後に礼あり　281
義を失いて而る後に礼あるなり　283
金玉堂に満つるは、之を能く守ること莫し　52
国の垢を受くる、是れを社稷の主と謂い　533
国の不祥を受くる、是れを天下の王と謂う　533
国の利器　260·261
国を有つの母は、以て長久なるべし　429
国を以て国を観　389

国を利する器にして　261
愚は知ること無く真を守りて、自然に順うを謂うなり　467
窪めば則ち盈つ　150
企つ者は立たず　167
君子は居れば則ち左を貴び　226
君子の器に非ず　226
軍に入りても甲兵を被らず　360
形器は匠の成す所　289
鶏犬の声相聞こえ　543
稽式　469
劌傷　422
軽諾　454
繋絷する所　133
形魄　28・181
稽は同なり　470
劌は、傷るなり　422
形名倶に有ちて　288
激沸　422
欠欠　418
結縄して　542
玄　6・7
堅強なる者は、死の徒なり。柔弱なる者は、生の徒なり　521
建言　306
謙後不盈之を生と謂う　503
蚖蟺　361
謙退哀慈　490
兼畜　441
玄同　406
建徳　309
玄徳　61・369・469
建徳は偸しきが若く　309
儼として　92
玄とは冥なり　6
倹なり。故に能く広し　479
言に宗有り、事に君有り　495
言に宗有り、事に君有るに　495
賢能を尚ばざれば　196
玄の又玄　4・6・7
言は善く信　47
玄牝　40
賢を見すことを欲せず　528
賢を尚ばざれば、民をして争わざら使む　21
好悪　130
侯王　60・232・265・296
侯王は一を得て以て天下の貞を為す　295
江海　474
高下相傾き　14
恍惚　141
巧詐　467
巧者　232
巧術　469
校責　280

恍たり惚たり　142
孔徳の容は　141
広徳は足らざるが若く　309
功遂げて身退くは、天の道なり　53
曠として　92
荒として其れ未だ央きざるかな　127
功成り事遂ぐ　113
功成るも居らず　16
功成るも処らず　528
功成るも名有らず　248
公なれば乃ち王なり　102
抗は、挙なり　491
孔は空なり　141
弘普博施の仁　278
甲兵　542
巧辟　461
合抱の木は、毫末より生じ　461
巧利　122
巧を絶ち利を棄つれば、盗賊有ること無からん　121
郷を以て郷を観　389
五音　72
孤寡不穀　297
孤・寡・不穀　317
谷神　40
谷神は死せず　40
此の五つの者は　195
心気を使うを強と曰う　399
心は善く淵　47
是を以て厭わず　504
是を以て侯王は　297
是を以て去らず　17
是を以て聖人の治は　23
是を以て聖人の天下に於けるや　354
是を以て聖人は　15・43・73・152・189・195・204・214・421・454・462・474・497・504・509・528・533・537
是を以て聖人は、行かずして知り、見ずして名づけ　341
是を以て大丈夫は　286
古始　86
虎兕　104・360
五色　72
古始を知る可し　340
国家昏乱して忠臣有り　118
惚恍　85
惚たり恍たり　142
既く以て人に与えて、己は愈〻多し　550
既く以て人の為にして、己は愈〻有り　549
事無く永く逸んず　374
事には宗有りて物には主有り　340
事は善く能　47
数りなり　36
功無きの勢　458

此の諸或は　213
此の常や形無く　398
是の道は、称中の大なるも、無称の大に若かざるなり　178
此の三つの者は　206
此の四つの者　259
此の四つの者は　459
五味　72
戸牖を鑿ちて　69
惟れ恍惟れ惚　141
此自然の道なり　93
之に字して道と曰う　174
之を育し　4
之を未だ有らざるに為し　460
之を未だ乱れざるに治む　460
之を聴くも聞くに足らず　158
之を聴くも聞こえず　311
之を聴くも聞こえず。名づけて希という　83
これを損して尽くるに至れば、乃ち其の極を得　317
之を尊ぶことを失わざるを得ざれば、則ち害あるも貴ばざるを得ざるなり　367
之を長じ　4
之を長じ之を育し　368
之を亭し　4
之を亭しこれを毒し　368
是れを天に配すと謂う　487
之を毒し　4
之を摶えるも得ず。名づけて微という　83
是れを不道と謂う　222
之を視るも見えず、名づけて夷という　83
之を視るも見るに足らず　158
之を養い之を覆う　368
昏昏たり　132
混成　175
混成す　172
混然として　174
混として　92

サ　行

摧衂　52
載は、猶お処のごときなり　56
作は、長なり　396
左契　537
左契は、怨の由りて生ずる所を防ぐなり　537
察察　418
察察たり　132
殺を司る者　515
躁しければ則ち君を失う　190
三公　448
三十輻　68

三と匹す　178
三は万物を生ず　315
三宝有り　478
之を尊ぶことを失わざるを得ざれば、則ち害あるも貴ばざるを得ざるなり　367
師　197
施為　381・382
四時　53
施為執割　213
強いて之が名を為して大と曰う　175
思惟密巧　469
施為を以て之を治め　461
四海　275
式は猶お則のごときなり　152
式は、模則なり　205
疵釁　112
慈、倹、敢て天下の先とならず　478
兕虎　360
時故　221
至日　274
持して之を盈たすは、其の已むに如かず　51
死して亡びざる者は寿し　243
鷙雀　126
至柔　324
至真の極　144
静かなるは必ず躁しきの君為り　188
静かなるは躁しきの君たり　188
自然に順いて行うは、造らず始めず　193
自然の至言なり　158
自然の道　152
四大　178
質真は渝るが若し　309
失は失に同じくす　161
失は、累多なり　161
疾病　112
失を行えば則ち失と体を同じくす　161
至覩　274
慈なり。故に能く勇なり　478
師の処る所には、荊棘生じ、大軍の後には、必ず凶年有り　219
死の徒は十に三有り　359
駟馬　449
師は凶害の物なるを言うなり　219
数〻誉むるを致せば誉れ無し　298
資は取なり　198
士は卒の帥なり　485
慈は以て戦えば則ち勝ち　480
至明四達　60
兕も其の角を投ずる所無く　360
寂たり、寥たり　173
弱の強に勝ち、柔の剛に勝つは　533
寂寞　173

邪は則ち盗なり　383
驟雨は日を終えず　158
驟雨は日を終えず　222
周固　396
周行して　173
周行して殆うからず　173
周行して至らざる所無し　176
終日号びて嗄れざるは、和の至りなり　397
終日行くも輜重を離れず　189
柔弱　303・396
柔弱は上に処る　523
柔弱は剛強に勝つ　260
習常　377
終身救われず　375
終身勤れざるなり　374
終身勤れず　374
衆人の悪む所に処る　46
衆人は皆余り有りて　130
重積徳　428・429
周旋　247
周善　103
衆の歙むる所なり　259
什佰の器　541
衆甫　145
衆甫の状　145
衆妙の門　6・7
襲明　197
舟輿　542
孰は、誰なり　509
趣向　91
術防　469
主と為らざるなり　266
淳淳　417・418
上義は之を為して以て為す有り　279
焦竑　76
小国寡民　540
小国の以て大国に下れば、則ち大国に取らる　441
上士　305
縄縄として　84
生生の厚き　361
生生の厚きは　360
上仁は之を為して以て為すこと無きなり　278
上仁はこれを為して、以て為すこと無し　277
生ずるも辞せず　248
生ずるも有せず　15・61
生ずるも有せず。為すも恃まず　369
常善にして人を救う　195
常善にして物を救う　197
上善は水の若し　46
常徳　205・206
上徳の人　91・275
上徳は谷の若く　308

上徳は徳とせず　273
上徳は為すこと無くして、以て為すこと無く　273
常徳離れず　204
小と名づく可し　248
常無為　60
常無欲　5・248
常有欲　5・6
小を見るを明と曰い、柔を守るを強と曰う　375
嗇は、農夫なり　427
食を甘しとし　542
除将　259
除は、絜好なり　382
且は猶お取のごときなり　480
知らずして知るは病なり　500
知りて知らざるは上なり　500
四隣　91
知る者は言わず、自然に因ればなり　403
知る者は博からず。博き者は知らず　549
死を重んじて遠く徙らざるなり　542
慈を舍て勇を且り　480
慈を以て之を衛ればなり　481
真　159・233・362・396
仁　287
仁義　122・283・286
仁義は母の生む所　289
仁義礼節　277
信言は美ならず。美言は信ならず　548
真性　233
真正　99
真精の極得て　144
神聖の神聖為ることを知らざるしむるは、道の極なり　435
神聖の道を合して、交〻之に帰するなり　435
信足らざれば、信ぜざること有り　112・163
進道は退くが若く　307
仁徳厚く　286
神は、形無く方無きなり　212
神は自然を害せざるなり　433
信は、信験なり　144
人謀鬼謀　351
仁を失いて而る後に義あり　281・283
甚を去り奢を去り泰を去る　214
仁を絶ち義を棄つれば、民は孝慈に復せん　121
錐刀の末　234
果うも驕ること勿かれ　220
果うも強くする勿し　221
果うも伐ること勿く　220
果うも矜ること勿く　220

果うも已むを得ず　221
果うを用いて以て強を為すを遂げざるなり　221
少なければ則ち得　151
是以　521
斉一に帰するなり　427
成器　479
正言は反するが若し　533
精象　28･181
清浄　503
清浄無為之を居と謂い　503
聖人　196･207･350･414
聖人の聖為ることを知らざる　434
聖人の道は、為して争わず　551
聖人は常の心無く、百姓の心を以て心と為す　349
聖人は積まず　549
聖人は不仁なり。百姓を以て芻狗と為す　34
聖人は病あらず　501
聖人は皆之を孩にす　350
聖人も亦た人を傷つけず　434
成済　159
清静は天下の正為り　333
盛饌の余　168
聖智　122
精の至りなり　397
生の徒は十に三有り　359
生の本なり　134
逝は遠と曰い　176
逝は行なり　176
正は復た奇と為り　419
正は善く治　47
斉民　111
性命　72
性命の常　100
生を出でて死に入る　359
聖を絶ち智を棄つれば、民の利百倍せん　121
生を為すの道　243
生を益すを祥といい　398
正を以て国を治むれば、奇正起るなり　410
正を以て国を治むれば、則ち奇を以て兵を用い　410
生を以て生と為すこと無し。故に死地無きなり　360
赤子の則りて貴ぶ可きは、信なり　362
是非　14
是を以て　474
旃裘　126
善結は縄約無きも　195
善言は瑕讁無し　193
前後相随う　14
善行は轍迹無し　193

全作　396
前識とは、人に前んじて識るなり　284
前識は道の華にして、愚の首めなり　284・285
善数は籌策せず　194
善なる者は弁ぜず。弁ずる者は善ならず　548
善人の宝　446
善人は、不善人の師　197
善の善為る　14
善は復た妖と為る　420
善閉は関鍵無きも　195
穿窬探篋　22
千里の行は、足下より始まる　461
善を以て師と為し　207
爪角　360
矰繳　361
壮は、武力の暴興なり　222
躁は寒に勝ち、静は熱に勝つ　333
宗は、万物の宗なり　495
走馬を却けて以て田糞を治むるなり　336
早服之を重積徳と謂う　428
躁欲　503
躁欲に惑う　494
造立施化　33
喪礼を以て之に居る　227
俗人は昭昭たり　131
俗を楽しましむ　542
外に求めざればなり　390
躁なれば則ち害多く、静ならば則ち真を全くす　432
其の争わざるの故を以て、天下能く之と争うこと莫し　474
其の言う可きの称の最大を取るなり　175
其の上は皦らかならず。其の下は昧からず　84
其の中に象有り　142
其の中に信有り　143
其の中に精有り　143
其の中に物有り　142
其の鋭を挫き、其の分を解き、質を含守するなり　404
其の鋭を挫き、其の紛を解き　26
其の栄を知れば、其の辱を守りて、天下の谷と為る　206
其の居る所を狎んずること無く　502
其の神、人を傷つけず　433
其の鬼、神ならず　433
其の極を知ること莫し　428
其の志を弱くして、其の骨を強くす　23
其の心を虚しくして、其の腹を実たす　23

其の事有るに及びては以て天下を取るに足らず　346
其の事還るを好む　219
其の白を知れば、其の黒を守りて、天下の式と為る　205
其の真に反るなり　470
その精は甚だ真なり　143
其の兌を塞ぎ、其の門を閉じ　404
其の兌を塞ぎ、其の門を閉ずれば　374
其の次は之を侮る　111
其の次は之を畏る　111
其の次は親しみて之を誉む　110
其の徳は乃ち普し　389
其の徳は乃ち余りあり　388
其の徳は乃ち真なり　388
其の徳は乃ち長じ　389
其の徳は乃ち豊かなり　389
その所を失わざる者は久しく　242
其の名去らず　144
其の根に復帰す　100
其の光を輝かすなり　131
其の光を和げ、其の塵に同じくす　27・405
其の病を病とするを以て、是を以て病あらず　501
其の身を後にして身先んじ、其の身を外にして身存す　43
其の身を後にして身先んじ、其の身を外にして身存す　307
其の明に介けて　57
其の明に復帰すれば、身の殃（わざわ）いを遺すこと無し　376
其の明を用うるより大なるは莫し　353
其の雄を知れば、其の雌を守りて、天下の谿と為る　204
素樸　285
素樸寡欲　122
其れ一に帰するなり　316
其れ未だ兆さざれば謀り易く　458
夫れ惟だ争わず　153
夫れ唯だ争わず　47
夫れ唯だ嗇、是れを早服と謂う　427
夫れ唯だ盈たず、故に能く蔽いて新たに成らず　94
其れは、水を謂うなり　532
其れ安ければ持し易く　458
素を見わし樸を抱き、私を少なくし欲を寡くす　121
尊行すれば以て人に加う可し　447

タ　行

大夷の道　307
大盈は冲しきが若く、その用は窮まらず　331

大音は希声なり　311
大患　77
大器は晩成す　310
大巧は拙なるが若く　332
大国の之を納るるなり　441
大国の以て小国に下れば、則ち小国を取り　440
大国は下流なり　438
大国を治むるは、小鮮を烹るが若し　432
大国を治むるは、則ち小鮮を烹るが若くし　433
大順　470
大小多小　453
大匠に代りて斲ると謂う　515
大匠に代りて斲る者は、その手を傷つけざること有ること希なり　515
大象は形無し　311
大上は下之有るを知る　109
大象は、天象の母なり　253
大象を執れば、天下に往く　253
大人　109
大成は欠くるが若く、其の用は弊きず　330
大制は割かず　208
大制は、天下の心を以て心と為す　208
頽然として　130
大直は屈するが若く　331
大道　247
大道廃れて仁義有り　117
大道は蕩然として正に平かなり　382
大道は甚だ夷かなり。而るに民は径を好む　381
大なる者は宜しく下るを為すべし　442
大に繋がる　175
太白　308
太白は辱きが若く　308
大は逝と曰い　176
大美天に配して華作らず　288
大弁は訥なるが若し　332
大方は隅無し　310・421
太牢を享くるが如く、春台に登るが如し　128
大を見るは明ならず、小を見るは乃ち明なり　375
高きは下きを以て基と為し　303
高きは下きを以て基と為す　297
高き者は之を抑え　527
宝は三宝なり　490
匠　289
橐籥　35・36
多言なれば数り窮す　36
唯だ勢なり　366

唯だ厭わざるのみ　504
唯だ生を以て為すこと無き者は、是れ生を貴ぶより賢(まさ)れり　518
唯だ善に是れ与す　549
唯だ病を病とす。是を以て病あらず　500
唯だ因るなり　366
貴きは賤しきを以て本と為し　297・303
貴きは其の母に在りて、母には貴ぶ形無し　296
貴ぶに身を以て天下を為むれば、若ち天下を寄す可く　78
谷　92
谷は一を得て以て盈ち　295
兌は、事欲の由って生ずる所　374
田は甚だ蕪れ、倉は甚だ虚し　383
玉を懐く者は、其の真を宝とするなり　497
民威を畏れざれば、則ち大威至る　502・503
民死を畏れざれば　515
民強ければ則ち国弱し　412
民に上たらんと欲すれば、必ず言を以て之に下り　474
民に先んぜんと欲すれば、必ず身を以て之に後る　474
民の饑うるは、其の上の税を食むの多きを以て、是を以て饑う　518
民の治め難きは、其の上の為すこと有るを以て、是を以て治め難し　518
民の死を軽んずるは、其の生を求むるの厚きを以て、是を以て死を軽んず　518
民は上に従えばなり　518
民は老死に至るまで、相往来せず　543
民をして死を重んじて、遠く徙らざらしめば　542
民を賊害し、田畝を残荒す　219
足らざる者は之を補う　527
足らざるを損して以て余り有るに奉ず　528
贍る　34
贍る能わず　27
足ることを知り止ることを知りて　336
足ることを知るの足るは、常に足る　337
足ることを知る者は富み　241
足ることを知れば辱しめられず　328
孰か能く　92
淡然として味無く　255
繟然として善く謀る　511

端兆　113
湛として　27·29
淡として其れ味無し　158·254
澹として其れ海の若し　132
智ありと雖も大いに迷う　198
智慧　16·117
智慧出でて大偽有り　118
致詰　83
知者　24
智者　232
智術　469
馳騁田猟　72
治の母　235
地は一を得て以て寧く　295
地は大　177
地は天に法り　179
智は猶お治のごときなり　469
冲気焉れを一にす　316
冲気以て和を為す　315
中士　306
忠信　163
冲にして　28
中を守るに如かず　36
寵辱栄患　79
寵辱には驚くが若くし大患を貴ぶこと身の若くす　76
長ずるも宰せず　61·369
長生　43
長生久視の道なり　430
長短相較し　14
朝は、宮室なり　382
朝甚だ除すれば　382
寵を下と為す　76
直なるも肆ならず　422
直は一に在らず　332
直は屈するが若きなり　422
智を以て国を治むるは、国の賊なり　468
智を以て国を治めざるは、国の福なり　469
珍宝璧馬　447
終に難きこと無し　455
終に大を為さず。故に能く其の大を成す　454
扔けども敵無き　489·490
埴を埏ねて　69
強めて行う者は志有り　241
勤めて之を行う　306
務めて無為に還反せんと欲す　219
常に早服するなり　427
常に無事を以てすれば、則ち能く天下を取るなり　410
常に幾んど成るに於て之を敗る　462
常を知るを明と曰う　101·398
常を知れば容るるなり　102
鶴の脛を截る　126

帝の先に象たり　27
滌除して玄覧になり、能く疵無からんか　57
適莫　354
徹は、人の過ちを司るなり　538
天下に始め有り。以て天下の母と為す　373
天下に均しくす　528
天下に水より柔弱なるは莫し　532
天下に道有れば、走馬を却けて以て糞す　336
天下に道無ければ、戎馬郊に生ず　337
天下の同じくする所に順う者は徳なり　453
天下の帰会する所なり　439
天下の貴と為る　407
天下の貴と為る　449
天下の交にて　438
天下の至柔は、天下の至堅を馳騁す　323
天下の難事は、必ず易きより作り、天下の大事は、必ず細より作る　454
天下の母　173
天下の万物は、有より生じ、有は無より生ず　304
天下の牝なり　439
天下は推すことを楽しみて厭わず　474
天下は神器なり　212
天下は将に自ら定まらんとす　266
天下は皆我が道は大なるも不肖に似たり、と謂う　477
天下は能く知ること莫く、能く行うこと莫し　494
天下百姓の心を以て、天下の道を観る　390
天下能く臣とすること莫きなり　231
天下を経通す　59
天下を取るは、常に無事を以てす　346
天下を以て天下を観る　389
恬淡を上となす　226
天地相合して、以て甘露を降す　233
天地に先だちて生ず　172
天地の心　274
天地は不仁なり。万物を以て芻狗と為す　33
天誅将に至らんとす　503
天帝　30
天道は親無し。常に善人に与す　538
天なれば乃ち道なり　103
天の道　527
天の道は、争わずして善く勝ち　510
天の道は其れ猶お弓を張るがご

ときか　527
天の道は、利して害せず　550
天の利に順いて、相傷つけざる
なり　551
天は一を得て以て清く　295
天は大　177
天は長く地は久し　43
天は道に法り　179
天網恢恢、疎にして失わず　512
天門開闔するに　59
道紀　86
盗夸　383
黈纊の耳を塞ぎて　351
蕩然公平　102・103
蕩然として　35
盗賊　413
蕩として均しき者は、唯だ其れ
道のみなり　528
動は常に因るなり　346・349
偸は匹なり　309
偸匹　309
咎めは得ることを欲するより大
なるは莫し　337
徳交〻帰す　435
徳趣　91
徳とは、得なり　273
忒は、差なり　205
徳は信なればなり　350
徳は善なればなり　350
徳は其れ母なり　282
徳は、得少なり　161
徳は徳に同じくし　160
徳は、物の得る所なり　367
独立して改めず　173
独立す　173
徳を失いて而る後に仁あり　281・283
得を行えば則ち得と体を同じく
す　161
徳を徳とせず　275
止まることを知れば殆うからず　328
与に争わざるなり　486
共は物に加え所るる　522
虎も其の爪を措く所無く　360
執れども兵無く　489・490
戸を出ずるに牖を窺わず　494
戸を出でずして天下を知り、牖
を窺わずして天道を見る　339
戸を出でずして以て天下を知る
者　390
戸を出で牖を窺わずして　340
貪盗　462
敦として　92
沌沌たり　131

ナ　行

尚お古に反らしむ可し　541

猶お之を難しとす　454・509
猶お川谷の江海に於けるがごとし　235
為さざること無し　265
為さずして成らしむ　342
為すこと無し　462
為すことを為すの患有り　278
為すも恃まず　15・61・528
為す者は之を敗り、執る者は之を失う　212・461
名づけて希と曰う　311
名づけて大と為す可し　249
名と身とは孰れか親しき　326
何に得て徳に養わるるや　366
何に使われて勢を成すや　366
何に由りて一を致す。無に由れば乃ち一なり　316
何に由りて道に生ずるや　366
名の名とす可きは、常の名に非ず　3
難易相成し　14
二儀の道　27
任為　22
根に帰るを静と曰う　100
根を深くし柢を固くす　430
法　28
法るは、法則を謂うなり　180

ハ　行

排橐　35
博施　283
泊として　128
昔の一を得たる者　294
昔は、始なり　294
甚だ愛めば必ず大いに費え　328
母　6・7・206・286・288・289・294・295・296・373・429
母に食わるるを貴ぶ　134
母は遠くす可からず　288
母は無名　278
母は、本なり、子は、末なり　374
攘えども臂無く　489・490
腹を為りて目を為らず　73
反は、道の動なり　206・302
万物は自ら賓うなり　56
万物草木の生ずるや柔脆なり。其の死するや枯槁す　521
万物並び作るも　99
万物の自然を輔けて、敢て為さず　463
万物の自然を輔けて、始めを為さず　196
万物の性定まる　144
万物の宗　26・86
万物は一を得て以て生じ　295

万物は陰を負いて陽を抱き　315
万物は自然を以て性と為す　212
万物将に自ら賓わんとす　232
微　5
庇蔭　445
光あるも燿かさず　423
光を和らげて塵に同じくし　528
下き者は之を挙げ　527
美言すれば以て市う可く　447
久しいかな、其れ細なるかな　477
微脆　459
非道は則ち皆盗夸なる　384
人に異ならんと欲す　134
人に示すとは、刑に任するなり　260
人に示す可からず　260
人に責めず　537
人の生まるるや柔弱なり。其の死するや堅強なり　521
人の畏るる所は、畏れざるべからず　125
人の畏るる所は、吾も亦た畏れ　127
人の不善なるも、何ぞ棄つること之有らん　448
人の迷うこと、其れ日〻に国より久し　420
人は地に法り　179
人を治めて天に事うるは、嗇に若くは莫し　426
人を知る者は智なり　239
美の美為る　14
微妙玄通　90
微明　259
百行出ず　207
百谷の王　474
百姓　113
百姓は各〻皆其の耳目を注ぐも　355
百姓は心有り　317
百姓は皆其の耳目を注ぐも　350
百川　438
飄風は朝を終えず　158・222
牝は常に静を以て牡に勝つ。静にして下るを為すを以てなり　439
牝は雌なり　439
牝牡の合　396
富貴にして驕るは、自ら其の咎めを遺す　53
風を移し俗を易え　207
不敢に勇なれば則ち活く　508
覆蓋　94
福は禍の伏する所　419
復命と謂う　100
復命を常と謂う　100
服を美とし　542
不言　110
不言の教え　15・159・324

無事　414
不肖　196
無事を事とし　453
無事を以てすれば、天下を取る　410
不仁なる者　515
不善人　446
不善人は、善人の取る所なり　198
不善人は善人の資るなり　197
不善を資ると為し　207
不争の徳　486
両つながら相傷つけず　435
不道は早く已む　222・399
鳧の足を続くる　126
武は先んじて人を陵ぐを尚ぶなり　485
不欲　266
分有れば則ち其の極を失う　175
文綵を服し　383
文なれども足らず　121
分別別析　132
兵戈　104・360
兵強ければ則ち勝たず　521
兵は不祥の器　226
兵も其の刃を容るる所無し　360
兵を用うれば右を貴ぶ　226
別析　130
偏挙　14
偏将軍は左に居り、上将軍は右に居る　227
偏恥　405
晃旒の目を充して　351
方有りて方に法り　180
鋒刃　360
蜂蠆虺蛇　395
包通　101
包統　253
方なるも割かず　421
宝璧　449
法令　413
樸　92・206・231・231・232・233・234・414
樸散ずれば則ち器と為る　207
樸は、真なり　207
莫如は、猶お莫過のごときなり　427
将欲　304
欲すべきを見さざれば　196
没するまで其れ殆うからず　373
欲せざるを欲して、得難きの貨を貴ばず　462
施さざる所無し　450
骨弱く筋柔らかくして握ること固し　396
本を崇びて以てその末を挙ぐ　288

マ行

曲れば則ち全し　149・153

枉れば則ち直し 150
将に以て之を愚にせんとす 467
復た一に帰らしむる 207
跨ぐ者は行かず 168
学ばざる者に喩すは過りなり 463
学ばざるを学びて、衆人の過つ所を復し 463
学ばずして能くする者は自然なり 463
召かずして自ら来り 511
守れば則ち固し 481
万乗の主にして 190
自ら愛するも自ら貴しとせず 505
自ら見わさず 153
自ら見わす者は明らかならず 168
自ら厭わざれば、是を以て天下之を厭うこと莫し 504
自ら勝つ者は強し 240
自ら知る者は明なり 239
自ら知るも自ら見わさず 504
自ら是とする者は彰れず 168
自ら是とせず 153
自ら貴くすれば、則ち物は居生を狎厭す 505
自ら伐らず 153
自ら矜らず 153
自ら伐る者は功無く 168
自ら矜る者は長からず 168
水の柔弱 532
道 254・255・273・281・288・336・337
道之を生じ、徳之を畜い、物之を形し、勢之を成す 365
道之を生じ、徳之を畜えば 368
道と体を同じくす 159
道なれば乃ち久し 104
道に大常有り、理に大勢有り 340
道に幾し 47
道に由らざること莫きなり 366
道の常なり 377
道の道とす可きは、常の道に非ず 3
道は一を生じ 315
道は隠れて名無し 312
道は窮まり無きなり 428
途は殊ると雖も帰を同じくす 340
道は自然に法る 179
道は常無為 264
道は大 177
道は冲にして 26
道は常に名無き 231
道は万物の奥なり 445
道は道に同じくし 159
道は物の由る所なり 367
道は善く貸し且つ成す 312
道を失いて而る後に徳あり 281
道を失いて而る後に徳あるなり 282

道を尊びて徳を貴ばざること莫し　367
道を為せば日〻にに損す　345
道を以て国を治むれば、則ち国は平らかなり　410
道を以て人主を佐くる者すら、兵を以て天下に強くせず　218
三つの者　83・121
身と貨とは孰れか多き　327
皆終りを慎むことを説う　459
皆上に由り、其の下に由らざるなり　518
身に修むれば則ち真なり　388
耳目体　84
妙　5
妙とは、微の極なり　5
身を没するまで殆うからず　104
身を以て人に及ぼすなり　388
身を以て身を観　389
無　5・68・69・231・273・282
無為　414・110・117・159・277・278・283・333・345
無為にして為さざること無し　345
無為にして成る　494
無為の益　324
無為の事　15
無為の事に居り、不言の教えを行う　109・113
無為無造　33
無為無欲にして　130
無為を為せば、則ち治まらざること無し　24
無為を為し　453
無為を以て居と為し、不言を以て教えと為し、恬淡を以て味と為すは、治の極　453
無極に復帰す　206
無形　4・288
無形無為　159
無状の状　84
無称は得て名づく可からざれば、域と曰うなり　178
無知無欲　23・469
無徳は徹を司る　537
無は一に在り　341
無物に復帰す　84
無物の象　84
無味を味とす　453
無名　4・144・288
無名の樸　265・266
無名は天地の始め。有名は万物の母　3
無有　7・232・324・399
無欲　126・266・414
無を以て心と為し　274
無を以て本と為す　304

無を以て用と為せば　282
明　149・240・242
明察　376
明道は昧きが若きなり　423
明道は昧きが若く　306
明は多く巧作を見して、其の樸を蔽うを謂うなり　467
明白四達して　60
命は並びに爵に作る　368
名分　234
綿綿として　40・159
網罟　361
妄作　101
妄作して凶なり　101
以て長久なる可し　328
以ては用なり　133・532
本は失う可からず　288
本は樸に在るなり　548
求むるを欲する所無し　543
本を崇びて以て末を息む　411
本を崇びて以て末を息むるなり　414
本を崇びて以て末を息め　423
物事として　279
物壮んなれば則ち老ゆ　222
物壮んなれば則ち老ゆ。之を不道という　399
物には其の宗有り、事には其の主有り　351
物に任するのみ　549
物は或いは之を損して益し、或いは之を益して損す　317
物は皆各〻此の一を得て以て成る　294
物は和を以て常と為す　397
門は、事欲の由って従う所なり　374
悶悶　417
悶悶昏昏　134
悶悶然　418・419
悶悶たり　132

ヤ行

敝るれば則ち新たなり　151
有儀　181
勇者　232
游飾修文の礼　280
肬贅　168
猶然　91
猶然として　130
幽宅　353
有道者　169
有道者　226・528
有徳の人　537
有徳は契を司り　537
猶として　91
悠として其れ言を貴くすれば　113
有は無を以て用と為す　303

有無相生じ　14
幽冥　369
有を損して無を補い　528
故に混じて一と為す　83
故に知り難くして貴しと為すなり　497
故に尤め無し　47
故に有の以て利を為すは、無の以て用を為せばなり　69
故に能くその大を成す　249
行くは行陳を謂うなり　490
行けども行く無く　489・490
窈たり冥たり　143
要妙　199
窈冥　143・144
欲　233
善く抱く者は脱せず　387
抑抗正直　279
善く之に下る　474
能く雌為らんか　59
善く士為る者は武ならず　485
能く臣とすること莫し　232
善くする者は果うのみ　220
善く生を摂する者は　360
善く戦う者は怒らず　485
善く建つるは抜けず　387
善く敵に勝つ者は与にせず　486
余食贅行　168
予然　91
予として冬川を渉るが若く　90
因りて為さず、順えて施さず　214
弱は、道の用なり　303

ラ行

類は呐なり　307
珞珞　298
利器　412
力者　232
利器は、国を利するの器なり　260
陸行　362
陸行しても兕虎に遇わず　360
六親　119
六親和せずして孝慈有り　118
利に趣かず害を避く　491
両者　6
飂として　133
慮は百と雖も其の一を致す　340
鄰国相望み　543
儽儽として　129
礼　287
礼敬　286
礼敬清し　286
礼は、忠信の薄きにして、乱の首めなり　283
裂発歇竭滅蹷　294
廉なるも劌らず　421

廉は、清廉なり　422
琭琭　298
琭琭珞珞　298

ワ行

吾が言は甚だ知り易く、甚だ行い易き　494
我が自然なり　113
吾が宝を喪うに幾し　490
禍は足ることを知らざるより大なるは莫く　337
禍は敵を軽んずるより大なるは莫し　490
禍は福の倚る所　419
吾敢て主と為らずして客と為る　489
吾其の名を知らず　174
吾の身有るが為なり　78
我は愚人の心なるかな　130
吾は皆之を孩にするのみ　355
吾は以て其の復るを観る　99
我を知る者希なれば、則ち我は貴し　496
和を知るを常と曰い　397

著者略歴

志賀一朗（しが・いちろう）

1915（大正4年）茨城県北茨城市に生まれる。

東京文理科大学漢文学科卒業　同研究科修

元国士舘大学文学部教授

文学博士　財団法人斯文会参与

著者　王陽明と湛甘泉（新塔社）湛甘泉の研究・湛甘泉の学説・湛甘泉と王陽明の関係・湛甘泉の教育（以上風間書房）漢詩鑑賞読本・王陽明と湛甘泉の旧跡調査（以上東洋書院）外多数。

現住所　176-0013　東京都練馬区豊玉中4－14－16

老子真解

二〇〇〇年二月　発行

著者　志賀一朗

発行者　石坂叡志

印刷　富士リプロ株式会社

発行所　汲古書院

〒102－0072　東京都千代田区飯田橋二－五－四

電話〇三（三二六五）九七六四

FAX〇三（三二二二）一八四五

ISBN4－7629－2639－6　C3010